国家社会科学基金项目成果（项目编号:15BTQ074）

数字时代档案保护技术变革与理论创新研究

Research on Technological Change and Theoretical Innovation of Archival Conservation in Digital Era

赵淑梅 著

WUHAN UNIVERSITY PRESS
武汉大学出版社

图书在版编目(CIP)数据

数字时代档案保护技术变革与理论创新研究/赵淑梅著.—武汉：武汉大学出版社,2021.7
数字时代图书馆学情报学研究论丛
ISBN 978-7-307-22327-1

Ⅰ.数… Ⅱ.赵… Ⅲ.档案保护—研究 Ⅳ.G273.3

中国版本图书馆 CIP 数据核字(2021)第 088151 号

责任编辑:陈 豪　　责任校对:李孟潇　　版式设计:韩闻锦

出版发行：**武汉大学出版社** (430072 武昌 珞珈山)
(电子邮箱：cbs22@ whu.edu.cn 网址：www.wdp. com.cn)
印刷:武汉中远印务有限公司
开本:720×1000 1/16 印张:20.25 字数:301 千字 插页:3
版次:2021 年 7 月第 1 版 2021 年 7 月第 1 次印刷
ISBN 978-7-307-22327-1 定价:62.00 元

赵淑梅,辽宁大学历史学院档案系教授、硕士生导师。兼任教育部高等学校档案学专业教学指导委员会委员，中国档案学会理事，中国档案学会保护技术委员会委员，全国文献影像技术标准化技术委员会（SAC/TC86）委员。主要致力于档案保护技术理论与实践、文献长期保存以及电子文件管理等领域的教学与研究。公开发表学术论文50余篇，完成各级各类课题30余项，主编教材5部。“21世纪档案保护技术体系的革新”等成果被广泛引用。两度获辽宁大学巾帼建业先进个人。

目　录

表 目 录

图　目　录

数字档案(本研究称为电子档案)其真实可信方面产生了危机。随着计算机技术的应用和普及，数字记录方式给以纸笔为核心的传统记录方式带来前所未有的挑战。在这个被数字化的信息世界里，0和1是最基本的信息单位，被称为“比特”。比特没有颜色、尺寸或重量，它超越了以文字符号为主的单一的传统记录方式，用0和1的数字代码可实现任何记录符号或信息形态的表达和存储，并借助计算机网络快速传递，传递速度可达光速，于是受时空限制的人类信息的记录、存储、传播如同插上了飞翔的翅膀，可实现地球村内的即时分享和交流。但数字记录也存在很大的缺陷，就是它的“虚拟性”，即将人类的诸多生活和工作方式转移到了“0”和“1”构建的虚拟空间里，在这个虚拟空间里虽然可实现信息交流，获取超时空的更多自由，但随之而来的问题是对实体世界感知习惯了的人们，在不可见的虚拟世界里如何保持传统实际空间中的真实可信成为其最大的困扰和担忧，甚至让人们感到越来越多的恐慌和不安。第二，数字记录所依赖的技术系统的集成性和迭代更新的高速发展，不断挑战着人类的已有认知，知识更新和新技能的掌握成为每个人终身学习的必需。电子档案的产生和技术的迭代更新必然也会给传统档案保护人员的知识结构与职业技能带来不断挑战和颠覆。

1.1.2 传统档案保护技术与理论体系①被挑战

随着以计算机为核心的信息技术的发展，产生的数字文件不断增多，新形态档案的管理不断提出新的需求，但“数字化信息革命是一群高技术的集合体，包括微电子技术、信息传输技术、多媒体技术、多媒体数据库技术、数字压缩技术以及语音识别技术、虚拟现实技术等综合发展的结果。档案是产生并生存在这样一个技术系统中的事物，因而对它进行研究，所使用的方法和研究的过程必然

① 传统档案保护技术与理论体系是指以纸质为核心建构的档案保护技术与理论体系。

是对这个高技术系统相关因素的研究和应用的过程”。① 这对于传统档案工作者来说是巨大的挑战，在短时间内也是一个不可能实现的挑战。所以无论是整个档案行业，还是档案保护领域，都面临着前所未有的挑战。总的态势是保护技术革新眼花缭乱，已有的保护理论功能捉襟见肘。如何把握时代脉搏，让不断变革的新技术发挥效能、传统的理论突破藩篱焕发新生是必须应对的挑战。

1.1.3 积极应对挑战并寻求突破路径

数字时代背景下，我国档案保护领域的学者和业界面对挑战积极地应对，但还处于比较零散和探寻的过程中，有待整合和进一步的系统性升华。从目前的进展看，所取得的成效在技术变革中呈两极分化态势：传统技术不断进行着革新改造，新技术的研究也在积极跟进和研发中；理论创新的呼声不断高涨，提出革新传统档案保护知识体系的局限性，建构电子档案保护理念和知识新体系。与技术和理论变革创新相适应的是档案保护人才知识结构的重塑和职业发展空间的拓展研究需不断加强，向更广阔的文化遗产保护方向和数字文档管理方向延展和探寻。

国际经验的借鉴也很重要，国际组织与欧美发达国家进入数字时代后，在档案保护技术变革与理论创新方面的研究一直秉持着与图书档案乃至文化遗产相融发展的理念，因而呈现出多元的发展态势：在保持传统档案图书保护技术的基础上，借用数字时代新技术进一步优化发展，注重对历史特殊收藏的保护；将数字信息的保护纳入档案图书保护范围内，图书档案保护人员携手承担起数字信息保护的责任；广泛开展各类数字资源②保护项目的综合研究，研究中有关合作模式、标准研制、实践推广等内容不断趋于国际化。

为了适应数字时代变革的要求，通过系统梳理相关成果，全面

① 赵淑梅. 面临数字化挑战的档案学[J]. 档案学通讯，2008(3)：1.

② 数字资源包括的范围很广，形态多样，主要有三类：馆藏数字资源、动态的网络数字资源、各类专题库资源，所以档案资源只是其中的一小部分。

审视和反思传统档案保护理论的局限性和发展困境，并结合对实践的调研和考察，从理论联系实际等多维度寻求数字时代档案保护技术变革的特点与理论创新的方向和实现路径势在必行。

1.2 概念界定与研究内容

对概念的界定和研究内容的确立是对所研究课题的对象与范畴的基本规定和逻辑架构的指引，加之档案保护理论与技术相关概念无论在学界还是业界都有诸多的不同认识，因而根据本书研究的范畴有必要做一些基本界定。

1.2.1 概念界定

根据课题的研究范畴，主要对档案保护、档案保护理论、档案保护技术几个概念进行界定。

(1)档案保护。

档案保护主要是指对各种形态的档案实施保护的理念和技术措施。本课题重点研究纸质档案和电子档案保护的理念和技术措施。"档案保护"是学科名称或者实践工作的称谓，主要形成并应用于纸质档案的传统档案保护理论与技术体系中，其含义更多的是指物理层面上的实体保护。对于电子档案来说，要得到与传统档案一样功效的保护，重点就不再是实体材料，更重要的是信息的长久保存和可持续有效。何种称谓既适用于传统档案保护也适用于电子档案保护，目前还没有形成统一的认识，最重要的原因是与电子档案保护有关的词语仍在不断变化和更新中，"以纸张为主研究对象时期，因其研究对象的稳定性、学科研究所依托的知识构成变化不大，所以研究人员的知识更多的是在原有基础上的一种循序渐进的积累和深入。而数字化时代，由于研究对象形态更新快、技术淘汰时间短",①

① 赵淑梅. 面临数字化挑战的档案学[J]. 档案学通讯，2008(3)：1.

对电子档案保护的范围和知识体系等仍在探索中。因而本书将传统档案和电子档案两个主要对象作为既有区别又有比较的研究对象来对待。期望从比较分析中透过现象找到本质，推导出一个合理的称谓。统一名称的出现需要透过事物发展演变的过程来寻找其本质，然后去命名，所以名称虽然重要，但事物的本质更是我们关注的重点。因而从不断出现的各种提法中去全面了解还是有必要的。

第一，与"电子档案保护"相关的几个词语的比较分析。

电子档案保护的专门术语目前没有统一认识，但与电子档案保护相关的称谓不断出现，诸如"数字保存""电子文件保管""电子档案长期保存""电子档案信息长期可读"，甚至还有"电子档案保全"等，其内容都与电子档案保护有密切关系。从构词上看，主要是对"保护""保存""保管"和"保全"等几个词的不同应用。为了对电子档案保护方面的内容理解和分析有所帮助，在寻找这几个词的基本含义时，笔者从新华字典①上看到了这几个词的共同词根"保"的含义及其解释，值得借鉴。在该字典的释义中，"保"有两种基本含义：一是看守住，护着不让受损害或丧失；二是负责，保证。由此可知，对于传统档案的保护就是档案馆或某个担保人对档案的收藏和看管，那么对于电子档案的保护也用看管和收藏可以达到目的吗？所用的看管和收藏手段与传统档案相比是相同的还是不同的手段，怎样的看管手段和收藏方法对电子档案保护才是有效的呢？解答这一系列疑问才能找到电子档案保护的实质所在。下面具体剖析一下"保护""保存""保管"和"保全"四个概念的内涵。

①"保护"：应用在档案领域中，对于传统档案保护的含义有比较清晰的界定。国际档案理事会编著的《档案术语词典》对"保护"的解释是："存放和保护档案、文件的档案馆的基本职能；档案、文件免遭损害、褪变的物理性防护和受损坏档案、文件的修复等工作的总称。"《图书馆、媒体与档案保护术语词典》将"保护"定义为："对档案材料或图书、博物馆藏品、工艺品的处理，以保持

① 新华字典(1998年修订本)[M]. 北京：商务印书馆，2002：17.

其化学稳定性，或增强其物理性能，尽可能维持原件的长久性。"①

综合我国学者的研究及实际工作的内容，可以将"保护"的含义分为宏观和微观两个层面：宏观上主要包括档案保护政策法规的制定、保护方案的制定、发展规划、档案保护教育的开展和培训、国内外的合作交流等一系列管理活动；微观上则专指保护技术，即运用化学、物理以及计算机技术等各种手段最大限度地延长档案的寿命。关于电子档案保护的提法，较早出现在赵淑梅的《电子档案保护技术学初探》②一文中，她从学科角度比较系统地阐释了"电子档案保护"所包含的内容：探索使数字信息完整、安全、可靠的技术手段和法规体系，其目的是保持数字信息的真实性、可靠性和长期可读性。此外，在2007年出版的《电子文件管理学》③从文件角度较早提出"电子文件的保护"一词，也反映了对电子档案保护的基本看法。该教材中设置了一个独立的章节，明确指出电子文件保护的内容包括载体的保护和信息的保护，并指出电子文件的保护应贯穿整个文件生命周期。所以无论是电子文件还是电子档案，所研究的内容都与传统档案有很大区别，即突破了传统档案保护以实体为单一对象的研究内容，将重点放在了信息的安全和长久保存上。

②"保存"：在档案领域经常出现在对国外有关数字资源长期保存的翻译表述中。从翻译的对应词语看，主要是对"digital preservation"和"long-term preservation"的翻译。

③"保管"：主要指电子档案进入档案馆后的相关管理活动。我国第一版档案保护教材的名称就是《档案保管技术学》。电子文件出现后，"digital archiving"（数字归档）后的管理，一般被称为"电子文件保管"，是电子文件管理的一个流程。如比较有影响力

① Depew J N, Jones C L. A library, media and archival preservation glossary [M]. Oxford: ABC-CLIO Inc, 1992: 49.

② 赵淑梅. 电子档案保护技术学初探[J]. 档案学通讯, 2001(4): 69-71.

③ 金波, 丁华东. 电子文件管理学[M]. 上海: 上海大学出版社, 2007.

学原理和专业实践的保存管理计划中的一项内容。preservation 则有三个不同的含义。在现代档案机构出现的早期，即“二战”之前，保存只是意味着收集。纯粹的行为是从谷仓、地下室或停车场中取出手稿，并将其完整地放置在干燥的建筑物中，门上的锁满足了机构的基本保存任务，目前，保存的范围更为狭义，旨在提供适当和安全的行政范围和环境以延长馆藏使用寿命的活动和功能，具体包括：存储、使用和处理、馆藏维护、重新格式化、保护处理和灾难计划。preservation 通常包括 conservation。

此外，国外的一些学者对 preservation 和 conservation 也做过一些界定，如英国伯明翰大学计算机与信息学院信息研究中心的主任 Graham Matthews 所阐释的：“conservation 涉及图书档案材料的物理维护和修复；preservation 是指任何旨在保护和保存图书档案资料以确保其可用性、获取和使用的活动，主要是预防性的，包括所有管理和财务考虑因素，包括存储、经费预算、人员配置水平，涉及保存的政策、技术和方法，图书馆和档案资料及其中包含的信息。”①

综上，本研究所指的“档案保护”的对象包括传统档案和电子档案，因而所探讨的理论与技术的内容也是围绕这两个对象进行的。具体含义包括微观的技术种类与保护实际工作，也包括宏观的标准、管理策略、人才培养、学科知识体系等相关内容。实践与理论中存在称谓不同，含义各有侧重，但本书仍沿用传统的大家普遍公认的“档案保护”的称谓。只是在尊重传统约定俗成的称谓和含义的基础上，希冀从不同的称谓和应用场景中，为找寻到更加科学的理解和符合数字时代档案保护理论创新与技术变革的特点和发展路径的科学称谓提供一些思路。

(2)档案保护理论。

档案保护理论主要是指具有思维抽象层面的理性知识和指导原则。包括档案保护学科基本术语、核心知识构成和理论工具等内容。其中，学科基本术语包含档案保护研究对象和内容的界定；核

① Matthews G. Preservation and library management [J]. Library Management, 1990, 11(4): 4-9.

心知识构成主要以主流的档案保护教材为依据和标识；理论工具则主要是指保护学科公认的学说，如文件生命周期理论、工作原则（指导原则）、经典著作以及对相关学科理论的借鉴和应用。此外，有关档案保护的制度建设、人才培养等方面的内容也将纳入到理论研究范畴中。

（3）档案保护技术。

档案保护技术主要是指应用于档案保护实际工作的成熟技术和不断开发的新技术。具体包括四个方面内容：一是记录技术的各种要素和手段，诸如记录材料、记录工具、信息表达方式等；二是档案存储技术，主要有档案制成材料的种类和性能、档案信息长期保存和永久可用技术（或称作档案原始记录的长久保存和持续可用的技术）；三是档案保护环境技术，包括档案馆库建设、保管设施及装具的配备、保存环境质量等；四是档案修复（恢复）技术，包括档案实体的延续性修复和信息迁移的再生性修复（恢复）等。

1.2.2 研究内容

立足我国实际，并借鉴国际先进经验和做法，围绕传统档案保护与电子档案保护两者在技术和理论上的需求进行审视、考察，确立新的理念和研究方法，并尝试架构数字时代新的档案保护技术与理论知识体系。

（1）全面审视传统档案保护技术理论体系面临的问题。

应用库恩“范式理论”做指导，从档案学教材体系的视角审视传统档案保护学科的基本概念、学科名称以及研究内容和研究方法上存在的缺陷，探究档案保护寿命的实质。通过对现有档案保护教育体系和档案学核心作者的研究，对档案保护人力资源方面的内容进行反思，从而为数字时代档案保护人才培养、学术共同体的培育与壮大提供方向。

（2）系统总结数字时代档案保护理论创新与技术革新的成果和特点。

利用中国知网、读秀学术搜索等中文学术数据库和SpringerLink、

Emerald、Web of Science、LISA、ProQuest、EBSCO 六大国际主流数据库，并结合国家社科基金办公室官网以及历年来国家档案局的"档案科技优秀成果获奖目录"等多种途径，收集有关国内外档案保护的研究现状和成果，以我国为主，辅之以与国外的比较分析，总结数字时代档案保护理论创新与技术革新的特点和成效。

(3)展望数字时代档案保护理论创新与技术变革发展前景。

通过审视和总结传统档案保护理论与技术体系存在的问题和局限性，结合对现状的研究，提炼出数字时代档案保护技术变革与理论创新发展前景的主要方面：以理念与研究方法的创新作先导，以人才培养和壮大为基础，探寻一级学科教育资源下档案保护人才的培养模式和新生代学者培育的路径；按照文件生命周期理论对档案进行全过程动态保护；突破单一技术策略，加强档案保护管理手段的应用，改变以藏为主的保密观念；引入人工智能、数字人文等领域的理念和工具，让保护技术主要服务于保管或保存需求；向信息内容安全有效利用需求延伸，建立起为更加方便利用而保护的新价值观；突破传统思维藩篱和技术框架，将传统档案保护与电子档案保护理论和技术有机融合，架构将传统档案与电子档案有机融合的新的档案保护知识体系；推进档案保护服务体系的建立与发展，适应数字时代保护对象多元化的发展需求，拓展保护主体，对档案部门与档案(文件)商业服务机构、数字商、个人等多主体档案保护社会化服务模式之间的关系和职能进行研究和创新，建构广泛参与国家乃至国际范围所开展的各类文化遗产工程项目的协同发展的模式，与相关领域共同承担起保护社会记忆的责任等内容。

(4)剖析国内外理论与实践案例获取全方位的借鉴和启示。

本研究通过对国际上有重要影响的典型案例 InterPARES 项目的观察与分析，来获取国际视野下对电子档案保护进行研究的有关内容、方法、进展等更加丰富的信息和可资借鉴的价值。通过问卷与实际调研，选择国内有关声像档案、满文档案和电子文件备份实际工作的实证研究样本，剖析这三个不同典型的档案保护领域的发展特点，多视角挖掘数字时代档案保护技术变革与理论创新的源泉。

1.3　研究思路与方法

1.3.1　研究思路

引入系统论方法、信息生态理论等相关理论为指导，对国内外现有传统档案保护研究、电子档案保护研究以及文献遗产等相关方面的研究成果进行全面、系统的梳理，结合数字时代对档案保护的需求，反思传统档案保护知识体系和思维方式的局限性以及面临的发展困境，探寻融合传统档案与电子档案保护需求的发展思路和突破路径。思路如下：

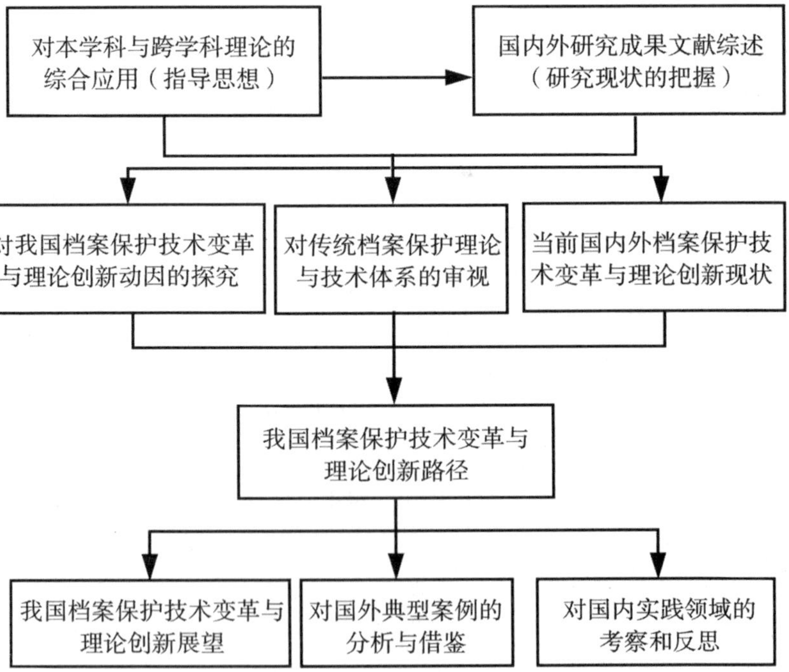

图 1-1　研究思路框架图

1.3.2 研究方法

(1)文献调研法。通过多种途径查阅国内外学术数据库、行业网站等，以及购买相关专著、教材，尽可能全面搜集第一手文献，把握本书研究的前沿动态。

(2)本学科与跨学科理论综合应用。21 世纪是一个学科不断加速分化的时代，也是一个学科不断融合的时代，因而应立足本学科基础理论，但更应以开放的态度接纳相关学科的理论与方法，才能保持与时俱进的发展动力和源泉。将系统论和信息生态理论与文件生命周期理论等相结合，并将数字时代档案学理论创新的成果，如范式理论、后保管理论、文件连续体理论以及对信息技术迭代更新跟进中不断形成的数字化管理、数据化管理等理念应用其中，以指导档案保护技术变革与理论创新获得更开阔的视野和更有效的方法。

(3)比较研究法。通过中外比较、纸质档案与电子档案保护比较、档案领域保护与文化遗产保护等相关领域的多角度比较分析，探索档案保护技术变革与理论创新的动力、方式和模式。

(4)问卷调研和实地考察。制作调查问卷对档案保护工作现状进行调查，然后进行统计分析，并结合实地考察印证和深入了解某些疑难和重点问题，做到理论联系实际。

1.4 国内外研究现状综述

1.4.1 国内研究现状

本研究在“CNKI 中国知网期刊数据库”中以“档案保护”为检索词，以“主题”“关键词”为检索字段，以基本检索、高级检索为检索方法进行检索，共找到 2962 条检索结果，经过去重和内容鉴别筛选后，得到与传统档案保护相关的有效期刊文献为 1547 篇，时间涵盖1964—2019年(10月31日)；以“电子文件+长期保存 or 保护”“电子档案+长期保存 or 保护”“数字档案+长期保存 or 保护”“数字资源+长期保存 or 保护”为检索词进行检索，时间涵盖1995—2019年(10月31日)，对检索结果进行筛选处理后，相关期刊文献年度分布如表1-1所示。

表1-1 国内有关档案保护期刊论文年度分布情况

主题and关键词 \ 年度	1964—1980	1981—1985	1986—1990	1991—1995	1996—2000	2001—2005	2006—2010	2011—2015	2016—2019
传统档案保护	2	41	96	108	175	160	288	352	324
电子文件+长期保存 or 保护	0	0	0	2	27	59	164	171	91
电子档案+长期保存 or 保护	0	0	0	1	12	49	155	143	83
数字档案+长期保存 or 保护	0	0	0	0	1	7	36	65	63
数字资源+长期保存 or 保护	0	0	0	0	0	22	112	140	94

在“读秀学术搜索”中进行图书检索，以书名=“档案保护”进行搜索，经过内容鉴别筛选后，共得到80条有效结果，其中各类教材占80%以上，专著稀缺。以书名=“电子文件长期保存”“电子文件保护”“电子档案长期保存”“电子档案保护”“数字档案长期保

存”“数字档案保护” “数字资源长期保存”“数字资源保护”进行搜索，分别得到 1、2、1、0、1、0、9、1 条结果，如图 1-2 所示。

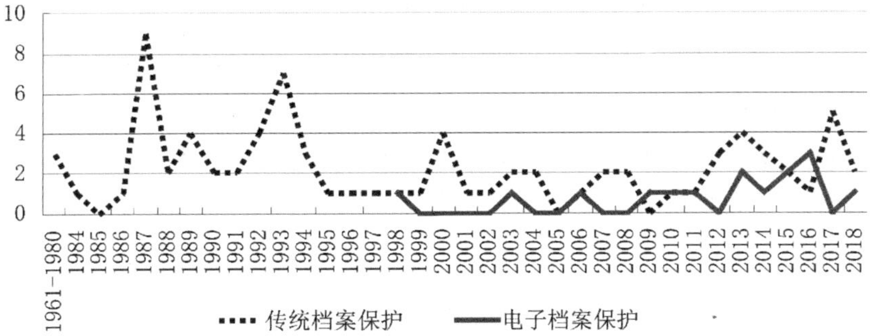

图 1-2 国内档案保护图书年度分布图①

从两个数据库检索出的成果总体情况看：保护技术的研究占绝对优势，保护理论的研究较弱。具体内容总结如下：

(1)档案保护技术方面。总的发展趋势是继承传统技术的同时，积极跟进新技术，以解决不断出现的各类档案保护需求为牵引。从具体成果来看，主要包括档案实体和档案信息两方面的保护技术，以档案实体为核心的保护技术囊括了各类载体的性能探讨、保护环境的治理、破损档案的修复、档案馆库建筑、档案灾害预防与抢救、少数民族濒危历史档案抢救等广泛领域，1990—2003 年档案实体保护是技术研究的主要内容，2004 年以后逐年递减，以信息为核心的电子档案保护技术逐渐成为热点和主流。如双套制下的脱机备份保管、网络安全技术、迁移等电子文件长期保存和信息安全技术在不断跟进电子档案保护的需求中持续革新和发展。

(2)档案保护理论方面。2000 年后，档案保护理论方面的探讨渐渐多了起来，从成果来看，触发理论思考和探索的主要动因是电子文件这一新形态档案的产生。因为进入 21 世纪后，电子档案与

① 图中所指传统档案是指以纸质为核心的档案，电子档案是指数字形态的文件、档案及信息。

传统档案保护比较研究的论著渐成热点，由此引发了对传统档案保护理论的反思，并探索如何适应数字时代新变化的档案保护需求。以张美芳、周耀林、赵淑梅、彭远明、连成叶、金波等学者的研究为代表，基本一致的认识是：传统档案保护理论与技术研究空间日益缩小，专门人才匮乏，电子档案保护问题亟待解决。学者们主要论述了对现有档案保护技术学科体系的认识、对保护技术方法应用原则的反思、对传统档案保护与数字档案保护的比较以及相融发展的看法和应对策略，提出借鉴国外最佳实践，纳入文化遗产更广泛的保护领域，拓展我国档案保护技术与理论研究视野和人才培养模式等建议。

以上两个方面成果的具体内容将在后文做进一步的介绍和分析，这里就不展开评述了。

1.4.2 国外研究现状

以 SpringerLink、Emerald、Web of Science、LISA、ProQuest、EBSCO 六大国际主流数据库作为主要检索途径和资料来源，辅之以国外代表性档案工作者协会网站资料来源。以"archive preservation/conservation"或"archive preservation/conservation"+"Technology"或"document preservation/conservation"或"digital preservation/conservation/ storage"或"archive/record/information/collection management"为检索词，经过筛选共得到 614 篇，时间覆盖 1970—2018 年。通过阅读论文及参考文献，统计各种涉及档案保护方面的著作共 67 部，可以分为通论和专论。通论是关于多种档案材料保护的著作，共有 58 部，代表性的有：《以档为史：记忆的修复与文件的修补》①《档案材料的保护与修复》②《数字化

① Sengupta S. Experiencing history through archives：restoration of memory and repair of records [M]. New Delhi：MunshiramManoharlal Pub，2004.

② [印]雅·帕·凯思帕利亚. 档案材料的保护和修复[J]. 黄坤坊，译. 档案学通讯，1981(增刊).

世界中的保护》①等。专论则以某一特定类型的档案材料保护为研究对象，共有9部，如布朗宁的《纸的分析》②、弗里雅捷的《纸的性能》③是纸张保护研究的重要成果，《照片的保管》④及《照片藏品：预防性指南》⑤等研究了照片保护的理论与技术。下面主要介绍论文类的成果。

(1)档案保护技术方面。国外档案保护技术方面与国内档案基本相似，传统纸质档案研究占比较大，20世纪80年代之前，主要集中在纸质档案材料的保护，如纸质材料的损毁原因、损毁及灾后的抢救修复、去酸技术、微生物防治等方面。美国、苏联等国家还相继建立了一些文献保护机构，以解决文献保护问题。20世纪90年代后进入了飞速发展阶段，对非纸质材料档案的保护有了更多的关注，相应的研究主题不断增多，如对声像档案、广播档案保存的研究等都推动了档案保护研究的进程。国际组织对这一变化的关注度也很敏锐，联合国教科文组织"世界记忆工程"的提出和国际图联"五大核心计划"的推进都促进了文献保护进一步的发展，各国的文献保护机构逐渐增多。国际图联"五大核心计划"包括国际书目控制与国际机读目录核心计划(UBCIM)、世界出版物的利用核心计划(UAP)、保护和保藏核心计划(PAC)、世界数据流与远程核心计划(UDT)以及发展中国家图书馆事业促进计划(ALP)，其中保护和保藏核心计划制定于1984年，其目标是使图书资料、档案资料以及其他各种出版物资料都尽可能长远保存。保存和保藏核

① Conway P. Preservation in the digital world[M]. Washington, DC: Commission on Preservation and Access, 1996.

② [美]B L 布朗宁. 纸的分析[M]. 雷金，选译. 北京：轻工业出版社，1982.

③ [苏联]Д. И. 弗里雅捷. 纸的性能[M]. 陈有庆，等译. 北京：轻工业出版社，1985.

④ Clarke S, Frey F. Care of photographs[M]. The Netherlands: ECPA, 2003.

⑤ Lavédrine B. Les collections photographiques: guide de conservation preventive[M]. Paris: ARSAG, 2000.

心计划的作用在这一计划的不断发展中也不断转变，一开始是为了提高不仅仅是图书馆和档案馆工作人员，还包括政府层面和普通用户层面对文献保护重要性的认识，发展至今已经成为图书馆、档案馆和其他机构之间的桥梁，促成世界范围内不同专门机构同本行业在文献保护和保藏方面的合作。在未来，保护和保藏核心计划还会继续关注现代信息技术与文献保护的结合，探寻文献老化的原因并加以预防，进一步促进文献保护与保藏的发展。

信息技术的发展为档案保护技术带来了巨大的变化，一方面，数字化技术的出现为珍贵纸质档案、声音档案、广播档案及其他视听材料的数字化保护与传播带来曙光。如西班牙国家档案馆、比利时根特大学心理声学和电子乐研究所、英国广播公司等机构纷纷就传统声像档案的长期保存技术、标准、策略等问题展开探索。传统纸质载体档案的修复技术和防护技术以及保管环境的控制技术和设备也得以更新。另一方面，随着数字对象的不断涌现，针对数字资源的长期保存已成为各国图书馆、档案馆等保存机构关注的焦点。如美国的 NDIIPP 项目、德国的 NESTOR 项目以及澳大利亚的 PADI 项目等。然而，在数字资源保存研究与实践责任主体中，呈现出各类型图书馆“一家独大”的现象，档案机构虽处于边缘位置，但也在紧锣密鼓地探索着，如欧美国家的数字档案馆、电子文件档案馆以及专门的数字档案项目建设。美国的 ERA 项目、加拿大政府数字资源长期保存可信数字仓储(TDR)以及多领域、国际化合作的项目也是重要的发展趋势，如 InterPARES 项目(1999—2018)、欧盟的电子文件管理通用需求(MoReq)等，这些项目的合作方式、研究领域、成果推广等都值得我们借鉴。

(2)档案保护理论方面。国际档案界普遍认识到在数字时代背景下，无论是档案机构还是档案保护工作者的角色定位都必须有所转变。传统的以纸质载体为主的一系列档案保护技术无法适用于各类数字对象的保护，因此，探索数字对象尤其是可信电子文件与数字档案的长期保存的载体和信息安全问题将是档案机构的重要使命。

此外，国外对保护管理方面很重视。保护工作的开展，除了需要成熟的技术支撑以外，合理的规划和有效的管理也极为重要，技术和管理相互协调，才能推动档案保护的不断发展。其不仅在技术研发和应用中重视管理的作用，而且对档案、图书保护的教育与培训也有很完善的规划，如《文献保护：问题与规划》①一书着重从管理角度来探讨文献保护问题，强调了政策、资金、人员等管理问题的重要性；《科学传播与保护教育学的教育策略》②介绍了德国、意大利、瑞士、希腊等国的文献遗产保护教育状况；《对 18 世纪和 19 世纪含有植酸钙和碳酸钙氧的蓝黑墨水文献的处理工作标准的介绍》③一文介绍了纸张保护的标准规范问题等。

综上可以看出，无论是国内还是国外(以欧美为主)对档案保护的研究，技术视角仍是主流。20 世纪 80 年代以来，国内外对档案保护技术与理论的研究普遍认识到，在数字时代以纸质为核心的传统档案保护技术与理论受到很大挑战，在比较传统档案保护与电子档案保护技术与理论的基础上，提出了一些新的理念、发展思路和实践探索。但国内偏重于理念的探索，在实践上突破不大，国外更偏重于应用的研发。总体上，国内外对数字时代档案保护理论与技术都没有明确而系统的框架。本书将对这些理念和应用进行系统梳理、整合、升华，结合中国实际探索档案保护技术变革的规律、发展的动力、理论创新的路径和发展前途，以期架构起在理论、技术、人才、政策等多方面高效整合的档案保护创新体系和发展机制，更好地提升我国档案保护技术与理论的研究效率和应用价值。

① Banks P N, Pilette Robeta. Preservation：issues and planning [M]. Chicago：American Library Association，2000.

② Banik G. Education strategies for science communication and education in conservation science [J]. Restaurator，2013，34(4)：261-274.

③ Huhsmann E，Hähner U. Work standard for the treatment of 18th and 19th-century iron gall documents with calcium phytate and calcium hydrogen carbonate [J]. Restaurator，2008，29(4)：274-319.

1.5 研究价值与不足

1.5.1 研究价值

（1）创新理念，转换视角，对传统档案保护理论进行一次全方位的审视。尝试将系统思维、范式理论、信息生态理论以及不断生长、迭代的信息技术和理念综合应用到档案保护理论创新与技术变革的研究之中，反思档案保护理论与技术研究空间日益缩小、人才匮乏等窘境及其缘由，系统分析和总结传统档案保护技术与理论知识体系的局限性和有待突破的方向，探寻档案保护技术变革的动力与规律，洞察保护理论创新的方法和路径。

（2）架构数字时代实体安全与信息安全兼顾的完整的档案保护技术与理论新知识体系。革新传统保护观，探索系统思维下档案保护理论与技术发展新思路，架构一个全新的囊括传统档案保护与电子档案保护的科学体系。将电子文件（档案）安全纳入档案保护理论与技术体系中，一方面，为电子档案以及数字化档案资源日益增长的保护需求提供技术与理论指导；另一方面，也为档案保护理论创新与技术研发注入信息化背景下的各种新生力量。

（3）为档案保护在文化遗产等更加广阔的空间中寻求新的生长点。拓展档案保护技术与理论功能，提升档案保护的职业价值。一方面，倡议档案保护人员和部门积极参与国家乃至国际范围的各类文化遗产保护工程，并为其提供指导，在参与方式、实现途径等方面提供基本方针和技术支持；另一方面，指引新生代档案保护方面的学者调整或更新知识结构，对不断涌现的新技术、新理论积极跟进，拓展知识视野和研究领域，更期望引入数字技术领域的人才，充实和壮大档案保护人才队伍，让档案保护这个传统的学科在数字时代焕发出新生。

1.5.2 研究不足

(1)电子档案保护方面的知识比较零散，系统性不够。由于电子档案保护从称谓到知识体系等仍处在不断发展变化中，因而本书在研究中也有很多迷茫和纠结，从资料的来源到观点的采用乃至分析都存在很大的主观性。

(2)调研的内容因受地域以及调研单位对内容的理解和信息提供完整度的影响存在很大差异，因而对实际工作的实证研究针对性还不够。

第2章　电子档案的产生是档案保护技术变革与理论创新的直接动因

档案保护的对象是各种形式的档案原始记录。档案保护技术与理论就是通过研究档案原始记录的性能、损毁规律等内容来寻求科学保护档案的方法，使档案寿命得到最大限度的延长，从而更好地发挥档案的价值。迄今为止，人类文明进程中所产生的档案种类繁多，性能千差万别，相对应所采取的保护方法和相关理念也在不断演进中。由于构成档案的要素主要由物质材料和信息内容两部分组成，完成两者的结合主要靠记录技术的加工，所以记录技术直接导致了档案形态的变迁，进而推动了档案保护技术与理论的变革。20世纪40年代以来，记录技术的一次大的变革就是计算机技术的发明，由此引发了信息记录、传播、各类业务管理等全社会生产方式、生活方式的变革。这种变革从世界范围来看从20世纪60年代陆续开启，我国基本从20世纪80年代末开始快速跟进。我国的档案保护技术变革与理论创新也随之进入了一个新的时代。

2.1　计算机技术催生了数字记录的产生

对信息的记录、存贮和传播是人类文明和智慧发展的重要手段。人类历史上围绕对信息的记录、存贮和传播需求而产生的信息技术，总共经历了五次大的变革。即语言的使用、文字的发明、印刷术的应用、电话/广播/电视等电磁技术的发展以及目前对计算机与互联网技术的广泛使用。人类所经历的每一次信息技术的变革，都是文明进步的一次飞跃。人类文明的进步与发展就是在这样一次次的变革中不断积累和获得升华的过程。正如伊尼斯所言："一种新媒介的长处，将导致一种新文明的产生。"①

2.1.1 计算机的发明和推广为数字记录提供了工具

计算机的发明最初是为了帮助处理复杂的数字运算，随着与网络技术和通信技术的结合，现已成为一种深刻改变了我们的工作、生活和学习方式的"万能工具"。对信息的记录是人类文明积淀的客观需求，于是便有了记录技术的产生，即"把信息固定在媒体上就叫做记录。为了进行理想的记录，便发展了记录技术"。② 计算机技术从 1946 年发明至今不断更新换代，1972 年以后已经进入了第四发展阶段，在语言和操作系统方面都有很大的突破，不仅形成了软件工程，建立了数据库，也出现了大量的工具软件，与网络技术相结合，实现了计算机之间的相互信息交流，具备了集图形、图像、声音、文字处理于一体的多媒体记录技术。所以计算机技术也具备了优良的记录技术功能。

记录技术是信息技术的组成部分，主要由存储材料(包括载体和记录材料)、记录工具、信息内容的表达方式(符号或信号系统)几个要素构成。表 2-1 记录了技术变迁的主要过程。

表 2-1 中所指的模拟符号(或信号)记录和数字编码记录又可称为模拟记录和数字记录。模拟记录是文字、音频和视频等传统记录方式，通过文字符号的表征意义或对声像信号的模拟进行记录。文

① [加]哈罗德·伊尼斯. 帝国与传播[M]. 何道宽，译. 北京：中国人民大学出版社，2003：译者序Ⅷ.

② [日]斋藤省吾. 信息的显示、记录与存储[M]. 韩凌，译. 北京：电子工业出版社，1988：25.

表 2-1　记录技术的变迁

记录要素 / 记录与读取方式	载体材料	记录材料	记录工具	信息内容表达方式
模拟符号记录，信息内容可直读	甲骨、金属、石头、泥板、各种植物及其制品等	机械划痕、墨等字迹	刀刻、手写	静态的、抽象的符号、文字、图画等
	手工纸	各种书写字迹	手写	
	机制纸	各种书写、印刷字迹	手写和各种打字、印刷机械	
模拟信号记录，信息内容非直读（配套设备读取，普通胶片除外）	胶片、录音带、录像带	感光材料、磁性材料	照相机、录音机、录像机	静态图像以及动态的录音、录像
数字编码记录，信息内容非直读	磁盘、光盘以及各种数字存储工具	磁性材料、激光记录材料等	电子计算机等各种数字记录工具	文字、声音、图像、影像、动画等多媒体的聚合

字是人类发明的第一套体外化符号系统，它的产生和应用改变了自然语言在信息传播上的不确定性和转瞬即逝性。文字的发明和使用使人类在知识和经验的积累、存储上突破了时空的限制，开启了人类利用体外化媒介系统的时代。但文字只是一种对人类精神世界的表征，其抽象性、模糊性、多义性等特点，使其在内容的表达和意义的理解以及传播上有很大的局限性，即文字符号本身是有意义的，但意义并不仅仅存在于符号本身。正如当代德国哲学家伽达默尔指出的：解释学的基本问题是“在通过写作而固定下来的意义与通过读者进行理解的意义之间的距离如何能够达到沟通”。① 记录的文本与读者对文本的理解是一种“视域融合”的结果，如小说《红楼梦》中的林黛玉在一千个读者心中有一千个不同的形象，文字的抽象性可以给想象和理解空间带来无限的延展性。于是人类又发明了比文字更加直接表达的录音、录像技术，将人类即时性表达的声像记录下来，这样的记录方式克服了文字符号的抽象和意义传达的畸变。但磁带录音录像仍然是模拟记录的一种，它们的原理是模拟人类的声音和影像的信号进行记录。声像模拟记录要求记录材料所记录的信号完全被模拟，即不仅在频率上与被记录信号一致，在强度上也与被记录信号有一定的比例关系。但模拟记录存在记录密度较低，且在保存和利用过程中信号会不断衰减、失真等缺点。

随着数字记录技术的发展，其应用目前已拓展到各种数字移动工具领域，数字记录技术不仅不断取代传统记录技术，而且衍生出多种数字记录新领域，将人类带入到一个划时代的信息时代。

数字记录所记录的图形是矩形波，目前应用最为广泛的计算机记录就是典型代表，它是用数字 0 和 1 代表的两种波形，即用“二进制信号”的矩形波信号进行记录。也就是说计算机是目前实现数字记录的主要工具，它克服了模拟记录的密度低、易失真等缺点，但自身也存在诸多缺陷，如信息不可直读，记录格式存在兼容性和

① 赵淑梅. 从解释学视角解析档案的形成及其价值的发挥[A]//赵彦昌. 中国档案研究第一辑. 沈阳：辽宁大学出版社，2015：38.

过时的风险，以及对配套设备依赖性强等问题。

2.1.2　数字记录的特点

数字记录相较于历史上所使用的记录技术具有颠覆性变革，其特点如下：

(1)用最简单的符号表达最丰富的信息内容和形式。

数字记录的基础代码只有“0”和“1”，被称为比特的记录符号，通过计算机的采样、量化、编码等一系列处理，可实现对各种形式的信息内容的表达。经过计算机的处理，“0”和“1”记录符号不仅可以完成传统记录技术中对文字、图表的记录，还可以实现对动态的声音、影像，乃至缤纷的色彩等信息的各种特征的记录和再现，而且可以对不同形式的信息进行聚合关联，形成多媒体展示，满足各种利用的需求。

数字记录与以往的所有记录方式最大的不同是，它聚合了以往所有单独记录技术的功能，一次性实现了人类对所有信息种类的记录、存储和利用，实现了人类对信息的多样化的表达、保存和传播，在某种程度上回归了人类大脑思维对信息的处理过程和加工能力。迄今为止，信息记录技术历经从单一技术的语言、文字、声音、视频等的存储到目前聚合技术的产生，不断趋于高效便捷。

(2)计算机不仅是记录工具，还具备了对信息内容进行智能存贮、分析的功能。

计算机与以往的所有记录技术都不同的是它具有一定的智能，“文字的发明一度催生了逻辑学的发展，因为文字使得对于逻辑推理的分析成为可能——借助文字，成串的思维过程将呈现在人们眼前，供人审视。而许多个世纪之后，随着人类发明了能够操作符号的机器，逻辑学再度被赋予了新的活力。”①这个如人类一样可以操作符号的机器就是计算机，由于它的很多功能可以替代人脑，因而

① ［美］詹姆斯·格雷克. 信息简史［M］. 高博，译. 北京：人民邮电出版社，2013：175.

后来又被俗称为电脑。由于计算机具备了强大的计算和推理功能，所以可以对贮存在其中的信息进行多种操作，诸如记录、存储、分类聚合等各种逻辑计算和推理。这为信息的知识加工乃至智慧的产生都奠定了基础，目前大数据、云计算、人工智能等技术的发展便是顺理成章的事情了。不断成长的计算机集群技术使得计算机在具备人类智慧功能方面拓展着越来越强大的功能。

(3)信息存储密度高，并呈几何级数提升。

数字记录存储密度惊人，从其计量单位所能存储的信息的量就可以看出，数字记录有 K、M、G、T、P、E、Z 等不同级别的度量单位，每一个度量之间都是以 1024 倍的级数递增。“到 2013 年，世界的数据预计能达到约 1.2ZP(泽字节，即 2^{70}字节)，其中非数字数据只占不到 2%，这样大的数据意味着什么？如果把这些数据全部记在书中，这些书可以覆盖整个美国 52 次。如果将之存储在只读光盘上，这些光盘可以堆成五堆，每一堆可以伸到月球。”①国际数据公司(IDC)的监测数据显示，2013 年全球大数据储量为 4.3ZB(相当于 47.24 亿个 1TB 容量的移动硬盘)，2014 年和 2015 年全球大数据储量分别为 6.6ZB 和 8.6ZB，增速已经达到了 30%。近几年，全球大数据储量的增速都能达到每年 40%，呈现直线上升的趋势。2016 年和 2017 年全球大数据储量分别为 16.1ZB 和 21.6ZB，2016 年甚至达到了 87.21%的增长率。2018 年全球大数据储量达到 33.0ZB，增长率为 50%。可以预测在未来几年，全球大数据储量规模也都会保持 40%左右的增长率。巨量的信息在以计算机为核心的数字世界中不断地产生、记录、贮存、利用着，人类发展的面貌和前景也持续地改变着。②

(4)信息内容不能直读，以数据离散状态存在于数字记录系

① [英]维克托·迈尔-舍恩伯格，肯尼思·库克耶. 大数据时代生活、工作与思维的大变革[M]. 盛杨燕，周涛，译. 杭州：浙江人民出版社，2013：13.

② 卢正源. 全球大数据储量规模不断扩大 生产力和物联网数据增长迅速[EB/OL]. [2019-08-09]. https://www.gkzhan.com/news/detail/118714.html.

统中。

纸质文档之前的所有记录技术形成的文档内容都可以直读，是以看得见摸得着的物质形态存在。虽然文字是抽象的符号，但人类对文字符号的表达规则和含义进行了规定，因而文字记录的信息是有意义的信息内容，是可以被理解和交流的。即使后来出现了模拟记录的录音、录像等文档，也只是纸质文档系统的一种补充。但数字记录的方式则带给我们巨大的冲击，计算机处理的数字信息迅速占领了信息记录的所有领域，不仅如此，还不断衍生出诸如手机等多种数字移动工具，纸质记录空间不断被挤压，因而我们越来越多地感受到面对数字记录系统信息不能直读的失落感。数字记录对信息内容的表达似乎脱离了各种载体、字迹等材料的物质束缚，成为只有代码表达的虚拟形态，这也是最初学者将数字文件称作“虚拟文件”的原因，对此后面将进一步讨论。

计算机所使用的数字记录只有“0”和“1”两个基本符号，它们既不是我们熟悉的有表征意义的文字，也不是我们可以感知的声音和图像的模拟，它的记录形态是经计算机程序员编程的0和1的数字组合。信息的记录状态不是传统文档的形式与内容的统一，而是以代码离散状态存在于数字设备中，按照一定的再现规则进行组合、编译、呈现。计算机乃至不断发展的各种数字设备的基本原理都是这样，在记录设备和存储载体中传统意义上的文档是不存在的，只有在人们阅读利用时，才可以通过显示屏看到一个数字组合的文件快照，特别是一些复杂的文档形式更是以离散状态存在。所以，数字信息对其记录和再现的软硬件设备和程序具有高度的依赖性。

(5)数字记录内容的真实性、可信性受到严峻挑战。

数字记录的内容不可直读性，以及信息的易复制和易传播(与网络等技术的结合)等特点使得信息内容易被操作，如没有设置权限等防篡改功能，则文档信息的更改、丢失等要比纸质文档容易得多。因而数字记录从产生之初，其所记录内容的真实性、可信性问题一直面临着信任危机，给社会各个领域利用数字记录信息带来很大困扰。对此问题的解决社会各界也在不懈地努力着，其中，最为典型的案例是国际上规模最大的档案合作项目——保证电子系统中文件的永久真实性国际研究项目(简称 InterPARES 项目)，从 1999 年开始，该项目对数字记录系统中的各种类型的文档的真实性持续研究了 19 年。可见有关数字记录内容的真实性问题的复杂性和持续的挑战性，本书第 7 章将具体介绍该项目的有关内容。

(6)信息长期完整可读是数字记录更大的挑战。

数字记录作为一种信息记录手段，为信息的记录、贮存、传递、利用带来很多便利和高效率，但有价值的信息的留存也是非常必要的，这对档案领域来说是最为重要的问题。与传统纸质文档相比，数字记录形成的文档要长期保存面临着更大的挑战。

一方面，文档的持续可读性受到威胁。数字技术更新换代迅速，记录读取系统生命周期短，使数字记录文档总是处于动荡的生存环境之中。如档案信息的利用不是即时的，归档集中保管若干年之后仍然保持可信可用是保存的必备条件，但数字技术环境升级换代基本遵循摩尔定律，即每一代处理器以 18 个月为一个周期进行升级更新，这种迅疾的环境变化让旧系统中的文档面临生存大考验，就如地球生物的演变一样，很多生物的灭绝就是生存环境的变化无以为继造成的。对于数字文档来说，现在的发展事实已充分证明了这一点。自第一台电子计算机发明到现在已更新换代了五代，随之更新的还有信息的存储材料和方法，曾经出现的软盘以及不断更迭的光盘技术已经被淘汰掉了，诸多数字信息的存在方式不断变迁着，如果不及时抢救这些过往留存的信息，它们的消失将如生物的灭绝一样难以挽回。

另一方面，文档记录格式的兼容性带来了挑战。计算机由软件、硬件两部分构成，这两部分可以灵活组合成满足不同功能需求的专业工具，特别是不同业务系统中的软件配置往往是定制的，千差万别的计算机软硬件系统其记录格式、文档管理系统的功能和操作存在很大差异性，这就是所谓的系统间的不兼容性和记录格式的独特性，由此带来不同系统间在信息内容识别、交流和传播上的障碍，同时为文档长期保存持续可读带来巨大挑战。记录格式如文字符号一样是记录内容的表征工具，文字符号是可读的且通过教育的方式长久传承有效，而计算机等数字系统的记录格式则是专业的代码，只有编程人员掌握，而且只能由机器识读，并且具有不断更新替换的风险，所以给信息的识读带来重大挑战。

2.2　多种形态的数字文件不断替代传统文件

随着计算机技术及网络技术、通信技术的发展，人类社会进入信息大爆炸、知识积累和传播的速度空前的信息化时代。数字记录的各种形态文件不断涌现，传统的纸质文件不断被替代着。

2.2.1　全球信息化浪潮的掀起

“信息化是进入20世纪后人类社会发生的最著名、最激烈也是最具冲击力的变化，是人类生存方式的又一次巨变。”①这次巨变被美国著名学者阿尔福·托夫勒在其《第三次浪潮》中称为第三次浪潮(第一次是农业革命，第二次是工业革命)，信息化的标志就是以计算机为核心的信息技术快速地渗透到人类生产、生活的方方面面。

信息化的推广经历了自上而下的国家级的强力推进过程。最早是由美国在1993年9月15日出台的NII(National Information Infrastructure)国家信息基础设施计划发起的，俗称信息高速公路计划，随后世界范围内的许多国家纷纷跟进，掀起了信息化战略的高潮，我国也积极谋划参与其中。20世纪80年代初我国就开始了对计算机技术、通信技术的关注和研究，20世纪90年代初开始在一些领域开展应用工程，实施信息化国家战略，最具代表性的是1993年年底启动了我国信息化工程的“三金”工程，即金桥、金关

① 张照余. 档案信息化理论与实践[M]. 北京：中国档案出版社，2007：1.

和金卡工程，此后，金税、金农、金企、金智纷纷上马，信息化被正式列入“九五计划”(1996—2000)。1999年，我国开始实行“政府上网工程”“企业上网工程”和“家庭上网工程”的全面推广信息化应用的举措。进入21世纪，信息化已是全球发展的主要特征，即以计算机为核心的数字化技术带来了信息化革命，世界范围内上至国家下至各行各业都在不断提升着信息化的发展水平。信息化始于应用以计算机为核心的工具对各种管理业务流程进行的自动化改造，随着业务流程自动化水平的不断提高，必然会引起管理环境、管理理念的更新和发展，最终导致整个管理模式的革新。也就是说，信息技术的应用过程是人的思想观念、知识体系、业务流程、管理体系等多方面逐渐更新和新范式逐步建立的过程。

2.2.2 数字文件迅速生长

随着全球信息化战略的实施，传统纸质文件不断被替代。“信息技术在生活中的广泛应用使数字文件的数量迅速增长，不仅仅是计算机打印文件取代了手写文件，数字文件深入到了更多的领域，传统信件被电子邮件代替，传统手绘图纸被CAD代替，甚至存折也被信用卡代替。”①办公自动化(OA)、计算机辅助设计、制造(CAD，CAM)数码相机、扫描仪等数字设备纷纷亮相，传统纸质文件、模拟声像文件的生成不断被取代。面对不断涌现出的各种形态的数字文件，有人提出了无纸化时代即将来临的预测。

当然，无纸化是一个发展过程，无纸化也并不是说纸张彻底退出历史舞台，而是如果纸质文件退出社会活动中记录方式和文件运行方式及保存形态的主流，就可以称作无纸化。目前很多领域都在推行无纸化管理，如无纸化办公、无纸化考试、无纸化交易等，这些活动中虽然不使用纸质文件了，但只是某个具体活动的一些环节不使用，纸质文件在整个机构的其他业务中仍然在产生和运行。实

① 金波，丁华东. 电子文件管理学[M]. 上海：上海大学出版社，2007：10.

际上，任何一个领域的变革，不仅仅是技术本身的创新即可，还需配套的思想观念、管理制度等系统的社会变革才可以实现。早在 2003 年 3 月 7 日《环球时报》报道中，比尔·盖茨访问皇家科学院时在新闻发布会上立下誓言："此生不消灭书本和纸张，死不瞑目。"现在十几年的光景过去了，看看今天的情形，他经营的电脑行业发展迅速，更新不断，但仍有许多功能被智能手机所取代。技术的发展应该是远超出他的想象，但纸质书籍和文件仍然通行在世界上，并且目前使用的纸张数量还在增长中，这是因为虽然有很多领域采取了数字化、无纸化，但现在的信息量仍在不断翻番增长，存储这些信息的材料也必然不断增加。特别是数字文件完全取代纸质文件还存在一些技术和管理上的障碍，同时纸质备份数字文件的双套制也是纸张不断增量的重要原因之一。所以，一边是数字文件的迅猛发展，与之相适应的是高密度存储的材料也在不断被开发和使用，另一边则是纸质文件的产生和运行仍然占据着重要地位，两者并行并存还会持续下去。

无纸化虽然至今没有完全实现，但无纸化的大趋势是必然的，而且这种趋势在加快推进中。回望各国对电子文件与电子档案的管理历程，都经历了从认识到实践不断成熟的过程，如我国从 1996 年国家档案局成立电子文件归档与电子档案管理研究领导小组开始，国家政策主导下的电子文件管理走过了 20 多年的路程，这段路程如冯惠玲所言："在与纸质文件交替的历史进程中，我们曾拄着双套制拐杖向前走，而全球信息化和国家网络强国战略的快速推进如同进军战鼓，声声催促我们扔掉。"①但我国无纸化的发展一直起色不大，无论是观念还是实践只认可纸质文件，普遍对电子文件和电子档案持不信任态度。笔者在调研中还了解到，有些档案部门对电子文件双套制归档的实际做法是把电子版文件打印成纸质版，签批流转后盖上归档章，然后将之扫描成数字备份，这两份文件同时保存。这种双套制归档管理方法中没有真正意义上的电子文件，

① 冯惠玲. 走向单轨制电子文件管理[J]. 档案学研究，2019(1)：88-94.

只是纸质文件和纸质档案的数字化备份，这种做法某种程度上折射出对纸质文件与档案管理模式的一种“依赖，甚或是”“捍卫”。美国最为典型的电子邮件打印官司长达11年(1989—2000)，最终以打印件对于电子文件信息、要素的损失是不可避免的结论结案。新事物代替旧事物都需要经历一个艰难的积累和突破过程，但最终具有生命力的新事物一定是历史发展的必然。

我国从2015年开始有些实质性的变化，一些行业开始进行了无纸化的尝试，如电子税票、电子订单、电子发票、电子证照、电子账本等不断推行，倒逼着相关行业和管理领域不得不就范，因为上游业务行业不再提供纸质打印件，下游管理票据的部门只能认可，虽然到了自己部门仍需打印，但在观念和实践上的直接冲击应该是有成效的。此后，国家从标准、规范乃至法律对电子文件和电子档案可替代纸质文件与纸质档案的资格不断进行确认，如2016年修订的《中华人民共和国公司登记管理条例》，2018年8月通过的《中华人民共和国电子商务法》，2018年9月发布的《最高人民法院关于互联网法院审理案件若干问题的规定》，2019年1月2日公安部发布的《公安机关办理刑事案件电子数据取证规则》等。档案行业也积极配合国家，随着国家层面诸多法律法规的出台，档案行业对电子文件和电子档案凭证资格的规定也在不断调整中，如2002年实施的《电子文件归档与管理规范》(GB/T 18894—2002)，于2016年8月修订的《电子文件归档与电子档案管理规范》(GB/T 18894—2016)。新的标准更加适应电子文件和电子档案的管理要求，对电子档案管理系统和业务系统等作出了明确的要求，相较于原标准，对电子文件各个环节的规定更加细致。2018年10月发布的《机关档案管理规定》(国家档案局第13号令)也对电子形式的文件与档案可信可用作了相应的规定，在该文件的第5章“信息化建设”中对电子文件收集、分类、归档等各个环节作出了系统的规定，提高了电子文件和和电子档案的重要性。2018年4月，《文书类电子档案检测一般要求》(DA/T 70—2018)由国家档案局颁发，该标准为开展电子档案四性检测提供了技术规范和技术指导，为我国电子文件与电子档案的集中统一管理提供了可操作的规范和技术指导。

2019 年，中国和美国分别发布了一些推进无纸化实质性进程的标志性文件。2019 年 5 月 6 日，我国国务院令：明确电子签名、电子印章、电子证照、电子档案的法律效力。并指出电子文件不再以纸质形式归档和移交，符合档案管理要求的电子档案与纸质档案具有同等法律效力。2019 年 6 月 28 日，美国行政管理与预算局、美国国家档案与文件署发布了《M—19-21 备忘录》①，该备忘录提供两个指南：第 1 部分：所有联邦机构的实施指南；第 2 部分：NARA 和 OPM 的实施指南，来确保所有联邦文件以电子格式创建、留存和管理，并提供合适的元数据。根据文件管理法律法规，2022 年 12 月 31 日之后，所有机构要遵从 NARA 的法规和移交指南(除了机构根据条款 2. 2 中 NARA 制定的程序被批准的例外情况)，以电子格式向 NARA 移交永久文件，并提供合适的元数据；要求在 2022 年 12 月 31 日前，所有机构必须关闭纸质和其他模拟文件的机构运行存储设施计划，并将这些文件移交至由 NARA 运行的联邦文件中心或商业存储场所。

我国最新的进展是新修订的《档案法》(2020 年 6 月 20 日修订通过，并于 2021 年 1 月 1 日实施)(第三十七条)已明确规定："电子档案与传统载体档案具有同等效力，可以以电子形式作为凭证使用。"这对我国进入无纸化档案管理时代必将带来划时代的推进作用。

2. 3　档案保护的新主角——电子档案登场亮相

随着数字记录的广泛应用，各种类别的数字文件不断产生，它们的制作和流转大大提高了办公、生产、生活的效率，克服了纸质

① 档案那些事儿. 美国宣布向电子文件转型[EB/OL]. [2019-08-17]. https://mp.weixin.qq.com/s/91P-wUvliz9Z-GRpD1yHLg.

文件在时空流转和利用中的多种障碍，因而不管数字文件何时代替纸质文件，数字文件的大量产生和应用必然会成为取代纸质文件和档案的主要形态。由此我们不得不面对数字文件带来的诸多挑战，数字文件如何具备取代纸质文件的资格？数字文件可以转化为档案进行长期保存和利用吗？探究这些问题的结果是一种新的档案形态——电子档案的出现和管理。下面梳理一下电子档案概念的确认过程及其长期保存面临的挑战。

2.3.1 从数字文件到电子文件称谓的变化

造纸术和印刷术的发明是记录技术的一次大变革，纸张成为主要的记录载体。公元5世纪，即东晋末年404年桓玄帝下令："古无纸，故用简，非主于敬也。令诸用简者，皆以黄纸代之。"①这是我国国家级的统一使用纸张作为公文用纸的开始。纸张实现了大一统，取代了甲骨、简牍、缣帛、金石等多载体记录时代。如果按照蔡伦造纸术发明于公元2年算起，纸张的出现到404年齐桓公正式宣布取代竹简等材料，也经历了400多年的历史。因而数字文件出现要取代纸质文件，同样需要时间的积累，这个时间的积累是完成替代纸质文件的充分必要条件之一。那么这些充分必要条件是什么呢？需要我们不断探索和储备。延续近2000年的纸质记录技术已形成了完善的记录、保管、传输和利用的理论与实践体系，要突破这一体系不仅需要技术，更需要理念和管理制度的建立与重构。

(1)电子文件名称的出现及其不同的称谓。

档案是由文件归档转化而来的，因而探讨电子档案的问题，需要从电子文件阶段说起。

首先，在理论上进行探究："机读文件""虚拟文件""数字式文件""数字记录"等都被作为电子文件的名称使用过。其中"机读文件"和"虚拟文件"两个术语颇具代表意味，体现了人们最初对新形

① 牛创平，等. 世界档案大事记[M]. 北京：档案出版社，1993.

态文件有别于传统纸质文件的认识。“机读文件”体现了新形态文件的不可直读性，“虚拟文件”则体现了该类文件存在状态的非实体性。这就是最初人们对数字记录产生的新文件形态的感知。

“20 世纪 80 年代末以前，国际档案理事会指定的档案术语中，把‘机读文件’定义为：通常以代码形式记录于载体，如磁盘、磁带或穿孔卡上的文件，它的内容只能由机器才能存取，与数据档案不同的是，它按照来源原则进行整理，这就是机读文件。”①这里的机读文件并不单指计算机阅读的文件，还包括各种机械阅读的文件，只是计算机发明后，它所产生的文件迅速增长，成为主流的机读文件，因而就成为电子文件最初的称谓。根据于丽娟《机读档案与电子文件辨析》②一文对这两个概念的研究，可以看出人们对数字文件取代纸质文件认识的一个发展过程。作者说：罗佛斯先生是我能够查阅到的唯一对机读文件一词的内涵和外延进行深刻思考的人。他强调“机读”的意思是指离开机器就不能阅读，而不是指可以借助机器来帮助阅读。这种对机器的绝对的依赖性将机读文件最初被界定在与计算机有关的各种介质材料之上，包括纸质穿孔卡和磁性材料。随后作者比较深入地剖析了“机读文件”与“电子文件”的不同特点和意义。通过比较二者产生的工作环境、对档案工作的影响程度、实际工作中扮演的角色、引发的研究和影响等不同，得出结论：“两个词语的历史内涵是不同的，机读文件是纸质档案管理时期的辅助信息存在形式，而电子文件则是电子时代文件与档案的新主体。”

1988 年，第 11 届国际档案大会的主题是“新型档案材料”，在此会议上，机读文件和机读档案被广泛使用。到 1996 年第 13 届国际档案大会时，法国 C. 诺加雷在《信息技术对档案和档案工作的影响》一文中仍使用“机读档案”（machineradable archives）这一概

① 金波，丁华东. 电子文件管理学［M］. 上海：上海大学出版社，2007：14.

② 于丽娟. 机读档案与电子文件辨析［J］. 档案与建设，1998(5)：14-15.

念。但1996年第13届国际档案大会的报告中，对数字文件的称谓开始发生了变化，除了延续“机读档案”“机读文件”之外，“虚拟档案”和“电子文件”的称谓也出现了，体现了人们对数字文件的认识在向多元和深入的方向发展。如加拿大国家档案馆T. 库克多次提到“虚拟文件”和“虚拟档案”的称谓，他指出：“电子文件很像彼得·斯科特的思想一样，把我们带进了一个‘虚拟文件’和‘虚拟档案’的时代。在这个时代，传统档案论述中极为重要的实态文件已不复存在。”“一份文件的定义将因此由一份实态文件变成作者和读者的一种理性的或虚拟的概念。”①美国电子文件研究专家戴维·比尔曼还作了题为《虚拟档案》的报告，提出“现在以保管为基础的实态档案库将成为虚拟档案的联结点，虚拟档案还包括那些不存放在档案馆却在档案馆控制之下的文件”。② 第13届国际档案大会报告中有关虚拟档案的提法和论述对我国档案学界也产生了深刻的影响。虚拟档案中的“虚拟”是相对于纸质载体的实体文件而言，虚拟文件(档案)以比特字节存在于电脑和网络空间中，这些比特字节可随机定位在任何数字终端上，只要有可以正确编译的软件和硬件，就能呈现出人们可以读取的文字、图像等各种文件形态的信息。

其次，在实践管理上的规范：有关数字文件正式被认可和命名为“电子文件”的国家政策法令规定，始于20世纪90年代初。目前所知最早提出“电子文件”这一名称的是1988年美国纽约州档案馆出版的《纽约州政府管理和保护电子文件战略规划》报告。此后，1993年国际档案理事会电子文件委员会的成立、《美国联邦文件管理属于手册》(第二版)的出版、1995年澳大利亚《记录未来——电子文件管理的方针和政策》的出台等，都标志着电子文件作为正式

① [加拿大]T库克. 1898年荷兰手册出版以来档案理论与实践的相互影响[M]//第十三届国家档案大会文件报告集. 北京. 中国档案出版社，1997：160-170.

② [美]D比尔曼. 虚拟档案[M]//第十三届国家档案大会文件报告集. 北京. 中国档案出版社，1997：120.

术语而被广泛地使用。① 至此完成了对由数字记录形成的文件纷繁复杂的讨论和称谓的统一认识。

(2)电子文件定义的表述。

根据世界范围内有关电子文件定义的描述，可以归纳出电子文件的要素：记录工具是计算机，记录符号是二进制数字代码，属性是文件。这是对电子文件概念进行界定所包含的内容达成的基本共识。② 在国际层面，1997 年，国际档案理事会电子文件委员会在《电子文件管理指南》中对电子文件的定义是："电子文件是通过数字计算机进行操作、传递和处理的文件。"1999 年，国际文件管理基金会在《电子文件管理导论》中将电子文件定义为："用计算机操作、传输和处理的数字文件。"从国家层面看，1992 年，美国出台了《美国联邦管理法规》，其中规定："电子文件(e-record)包括数字的、图形的及文本的信息。它可以记录在计算机能够阅读的任何一种介质上，并且符合文件的规定。"1993 年，《美国联邦文件管理术语手册》(第 2 版)对电子文件的定义为："其存储形式只能由计算机处理的文件。"除美国之外，澳大利亚的标准文件也能体现这一点，1997 年，由澳大利亚档案馆颁布的《澳大利亚文件管理标准》规定："电子文件是由计算机交流与维护的文件。"

我国对电子文件定义的属概念也经历了由数字代码到文件的一个认识过程。1999 年以数字代码序列作为属概念，比如《CAD 电子文件光盘存储、归档与档案管理要求》(GB/T 17678. 1—1999)中电子文件的定义是："能被计算机识别、处理，按一定格式存储在磁带、磁盘或光盘等介质上，并可以在网上传送的数字代码序列。"2000 年以文件作为属概念，《电子档案管理基本术语》(DA/T1—2000)中电子文件的定义为："以数码形式记录于磁带、磁盘等载体，依赖计算机系统阅读、处理并可在通信网络上传输的文件。"2014 年和 2016 年分别修订的《电子档案管理基本术语》(DA/T

① 金波，丁华东. 电子文件管理学[M]. 上海：上海大学出版社，2007：14.

② 赵生辉. 数字纽带[M]. 西安：陕西师范大学出版社，2014：25.

58—2014)和《电子文件归档与电子档案管理规范》(GB/T 18894—2016)以电子信息作为属概念:“电子文件是国家机构、组织团体或个人在履行其法定职责和处理事务过程中通过计算机等电子设备形成、办理、传输和存储的各种数字格式的各种形式的电子信息。电子文件由内容、结构和背景组成。”

(3)电子文件属性及要素构成的规定使之具备了纸质文件的基本功能。

任何事物的存在都有其客观必然性和独特的功能,文件的功能主要是执行公务或生产等社会活动的记录物,不是普通的信息记录,它区别于图书、情报等信息类别。从这个意义上说,电子文件功能要素被确定为由内容、背景信息和结构三要素构成,这也是国际和我国普遍认可的内容。

《电子档案管理基本术语》(DA/T 58—2014)对电子文件的定义明确指出其由内容、背景和结构三要素构成。其中内容是以字符、图形、图像、音频、视频等形式表示的电子档案的主题信息;背景是电子档案形成、传输、使用和维护的框架(背景包括行政背景、来源背景、业务流程背景以及技术背景等);结构是电子档案的内容组织和存储方式,包括逻辑结构和物理结构。这三个要素实际上是对纸质文件要素的模拟和表达,这样电子文件就可以如纸质文件一样执行其应用的功能,如内容的原始性、法律证据性和长期可用性,为电子文件转化为电子档案奠定了基础和依据。

2.3.2 电子文件与电子档案的关系

依据文件生命周期理论,档案是具有保存和再利用价值的文件集合。纸质文件与档案存在分明的时空差别,即文件制发、流转、归档保管是一个线性运动过程,每一个阶段所存在的场所、发挥的功能各不相同。而电子文件与档案所处的时空不断融合,取代了实体的材料和保管库房等环境,在一个虚拟的信息管理系统环境中运行和维护,时空的顺序突破了线性,可以按照一定的逻辑关系灵活组合、调用和保存。但不管是纸质文件与档案还是电子文件与档案，所执行的功能都没有变化，即文件主要是现实业务的管理和凭证功能，档案是保存和再利用功能。

在电子文件与电子档案的称谓和定义方面，大部分国家和国际组织普遍用电子文件包含电子档案，如美国国家档案馆在 1995 年重印的《电子文件管理指南》，1997 年国际档案理事会电子文件管理委员会出版的《电子文件管理指南》等，以电子档案的管理规范或指南冠名的文件还很少见。①

只有我国有最明确的电子档案定义方面的规范，如 1999 年颁布的国家标准《CAD 电子文件光盘存储、归档与档案管理要求，第一部分：电子文件归档与档案管理》（GB/T 17678. 1—1999），将电子档案定义为："具有保存价值的已归档的电子文件及相应的支持软件产品和软、硬件说明。"我国最新的有关电子档案的定义是《电子文件归档与电子档案管理规范》（GB/T 18894—2016）中的规定：具有凭证、查考和保存价值并归档保存的电子文件。

我国一直通行文档分离管理，因而对文件和档案概念的认识泾渭分明，所以我国对电子文件与电子档案进行了分别界定和描述。

2. 3. 3　电子档案长期保存面临的挑战

档案作为一种记录与保存"原始记录"信息的手段，内容的长期保存和永久利用是最重要的目的。纸质档案的长期保存有一套成熟的理论与实践，即围绕实体材料"原件"进行保管，以确保档案的真实性、完整性、有效性。那么电子档案的真实性、完整性、有效性如何体现和保障呢？要解决这些问题，一方面是从已有的纸质档案长期保存理论与实践中寻找依据和办法，另一方面就是创新电子档案长期保存的理论与实践体系。完全创新很难，往往先从传统惯性思维开始，然后再突破创新。对于电子档案的长期保存问题也经历了这样的认识过程。我国最新颁发的行业标准《文书类电子档

① 金波，丁华东. 电子文件管理学［M］. 上海：上海大学出版社，2007：36.

案检测一般要求》(DA/T 70—2018)规定了归档电子档案要检测四性①，即真实性、完整性、可用性、安全性4个类别45项内容，这些内容覆盖了电子文件归档环节、电子档案移交与接收环节和电子档案长期保存整个文件生命周期的各个环节，来确保归档电子档案的长期保存。如此复杂的检测项目也体现了电子档案管理的难度和挑战性。

(1)电子档案保护对象形态多样，构成复杂。

数字记录的电子文件及电子档案相较于“纸质文件是稳定的(stable)、永久的(permanent)、静态的(static)、消极的(inactive)、固定的(fixed)、严格的(rigid)；而电子文件是不稳定的(unstable)、非永久的(impermanent)、动态的(dynamic)、积极的(active)、交互式的(interactive)、流动的(fluid)、可变的(transformable)”。② 正因如此，电子档案保护的对象纷繁复杂。

①按照存储载体划分。有以各种数字磁带、磁盘、记忆磁芯、磁泡、磁卡、磁鼓等为载体的文件；还有现代光学技术结合电子计算机技术而形成的光学记录文件，主要有光盘等。

②按存储格式划分。电子文件格式(format)多样，且不断更新。在传统文件中，格式是指文件的物质载体(如纸、胶片、磁带)或不同字体、版本形式等；在数字记录中，格式表示存储在机器中的数据及控制信息的逻辑顺序。由于多媒体技术的应用，如今电子文件已有了多种格式，如数字文本、数字图像、数字图形、数字语音、数字视频等多种形态的文件，突破了纸质档案静态单一文字图表的简单形态，而每一种形态的文件又有多种格式的表达方式。

① 有关“四性”提法和含义：在《电子文件归档与电子档案管理规范》(GB/T 18894—2016)中对四性的规定是指：真实性、可靠性、完整性和可用性；在《文书类电子档案检测一般要求》(DA/T 70—2018)中将四性规定为：真实性、完整性、可用性、安全性；而在《电子档案移交与接收办法》(档发〔2012〕7号)中则规定四性为：准确性、完整性可用性和安全性。各标准文件有所不同，提法和含义较为混乱，对四性的理解及其表述还未固定。

② 冯惠玲. 认识电子文件[J]. 档案学通讯，1998(1)：44-48.

③按电子文件的组成方式划分。可将其划分为三大类：第一类简单文件，仅仅由一种格式所组成，如数字文本文件、数字语音文件等。第二类复合文件，是含有多个独立数据流和索引信息的文件。例如，含有图形（如数字签名、标识语等）或数据（如统计数据与表格等）的文本文件就是一个复合文件，一封信上具有数字签名，或一个公文上具有图形标识，均应属于复合文件。① 第三类复杂文件，是含有多种数据类型的文件。一个文本文件可以通过超链接等方法包含多个对象链接与嵌入而形成复杂文件，如含有多个媒体（如声音、动画、视频等）的文件。因而多媒体文件、超媒体文件均属于复杂文件，复杂文件的维护和读取不仅需要数字设备，还需要有读取文件中链接的各种媒体信息的专门工具，否则也是无法完整读取和使用该文件的。

（2）文件存储载体多样且不断更新淘汰。

电子文件产生所依赖的配套技术的升级换代和载体材料更新换代之快，有令人目不暇接的感觉。在我国 20 世纪八九十年代流行的是软盘，而且软盘的尺寸还不断变化，经历了 8 寸、5 寸、3.5 寸等，目前已完全被淘汰。然后是光盘，光盘又经历了不同记录密度的更新和记录方式的变化，从 CD 到 DVD 再到蓝光盘，记录密度也在不断提升，目前 CD 和 DVD 光盘也基本淘汰，计算机上已很少配有读取光盘的光驱了。面对淘汰的档案制成材料，读取其中的信息是一个艰巨的任务。

（3）记录格式是电子档案长期可读面临的最重大的挑战。

存储载体或称作电子档案制成材料，通过迁移更新材料来应对，相较于存储材料的淘汰，存储于其上的信息完整可读则是最初电子文件与档案保存中更难解决的问题，目前仍然是需要持续解决的问题。记录格式对电子档案长期保存提出挑战，主要表现在以下三方面。

①格式复杂多样，相比传统档案的管理需要更高科技的管理手

① 刘家真. 当前我国电子文件的来源与种类[J]. 北京档案，1999(8)：14-15.

段和新的管理理念。

例如，文本文件比较通用的格式有 XML、RTF、TXT，但这几种文本格式构成又有很大的不同。TXT 是纯文本文件，以单一文字为主，没有特定的板式，但实际业务中不同业务和内容的文件都有一定的版式规范要求，如最简单的红头文件，其版式中除了文字之外，版头红色、发文机构印章、发文时间等位置应该是固定的，用 TXT 纯文本就无法满足要求，因而还需要与能够固定题名、颜色以及印章等特殊标识功能字符表达方式相关联实现，于是就形成了复杂多样的文件格式。文本文件尚且如此，图片、音频、视频等多种形态文件的格式可想而知，其复杂程度将成倍提升。

②格式的兼容性，为档案馆接收管理带来挑战。

档案作为需要长期或永久保存的重要历史记录，在保存时选择一个妥善的文件格式以保证电子文件可以被安全地保存和有效地读取是一个重要的问题。关于这一问题的探索随着时间的推移也在不断发展变化着。早期人们提出应选择易于管理的通用格式来解决，因而各国通过出台各种规范标准来推行这种策略，如我国在 2002 年出台了《电子文件归档与管理规范》(GBT 18894—2002)，对各种类型的文件格式进行了规定，文字型的电子文件使用 XML、RTF 和 TXT 格式作为通用格式进行归档；扫描型的电子文件使用 JPEG、TIFF 格式作为通用格式进行归档；音频文件使用 WAV、MP3 格式作为通用格式进行归档；视频文件使用 MPEG、AVI 格式作为通用格式进行归档。但执行的效果并不尽如人意，现实业务中仍然存在格式混乱、不规范的现象，据一篇文章介绍，他们梳理出目前可以查到的电子文件格式多达 300 多种。① 学者们也对这一问题有所关注，李泽锋②对比了该标准所推荐的文字型数据格式的优缺点，指出该标准推荐通用格式更多地考虑了数字化档案的易识别

① 档案那些事儿. 电子文件格式知多少？你能列出多少种？[EB/OL].[2019-04-24]. https://mp.weixin.qq.com/s/blSDqx02rn0uuE3CjmFC1g.

② 李泽锋. 文字型数据文件的电子格式研究[J]. 档案管理，2004(6)：13-14.

性、可移植性与可迁移性，而没有过多地考虑所选用的电子格式应保持档案的原貌的问题。颜晓栋①列出了更详尽的选择标准，即系统依赖性低、通用性、支持格式转换与迁移、具有广泛的支持性、可扩展性、可证明性和可评价性、源代码的公开和全面优良的功能特性，并基于此推荐了 PDF 格式为电子文件保存的首选格式。这些纷繁复杂的格式构成了复杂多样的业务文件，如果将来作为档案移交给国家档案馆统一保管，则面临着如此复杂格式的文件，档案馆如何接收管理，特别是未来向全社会开放利用的问题。综合学者们的建议和实践的探索，2016 年新的标准《电子文件归档与电子文件管理规范》(GB/T 18894—2016)出台，取代了原有的标准，规定电子文件应以通用格式形成、收集并归档，或在归档前转换为通用格式。具体格式规定，如表 2-2 所示：

表 2-2　《电子文件归档与电子文件管理规范》(DA/T 18894—2016)的格式要求

文件类型	格式	格式特征
文本文件	RTF 格式	格式开放、不绑定软件、不包含加密、易于转换等
	WPS 格式	支持数字签名、可向其他电子文件转换等
	DOCX 格式	本质上是一个 ZIP 文件、占用空间小
版式文件	PDF 格式	格式开放、不绑定软硬件、文件自包含、格式自描述、可向其他格式转换、不绑定软硬件、固定显示等
	PDF/A 格式	遵循《文件管理 电子文件长期保存格式 第一部分 PDF1.4 的使用(PDF/A—1)》(ISO/DIS 19005)，支持数字签名、格式开放、不绑定软硬件、格式自包含、格式自描述、固定显示、不包含加密、可向其他文本格式转换等

① 颜晓栋. 电子文件的长期保存研究[D]. 武汉：武汉大学，2004.

续表

文件类型	格式	格式特征
图像文件	JPG 格式	遵循相关标准规范、格式透明、不绑定软硬件、易于转换等
	TIF 格式	支持无损压缩、不绑定软硬件、易于转换、聚合能力强等
	PNG 格式	体积小、支持无损压缩、支持透明效果、易于传输等
音频文件	WAV 格式	支持数字水印技术、支持无损或其他公开的压缩算法、易于转换等
	MP3 格式	遵循《信息技术 具有 1.5Mibt/s 数据传输率的数字存储媒体运动图像及其伴音的编码》(GB/T 17191—1997)，压缩算法公开、格式紧凑、数据占用字节数少、易于转换等
视频文件	MPG 格式	遵循《信息技术 具有 1.5Mibt/s 数据传输率的数字存储媒体运动图像及其伴音的编码》(GB/T 17191—1997)和《信息技术 音视频对象编码》(ISO/IEC 14496)，压缩算法公开、不绑定软硬件、易于转换等
	MP4 格式	支持不同编码、压缩效率高、对象各自独立等
	FLV 格式	文件极小、加载速度极快
	AVI 格式	支持数字水印技术、支持无损或其他的压缩算法、易于转换等
数据库文件	ET 格式	
	XLS 格式	具有制表功能
	DBF 格式	
	XML 格式	遵循 XML 技术规范、格式开放、不绑定软硬件、格式自描述、不包含加密、易于转换等

续表

文件类型	格式	格式特征
矢量文件	SVG 格式	基于普遍应用的标准、具有开放性、成像质量高等
	SWF 格式	普及度高
	WMF 格式	不依赖输出设备、占用空间小、成像速度快等
	EMF 格式	不受分辨率影响保持图形精度
	EPS 格式	行业标准格式、不受输出设备影响
	DXF 格式	体积小、便于传输
电子邮件	EML 格式	
网页、社交媒体文件	HTML 格式	可扩展性、不绑定软硬件

③记录格式生命周期短，不断更新。

随着计算机的更新换代，记录格式也在不断更新，无形中又派生出更多的记录格式，对于不断保存增量档案的部门来说，随着累加量不断增大，其处理的难度和复杂度也会不断增加。而且在电子文件迁移过程中必然要经过拷贝、重新选择格式、格式转换等步骤，如何保证在这些过程中电子文件的真实性不被破坏则是更为重要的问题。所以，保障不同年代形成的记录永久持续可用是一个更为复杂的工程。

围绕记录格式问题，世界范围内的信息技术和文档领域的专家学者以及政府行业都在不断地研究和推行各种应对策略。技术与管理两种手段协同解决是根本出路。技术上不断研发不易过时的方法，管理上则需要通过标准规范来加强对格式的管理，进行顶层设计制定长远发展的战略等措施。英美发达国家较早在这方面进行了系统的研究，通过电子文件格式登记系统①，来应对格式过时和迁

① 电子文件格式登记系统是指能对数字文件格式的属性进行描述、识别、记录和保存，支持信息系统通过公开发行和规范的机制去发现所需要的文件格式信息，进而识别、转换、展示和保存相应文件的系统。

移的需求。如英国的 PRONOM 电子文件格式登记系统，该项目始于 2002 年 3 月，“是提供关于电子文件长期保存所必需的关于文件格式、软件产品和其他技术要素等方面的公正、权威信息的在线技术登记系统”。① 在最初，这一系统是为了支持英国国家档案馆自身的电子文件接收和保持原始记录格式而作为工作人员的内部资源被开发的，发展到现在，已经成为向公众广泛开放的、可为任何人提供使用的资源库。该系统“保存了软件产品信息与产品可读写的文件格式信息，包含格式的标识信息、环境信息、保存规划信息与其他技术参数”。② 同时，PRONOM 也支持个人向系统提交格式信息，鼓励软件开发人员、文件格式开发者和图书档案馆向 PRONOM 分享信息。从 2002 年 12 月起，PRONOM 不断发布新的版本，现已经更新到 PRONOM 6.2，从最初的数据集发展到现在，已经包含了超过 1300 个单独的文件格式条目，目前正在改进注册表中文件格式的信息和覆盖范围。PRONOM 项目的总体目标是成为一个包含有关电子文件所依赖技术的信息存储库，包括文件格式、操作系统、软硬件产品。同时支持文件格式的识别和验证，对已过时或不支持的产品进行观察和自动报告；也支持元数据提取和迁移，自动生成格式之间的迁移路径来支持迁移，最终实现与其他系统进行数据交换，成为一种全面运作的产品。除此之外，其他各国也在进行电子文件格式登记系统的发展和更新，目前最新的格式登记系统 UDFR 项目③，是由美国加州大学带头研发的，项目融合了 GDFR 和 PRONOM 的优点，数据来源于 MIME 和 PRONOM。UDFR 系统的创建是为了打破文件格式收集的壁垒，不将不同格式文件的收集保存等局限于某个国家或档案机构，而是使这些与人们的生活息息相关且有一定意义的文件格式属性具有更广泛的实用

① 徐萌. 电子文件格式长期保存策略——电子文件格式登记系统[J]. 商，2015(24)：205-206.

② 徐萌. 电子文件格式长期保存策略——电子文件格式登记系统[J]. 商，2015(24)：205-206.

③ 徐萌. 电子文件格式长期保存策略——电子文件格式登记系统[J]. 商，2015(24)：205-206.

性，从而建立一个基于语义可用平台且开源的系统。

实际上，复杂多样的数字记录格式类似于传统记录的文字符号。数字记录的格式只能用计算机等数字设备来识读，普通人无法识别，但传统记录的文字是大多数人从小就要学习和掌握的知识，因而不存在识读问题。实际上文字符号也有多种类别和不同的文字系统，如汉字和英文就是两个不同的文字系统，在进行跨文字交流时，需要翻译过程。而且英文和汉文两种文字经历了不断地发展演变，历史上淘汰的文字符号也是需要翻译和专家解读的。我国文字历史源远流长，很多古代文字类别也是现代人不能识读的，随着考古发掘不断有古老文献出土，文字解读也是一项重要的工作。数字记录格式的淘汰和兼容与文字的记录与解读是一样的道理。但数字记录中的格式变迁和识读与文字识读不同的是，数字记录需要机器阅读，记录格式的更新换代经历的时间较短，更新频繁，不像文字符号可以保持几个世纪的持续稳定，因而数字记录格式带来的问题更具挑战性。

(4)数字记录所依赖的技术环境生态变化快。

计算机自 1946 年诞生以来，更新换代的速度令人咋舌，每一代更新其配套的软硬件都在同步更新，因而对生成和管理系统中的电子文件和电子档案的影响也是重大的。随着信息技术的发展，数字记录设备不仅仅是传统意义上的计算机，还出现了更多的记录设备，文件产生和管理的途径更加多样，如手机的很多功能可以与电脑匹敌，各种社交媒体等终端也在不断产生和管理着各种功能的文件，这些设备形成的文件同样有很多是未来电子档案的组成部分。对于档案部门来说，不仅要解决计算机软硬件系统的升级换代带来的存在于不同年代的电子档案的信息产生的“代沟”，还要面对不同数字设备和平台电子档案管理的新挑战，所以如何跨越这些“代沟”，让档案信息在时光机器中长存、可用，是世界范围内面临的重大挑战。

(5)电子档案可信性的确认和保障面临难题。

档案的凭证价值是区别于其他信息记录的独特属性，这一价值也是档案存在与发展的前提。电子文件与电子档案出现后，凭证价值的发挥一直受到各种质疑和挑战。质疑主要来自两方面，一方面是已有观念惯性和法律规定的阻力，另一方面则来自于信息技术与电子档案管理实践的成熟度。

有关已有观念惯性和法律规定的阻力主要体现在电子文件（电子档案）的两个方面：

①电子文档的非直读性颠覆了人们对纸质文档“眼见为实”的信任。

纸质文档不仅可以肉眼直接获取信息，而且文档中的各种标识也一目了然。如文件或档案材料上面承载着证明其真实性和权威性的签名或公章，也就是我们在纸质文档管理中形成的成熟的“原件”的信任惯性。也就是说，纸质档案制成材料实体上承载的内容的原始性、真实性、完整性、可读性是完全可见和恒定的。计算机等数字系统产生的电子档案的原始记录的保持与纸张档案有很大的不同。其中最突出的问题就是，随着计算机技术的不断升级，其形式也在变化，原始载体和内容不是固定的一对一关系，固化档案内容的载体也不再是唯一的了，原始的内容需要在不同的读取系统和载体间迁移。这样电子档案就失去了纸质档案所规定的原件要素中原始载体固化内容的保障，通过载体保障内容的原始性观念受到挑战。

实际上，无论是直读文件还是非直读文件，文字、数字代码等信息符号并不是信息本身，而是信息的表征，因而都需要识读和解析的过程，只是直读文件读取和解析是统一于人类大脑，而非直读文件需要机器处理和展示成为人脑可以解读和感知的内容。但不管哪种读取方式的文件，都需要将信息符号真实地保存下来，才能达到长久保存和永续利用的目的。所以两者功能相同，只是信息的保存方式不同而已。

②法律的确认和保障。

档案是原始记录，但作为凭证，发挥证据效力还需法律规定的各种程序和鉴定方法的确认。在电子文件出现后，有关其法律效力的确认备受关注，发展至今，全世界范围内大部分国家的电子文件和电子档案取得了法律证据效力，但执行中仍然存在诸多问题。相关资料①介绍了最初电子文件被归属为传闻证据和最佳证据的规则。按其规定，电子文件被归属为传闻证据，而传闻证据通常是不予采纳的。为此，普通法系国家通过传闻证据和最佳证据的例外来承认电子文件的证据效力。如英国的《民事证据法》(1968 年)规定，具备下列条件的计算机输出文件可视作“第一手”传闻证据予以采用：第一，文件输出于被正常使用的计算机；第二，数据形成过程中计算机是在正常运行的，没有出现故障；第三，文件里所包含的信息来自使用者输入计算机的信息。此外，该法律也要求在业务活动中，计算机的使用者需要向法院提交证明材料、项目材料和所使用的软件。

英国不列颠标准协会(BSI)制定了三个关于电子文件法律证据价值的标准：《BS 7768—1994 录制可能被要求作为证据的文档用光盘系统管理推荐方法》规定了光盘系统管理的标准，以保证记录的文件符合证据要求(该标准后来被《DISCPD 0008—1999》替代)；《DISCPD 0008—1999 电子文件信息存储的法定资格和凭证权重的实施规范》是一部有关电子化存储信息的法律可采性和证据价值的惯例法；《DISCPD 0009—1999 电子存储信息的法定资格和凭证权重实施规范》是一部被设计用于支持组织实施《DISCPD 0008—1999 电子信息存储的法定资格和凭证权重的实施规范》的业务手册。澳大利亚于 1995 年通过的《民事证据法》中就规定了文件的法律可采纳性，这些法律在制定时都考虑到了电子文件的特有性质。

我国对电子文件的法律效力的探索和法律规定也在不同程度地发展着。我国在 2004 年 8 月 28 日通过了《电子签名法》，并在 2015 年 4 月 24 日重新修订颁发。《电子签名法》第一章第 3 条对电子签名和数据电文形式的文书的法律效力作出了认可，规定在当事人使用电子签名或数据电文形式的文书时，不能否定文书的法律效力。第二章第 7 条认可了电子文件的产生和传播途径，规定不能仅仅因为电子文件是通过光、电、磁等介质产生和传播的就否定其凭

① 金波，丁华东. 电子文件管理学[M]. 上海：上海大学出版社，2007：27-28.

证作用，为电子文件的凭证作用提供了法律依据。第三章第 14 条更是直接认证可信任的电子签名同手写签名和公章一样具有法律效力，使电子签名得到法律的认可。2012 年以来，三大诉讼法以及合同法、会计法、电子商务法等领域在修订中相继对电子文件法律地位的确认进行了规定，这些法中大部分称谓是电子数据。2015 年实施的《最高人民法院关于适用〈中华人民共和国民事诉讼法〉的解释》在第四部分“证据”第 116 条首次以法条形式明确了电子数据的概念：“电子数据是指通过电子邮件、电子数据交换、网上聊天记录、博客、微博客、手机短信、电子签名、域名等形成或者存储在电子介质中的信息。”电子文件是机构、个人社会活动中的正式文件，因而是电子数据中最具权威性的信息，所以电子文件取得法律地位是必然的了。目前新修订的《档案法》(第三十七条)已明确了电子档案与传统载体档案具有同等效力，可以以电子形式作为凭证使用。

此外，在技术和管理实践成熟度上也需要一个探索和完善的过程。目前我国电子文件与电子档案的技术水平和管理实践不断趋向实质性的推进中。随着办公自动化的变革、计算机+网络技术的更新换代，电子文件与电子档案的种类和数量已积累到相当规模，近几年大数据、云计算、人工智能的快速发展，数据转型扑面而来，使得文档管理技术与实践环境不断向无纸化发展。各种保障电子文件与电子档案内容真实性和可靠性的技术不断被开发出来，有关保障文档内容真实可靠的管理系统也越来越成熟，单轨制和单套制必将占据主流，权宜之计的双套制会逐渐被淘汰掉。本书 2.2.2 中所述的中国和美国政府对电子文件取代纸质文件的规定也充分说明了这种趋势的必然性。

(6)电子档案保管模式之争。

随着电子文件的数量和种类不断产生，归档后电子档案的长期保存模式在世界范围内曾引发了关于理论与实践方面的讨论和探索。由此产生了颇具影响力的“集中式保管”(以哥伦比亚模式为代表)和“分布式保管”(以匹兹堡模式为代表)两种模式。“哥伦比亚模式”以加拿大英属哥伦比亚大学(UBC)主持的“保护电子文件的完整性项目”，以及以此为基础开展的“电子文件永久真实性保障国际研究项目”(InterPARES)为基础，倡导非现行电子文件的集中保管；“匹兹堡模式”以美国匹兹堡大学主持的“满足档案管理要求的电子文件管理项目”和伊迪丝·考恩大学主持的“支持模块化电子文件管理教学项目”为基础，提出了电子文件分布式保管模式。① 集中式保管模式与传统档案保管模式一样，由国家档案馆承担电子档案的集中统一保管，而分布式保管则由文件形成的业务部门自行保管，但国家档案馆承担监管和控制职责。在实践上集中式保管模式以美国、英国和北欧国家为代表，实行过程中美国国家档案馆的 ERA 系统的研发和应用具有很好的示范性。分布式保管模式以加拿大、澳大利亚为代表。但随着对电子档案保管理论与实践的探索，目前还是集中式保管模式占主流，以分布式保管为辅助。

有关电子档案保管模式之争体现了档案行业对电子档案保护的认识和实践不断探索和发展的过程，两种模式之争的核心体现了面对电子档案保护挑战，“对文件价值、档案(工作)职业使命的认识。两大模式对文件证据价值的关注超越一切，并将其作为档案工作的基础重新发现档案职业的真正使命”。② 在接受挑战中获得延展和超越：超越实体保管，关注背景与联系；超越保管地点，聚焦需求和能力；超越闭门保管，扩展档案管理功能；超越阶段性保管，在合作中走向连续。③

总之，20 世纪中叶以后，随着计算机现代信息技术的迅速推广和应用，“数字代码记录信息的文件取代了文字固化于特定载体的文件”。④ 纸质文件与档案构建的文件形态和档案长期保存方法

① 冯惠玲，加小双. 档案后保管理论的演进与核心思想[J]. 档案学通讯，2019(4)：4-12.

② 章燕华，徐海静. 超越模式之争：国外电子文件管理模式反思及启示[J]. 北京档案，2007(4)：26-28.

③ 冯惠玲，加小双. 档案后保管理论的演进与核心思想[J]. 档案学通讯，2019(4)：4-12.

④ 冯惠玲，赵国俊. 中国电子文件管理问题与对策[M]. 北京：中国人民大学出版社，2009：5.

受到前所未有的冲击，而且具有诸多颠覆性。数字时代电子文件管理将面临电子文件与档案的真实性、安全性、长期保存性、国家控制力、文件利用能力等多方面的挑战，① 但数字时代电子档案代替纸质档案是必然的大趋势，数字记录技术条件下形成的电子档案的保护将成为档案保护技术与理论研究的主要对象，因而对电子档案保护所带来的挑战和应对策略，虽然要经历一个不断的从认识到实践的过程，但无论如何，直面挑战并勇敢应对是唯一的出路和符合历史发展规律的。档案保护技术与理论创新体系的建立也必然在迎接挑战中不断获得突破和创新。

① 冯惠玲. 电子文件管理：信息化社会的基石[J]. 电子政务，2010(6)：3-9.

第3章　对以纸质为核心的传统档案保护理论与技术体系的审视

档案是人类重要的记录产物，不同的记录技术形成了种类繁多的档案类别，也同步影响着对其管理的理念与技术。电子档案的产生对以纸质为核心的传统档案保护技术与理论(以下简称为传统档案保护)带来很大的冲击，因此进行反思和审视是非常必要的。通过更加深入地探寻档案保护学科的本质属性和发展规律，以更好地顺应潮流，适应时代发展的要求。

本章将从学科视角来审视传统档案保护技术与理论体系存在的问题，审视的方法是依据库恩的“范式理论”。“范式理论”是美国著名科学哲学家托马斯·库恩(Thomas Kuhn)提出的有关科学发展的理论。① 该理论认为一门学科的范式构成有四种内涵层次。② 一是“符号概括”，学科中的术语即是对其的应用，术语是一门学科中最基础的部分。二是“共同体成员共同承诺的信念”，这是“范式的形而上学部分”，这一层次主要是指共同的世界观和方法论。三是共有“价值”，主要是指用于指导科学研究的价值观通常是相近或相同的，但由于学科的不同、研究人员之间的差异等原因导致其具体应用出现不同。四是共有“范例”，主要是指本学科有关问题的

① 第3章还将对该理论在档案界的研究和应用进行介绍。

② 陈祖芬. 档案学范式的历史演进及未来发展[M]. 上海：世界图书出版公司，2011：14.

解答方法和表达方式。下面应用“范式理论”的四种内涵层次，对传统档案保护理论与技术体系的有关内容进行梳理和审视。

3.1 传统档案保护学科核心概念的称谓和内涵的解析

对档案保护核心概念的称谓和内涵的解析是对“范式理论”中有关“符号概括”内容的应用。任何一个学科及其所指导的实践都有其独特的专业术语，这些术语既是揭示事物、现象、特性、关系和过程等本质特征的内容，也是该专业领域交流和研究的基础。术语一般应具备专业性、科学性、单一性、系统性以及本地性。由于术语的重要性，在20世纪30年代初期“术语学”应运而生。“术语学”是奥地利术语学博士欧根·于斯特(Eugen Wuister，1898—1977)教授提出来的，他也是“术语学”维也纳学派的创始人。“术语学”是一门边缘学科，研究的主要内容是概念、概念定义和概念命名的基本规律，所以对术语的了解及其内涵的掌握也是指导学科研究的理论依据。档案保护理论与实践中使用的核心概念主要包括学科称谓和研究核心内容的相关术语，对这些名称术语的确认和内涵的理解以及相关概念的辨析是学科审视的核心内容。

3.1.1 以技术主导的学科称谓缺乏对管理内容的包容性

档案保护这一社会实践活动早已有之，但作为一门学科的出现还是经历了一个从经验积累、理念抽象到理论与规律提炼归纳的过程。如果围绕某一事物进行系统研究的学科出现，则标志着这一事物的有关理论与实践已基本成型，即独自的范式形成了，知识体系和科学共同体初具规模。我国传统档案保护学科的知识体系和科学共同体的核心是围绕纸质档案保护形成的，面对不断增加的电子档案这一新对象客体，已显示出诸多的不适应。

教材是学科知识的系统总结，也是某一学科知识传播、应用和人才培养的依据，因而教材名称可以代表学科名称的主流称谓。以我国至今公开出版的档案保护教材名称作为依据，对档案保护这一学科名称的称谓进行考察和分析，详见附录1。① 从附录1中可以看到，自1961年公开出版的第一本教材至今共有85本，这85本教材样本中的称谓主要分为四类：第一类是以“档案保护”“档案保护技术学”为关键词的教材，占43%；第二类是以“档案保护技术”为关键词的教材，含有“文献复制技术”“缩微技术”等名称的教材也属于档案保护技术一类的教材，占33%；第三类是以“文献遗产保护”为关键词的教材，这些教材内容除了包含纸质档案、声像档案内容外，还有拓展到对图书文献等的保护内容，占11%；第四类是以“电子档案保护”为关键词的教材，占13%。笔者对这85本教材名称进行了汇总和比较，如图3-1所示。从图中可以看到，“档案保护技术学”与“档案保护技术”两个称谓占主流，“文献遗产保护”数量不多，“电子档案保护”是后起之秀。

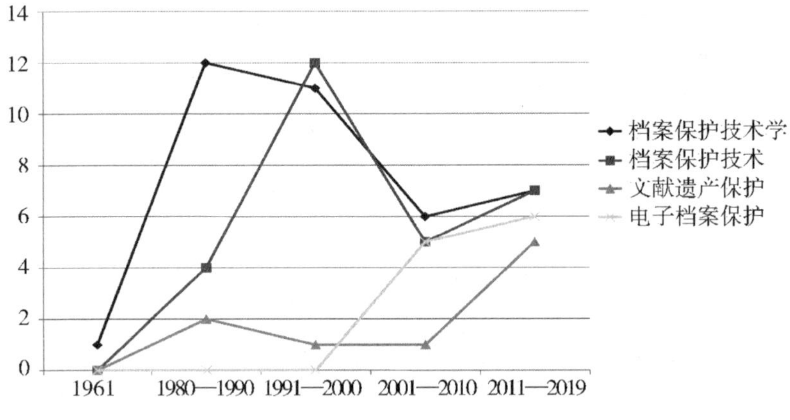

图3-1　不同名称档案保护教材数量的汇总与比较②

①　数据主要依据“读秀”数据库以及有关档案保护学科研究成果和笔者所收藏的教材而统计。

②　图中电子档案保护方面的教材主要包括书名中包含电子文件保护、电子档案保护、电子文件长期保存、数字信息长期保存、数字档案长期保存等关键词。

(1)档案保护技术学、档案保护技术、档案保护学称谓的分析。

学科称谓的命名大多是通过对学科研究对象和研究内容进行提炼而成的。笔者依据至今公开出版的档案保护教材中有关学科称谓的表述，来分析“档案保护技术学”“档案保护技术”“档案保护学”三个概念的内涵。从档案保护教材的编辑和出版情况来看，最具代表性和权威性的是中国人民大学(以下简称人大)教师主编的系列教材。该系列教材除1961年的名称是《档案保管技术》外，基本上以《档案保护技术学》来命名。此后仿照人大教材命名的教材也占很大比例，所以这三个称谓具有很好的代表性意义。

从1961年至今，中国人民大学教师主编或中国人民大学出版社出版的档案保护技术学方面的教材(以下简称人大教材)共28本。该系列教材的发行和广泛使用使“档案保护技术学”这一名称成为中华人民共和国成立以来我国档案保护学科使用频率最高和使用时间最长的一个称谓，自1984年沿用至今。28本人大教材中既包括面向高等院校的学生用书，也包括对档案保护人员进行在职培训、工具书等各种类型的教材，其中对档案保护学科的知识体系的架构和传播影响最大的是1984年、1991年、2000年、2008年和2013年不断修订出版的几部教材。这几部教材对学科的定义不断修订和完善，如1984年教材对学科的定义是：“档案保护技术是根据档案制成材料的损坏规律，研究保护档案的技术方法的一门学科。”①从这个表述可以看到，“档案保护技术学”的定义并没有与“档案保护技术”的定义区分开来。从1991年开始，人大教材的编辑出版采取联合地方院校的方式进行修订，该教材由冯乐耘、李鸿健主编，全国8所高校参编，教材中对档案保护技术学的定义是：“档案保护技术学是研究档案制成材料损坏规律及科学保护档案技术的一门学科。”②将1984年教材中的“档案保护技术”更换为“档

① 李鸿健，刘凤志，胡让，冯乐耘. 档案保护技术学［M］. 北京：档案出版社，1984：3.

② 冯乐耘，李鸿健. 档案保护技术学［M］. 北京：中国人民大学出版社，1991.

案保护技术学”，此后出版的档案保护技术学的教材基本沿用这一定义的表述。2000年，郭莉珠主编、全国8所高校参编的教材进一步将其完善为：“档案保护技术学是研究档案制成材料损坏规律及科学保护档案技术的一门学科。它的任务是最大限度地延长档案的寿命。”①这一概念成为比较通行的主流定义。到2013年，由张美芳、唐跃进主编，全国8所高校和中央档案馆参编的《档案保护概论》将档案保护学科定义进一步修订为：“档案保护学是一门研究档案载体和信息变化规律性，实施科学保护的文理交叉的综合性应用学科，实施档案保护是其根本任务。”②

人大教材对学科概念表述的变化，反映出我国对档案保护学科的认识过程，研究范围从档案馆拓展到整个档案行业，从单纯的应用技术拓展到学科视域的研究内容。不过在这个探索发展过程中，其核心内容并没有实质性变化，那就是知识体系以技术为主，具体内容包括两大部分：档案制成材料的损毁原因和保护档案的技术方法（包括预防和治理两个方面的技术）。由此也规定了我国以技术为核心的档案保护知识体系的主要构成特点。

（2）档案文献遗产保护、文献遗产保护称谓的分析。

将档案保护纳入到文献遗产大的文献保护知识体系中，也是档案保护学科发展和不断探索的一种模式。这种模式顺应了世界范围内有关档案保护学科的发展主流，如国外档案保护学科对应的两个词 preservation 和 conservation 涵盖了档案、图书等各种文献保护的相关内容。我国也有学者使用这种大文献保护观的理念对相关知识进行组织和传播，体现了国际化视野和学科发展的宽容度，拓展了档案保护学科研究的空间和相关学科协同发展的观念。以此视角命名的教材主要以武汉大学的刘家真和周耀林最具代表性。

刘家真在1990年和2005年分别主编出版了《文献保护学》和

① 郭莉珠. 档案保护技术学教程[M]. 北京：中国人民大学出版社，2000：1-2.

② 张美芳，唐跃进. 档案保护概论[M]. 北京：中国人民大学出版社，2013：4.

《文献遗产保护》两部教材，这两部教材都是将图书和档案等文献一并纳入到学科研究内容中，特别是《文献遗产保护》①以“世界记忆工程”所界定的文献遗产范围作为研究对象。教材内容包括文献遗产保护概述、恶劣环境与控制，以及纸质文献、胶片、照片文献、磁性录音录像文献、电子文献等文献的变质、维护保管方法等内容，视野开阔，适用范围广，与国际文献遗产保护相接轨。林明等编写的《文献保护与修复》②教材是刘家真的《文献保护学》和《文献遗产保护》两部教材的升级版，同时吸收了国外图书馆学与档案学专业的教育理念和课程内容，按照文献保护的知识模块划分为9章内容：基础知识3章，纸质文献保护3章，数字文献保护1章，文献保护管理2章。教材整体内容丰富，兼顾了知识要素上基础和专业相结合；保护对象上传统文献和数字文献全覆盖；保护方法上技术与管理相协调，值得借鉴。

周耀林等在2012年编著出版了《档案文献遗产保护》③，该教材也从文献遗产的视角对档案保护的相关知识进行了组织，对文献保护管理、欧美地区相关知识的吸收和借鉴等内容是该教材的亮点。

通过对传统档案保护学科出版的教材名称的分析，发现档案保护知识体系以技术为核心是最大的特点，未来这部分仍需保留是毋庸置疑的，但应适当增加保护管理方面的内容，体现出技术与管理协调发展、技术与管理并重的理念。由此，笔者认为对于档案保护学科名称如何命名，可以有两个方向：一个方向是仍然保留传统档案保护学科名称中的“档案保护”关键词，将研究对象界定在档案范畴内，而知识体系的架构将传统档案和电子档案保护相关内容并列，甚或以电子档案为主来架构，以适应现实和未来的发展需要；

---

① 刘家真. 文献遗产保护[M]. 北京：高等教育出版社，2005.

② 林明，周旖，张靖. 文献保护与修复[M]广州：中山大学出版社，2012.

③ 周耀林，戴旸，林明，等. 档案文献遗产保护[M]. 武汉：武汉大学出版社，2012.

另一个方向以大文献保护观为指导，将主流的文献形态，如传统纸质文献、声像文献、电子文献等平行并列相融合，整合各种文献的共性和个性，进行知识体系的架构，以满足文献遗产保护各类工程在人才培养和技术研发应用上的需求。

3.1.2　以实体为核心的研究对象缺少了对信息保护的关注

从目前出版的档案保护教材的内容中可以看到，以技术为核心的传统档案保护学科主要的研究对象是档案实体材料的保护。体现实体材料保护的核心概念主要有"档案制成材料""载体""记录材料""档案制成材料耐久性""档案寿命"等。虽然在 2013 年由张美芳、唐跃进主编的人大教材中有对信息保护的表述，但在教材的内容中所占比例还是比较小，只是从学科的概念和具体章节中补充了有关数字信息的保护需求，并没有系统地纳入学科体系中，因而在整体知识体系中缺少对信息保护内容的论述。

(1) 档案实体材料相关概念：档案制成材料、载体、记录材料。

档案是一种历史记录，从记录这一事物来看，构成任何一种记录的基本要素有三个：信息内容、固化材料和记录方法。信息内容是由各种表征符号或信号构成的；固化材料由载体和记录材料共同组成，也就是档案制成材料；记录方法则是将信息内容和制成材料二者结合的手段，如手写、打字、录音、录像等。但在传统档案保护知识体系中只涉及两方面要素：固化材料和记录方法，有关信息内容长久保存方面的知识被排除在外。

①档案制成材料：指承载并反映档案内容的物质材料，包括载体和记录材料两部分。纸质档案及其之前的档案形态，诸如甲骨档案、金石档案、简牍档案、缣帛档案等，都是将载体和记录材料通过固化过程(记录)结合在一起形成的，感光材料、磁性材料和光盘材料等新型档案材料出现后，载体和记录材料在记录之前就固化在一起了，笔者称之为"高分子复合材料"。所谓"高分子复合材

料”包含两层含义：一个是物质材料成分的复合，感光材料、磁性材料和光盘材料等都是通过多种人工合成物质的叠加涂布而制成的层状材料，如光盘材料由保护层、记录层、反射层、底基共同构成，其中底基是载体材料，记录层是记录材料，反射层和保护层是辅助材料；另一个是复合了记录材料与载体材料的功能。不同时代档案制成材料的性能各不相同，因而档案损毁的原因和相应的保护手段也有很大的不同，呈现出个性化需求，这也是档案保护学科研究内容不断丰富和发展的动力所在。

②载体：指承载和固化信息内容的物质材料。迄今为止，档案载体有龟甲兽骨、合金、石头、竹木、泥版、羊皮、丝织品、胶片、磁带、磁盘、光盘等，未来还会有更新的载体材料被开发出来，如有报道 DNA 将被开发成新型的载体材料。

③记录材料：指显示信息痕迹的材料，如各种字迹材料（墨汁、墨水、油墨、印泥等）和记录物质（主要有感光物质、磁性物质、染料物质等）。有关记录材料方面的认识经常会有一些误区，主要表现在关于新型档案材料的胶片档案、磁性载体档案和光盘档案的载体和记录材料分别是什么，不少人说不清楚，在档案领域关于这方面的专门介绍和系统研究较少，某种程度上影响了对这些新材料保护工作的科学开展。胶片档案、磁性载体档案和光盘档案对应的记录材料是感光物质、磁性物质、染料物质，分别形成的是胶片和照片档案、磁性载体档案（包括传统模拟记录的录音录像磁带形成的声像档案、数字记录形成的数字磁带和磁盘阵列的电子档案）和光盘档案。需要进一步从专业角度了解这些材料的性能，以更好地掌握它们的损坏因素和保护方法。

（2）档案保护目的的概念及其标志物：档案寿命、档案制成材料耐久性。

寿命是衡量某种事物存在时间长短的概念，在传统档案保护的理论与实践中有一个概念“档案制成材料的耐久性”，是衡量档案寿命的主要指标。“档案制成材料的耐久性是指在保存和使用中，档案制成材料抵抗外界理化因素的损坏和保持原来理化性能的能力。抵抗外界理化因素的损坏和保持原来理化性能的能力强，该制成材料耐久性就好；反之，耐久性就差。”①耐久性越好的材料寿命越长，反之寿命则短。这里所说的制成材料是指形成档案原件的制成材料，包括载体和字迹材料，也就是说档案寿命的标志物是档案原件的制成材料。所以以实体材料为核心构建的档案保护理论与技术体系，研究的内容就是围绕档案载体、记录材料以及两者结合后的各种档案实体的物质成分、理化性能、制造工艺等，来探寻实体材料损坏变质因素和维护其寿命的有效方法，在此基础上就形成了相应的保护技术体系，该体系的构成是在“以防为主，防治结合”原则指导下形成的档案保护环境技术(包括温湿度调控、防空气污染、防光、防有害生物、库房建筑、防火、防盗、防震等)和档案修复技术(包括去酸、去污、修裱、字迹恢复、纸张加固等)，研究这些内容的主要方法是借鉴和应用自然科学中的实验方法进行。需要说明的是，档案制成材料方面的研究也应属于档案保护学科的领域，但由于材料科学的复杂性和高科技性，对于档案领域来说，只能涉及一小部分已有材料理化性能的测试和耐久性的验证性研究，保护技术的重点还是档案保护环境和档案修复技术。

随着电子文件和电子档案的出现，档案寿命的衡量标准和指标都受到挑战，从第 2 章的电子档案长期保存面临的挑战中可以看到，标志电子档案寿命的实体材料不是唯一的了，以实体材料寿命来延长其寿命也是无法达到目的的。要延长电子档案的寿命，最大的特点就是要不断迁移原始记录的保存环境，包括载体、读取方式等，保持如纸质档案一样的一成不变的载体和读取方式的保护方法被颠覆，因而对于传统档案保护目的的标志物实体材料的界定依据和寿命衡量的标准必须重新思考。要探究这一问题，还是要从档案这个事物的本质属性理清头绪，寻找依据。

档案的本质属性是原始记录性，体现和保持这种属性的要素由两部分构成：实体材料和信息内容。传统档案保护学科研究的对象是实体材料，对信息内容并没有涉及，进入 21 世纪，开始有学者

① 郭莉珠. 档案保护技术学教程[M]. 北京：中国人民大学出版社，2000：4.

关注到信息内容应列入档案保护的研究对象中。赵淑梅、连成叶两位学者发表的观点具有代表性。赵淑梅指出："档案保护技术学，是研究各种形式的档案原始记录的构成要素和延长其寿命的方法。"①连成叶认为："档案保护技术学是研究档案信息损毁的原因与规律，探索科学保护档案的基本原理与技术方法的一门学科。"②两位学者的共同点都是对档案保护对象进行阐释，从档案材料转而关注档案信息内容。赵淑梅以档案的本质特征"原始记录"为对象，而连成叶则直接以"档案信息"为对象。赵淑梅在2012年进一步将其观点系统化到其编著的《档案物理管理与保护》教材中，该教材不仅将档案保护研究对象界定为"各种形式的档案原始记录"，③而且对档案保护研究的方法和目的进行了全新的概括："档案保护就是致力于通过各种管理与技术手段来最大限度地延长档案的寿命，维护档案的长期保存和利用性能，为档案服务社会奠定基础。"④该教材解析了对档案保护对象界定的理由，认为无论档案形态如何变迁，其本质属性——原始记录性都是不会改变的，档案保护学科要以研究档案原始记录这一本质的构成及其长期保存方法为范畴，这也是档案保护学科生存与发展的客观要求。

通过对档案本质属性及其构成要素的分析可知，以实体材料为依据的传统档案保护学科对档案寿命的界定中，信息内容长期保存的有关问题缺位，存在片面性。

(3)对档案寿命实质的探究。

档案的长期乃至永久保存是档案保护理论与技术解决的核心问题和主要目的。对于固化在纸质等可直读的档案的长期保存是通

① 赵淑梅. 试论档案保护技术学体系的重新架构[J]. 档案学研究，2004(4)：51-54.

② 连成叶. 现代档案保护技术学研究的基点究竟是什么——兼与周耀林同志商榷[J]. 档案学研究，2005(1)：50，59-61.

③ 赵淑梅，侯希文. 档案物理管理与保护[M]. 沈阳：辽宁大学出版社，2012：3.

④ 赵淑梅，侯希文. 档案物理管理与保护[M]. 沈阳：辽宁大学出版社，2012：267.

过保存材料的方法达到目的，对于电子档案如法炮制则行不通。电子档案的原件和纸质档案的原件所体现的形态是截然不同的，纸质档案的原件是可见的，且信息与承载信息的实体材料的原始性是统一于一体的；电子档案的原件是不可见的，信息的原始性和承载信息的原始材料不是一一对应的。“电子档案因受存取技术环境的影响，要想使其内容长期保存和可读，必须进行信息的不断迁移，即在不同的制成材料之间进行信息的转存，这样就使传统意义上由载体与字迹材料合二为一形成的原件物失去了永久保存的意义。”①

①“原件”与“复制件”的关系。

在传统档案保护中，与“原件”对应的还有一个“复制件”的概念，“复制件”是对原件信息的转移，形成的复制件只供参考，不具有原件的凭证价值。因而起初人们对电子文档的复制也等同于传统档案中原件和复制件的关系，但随着计算机技术的升级换代，电子文档的复制成为一种延长档案寿命的方法，而且在计算机中分辨原件和复制件也没有意义了。一方面电子档案中新的载体代替旧的载体，新的记录格式代替旧的记录格式，这种随技术环境不断迁移档案信息内容的做法是延长电子档案寿命的必要手段；另一方面即使保存了原有系统的存档载体，也因载体材料的淘汰和格式的变换而无法识读和使用。因而电子档案的迁移复制与纸张档案的复制意义是不同的。在纸张档案系统中的复制往往有两种目的，一是为了利用的目的，对档案原件的信息进行复制，二是对原件信息的抢救和修复。不管是什么目的，所获得的档案材料都是一种复制件，只要原件在，这种复制件在法律上是不具有档案凭证作用的。而电子档案中的档案制成材料的原始性对信息内容起不到固化和长期可读二者兼有的作用，所以用原件材料作为界定档案寿命的标准在电子档案中是没有价值的，也是不可行的。那么电子档案的原始记录如何保存呢？

① 赵淑梅. 关于界定档案寿命的一些思考[J]. 档案学通讯，2003(6)：78-81.

②“原件”的构成要素。

回望档案这一事物发展演变的过程，可以发现迄今为止，形式上经历了不断的变革。以我国为例，根据考古发现，我国从最早的甲骨档案、金石档案、简牍档案、缣帛档案、纸质档案、感光材料磁性材料的声像档案，一直发展到目前的电子档案，乃至未来新形态档案的出现，将会是一个不断进化的过程，但无论档案形态如何变迁，档案的本质属性和社会功能是不会变化的。所以电子档案虽然在形式上有巨大的变化，但实质仍然保持不变，那就是原始记录性的本质属性。档案保护的目的就是维护和延长历史上产生的各种档案的原始记录的寿命，这也是档案保护理论与技术存在和发展的价值所在。所以“原件”的构成要素就是档案原始记录的构成要素，维护档案原始记录性才是档案保护的根本目的。

首先，剖析一下纸质档案中的“原件”是如何实现对档案原始记录寿命的维护的。我们熟知的纸质档案“原件”上有特定的内容、载体、字迹材料、体例、格式以及有法定效力的签署、印章等，这些要素特征正是纸质档案原始记录性的构成要素，是我们识别其原始记录的依据，也是它具备凭证的必备条件。对于这些特征的识别也很容易，肉眼可直接分辨，只要是权威机构或当事人签名盖章的就可以确认其原始记录的真实性，而且只要这份实体材料存在，其承载的内容的原始性、真实性、完整性、可读性就可以长期保存有效。

其次，分析一下具备电子档案原始记录的要素是如何体现的。数字记录形成的电子档案，由于记录方式的信息是以离散的二进制代码保存的，而且是不能直读的，因而加拿大学者特里·库克提出：“文件的物质性和知识性不再聚集在单一的物质载体上，组成文件的机构、内容和上下文被分散在各种独立的存储器或软件程序中，这从根本上对传统档案提出的许多理论设想带来极大的挑战。”①离散的数

① [加]T库克. 1898年荷兰手册出版以来档案理论与实践的相互影响[M]//第十三届国家档案大会文件报告集. 北京. 中国档案出版社，1997：161.

字代码通过数字设备的编译和显示，我们仍然可以看到如传统文件一样包括结构、内容和上下文的格式文件，如果这种读取方式可以长期有效，那么数字设备中的文件就可以视为与传统档案中的“原件”具有一样的价值。需要我们做到的是如何实现以这种方式形成和保存文件的原始记录性和读取的有效性。经过理论与实践的探索，目前对电子档案原始记录要素的构成达成基本共识，即由“内容信息、结构信息与背景信息”三部分组成，可以说这三部分共同构成了电子档案的原始记录性的特性，也就是电子档案“原件”的构成要素，通过元数据等管理工具将这些要素持久保存。即无论是计算机升级换代还是存储载体过时更换，不断迁移和复制的电子档案都要保持“内容信息、结构信息与背景信息”三要素的完整、真实、原始、有效，这样电子档案的原件就具备了与传统原件一样的功能。所以，电子档案的“原件”与纸质档案相比虽然形式上是不固定的，保存环境也在不断迁移中，但体现档案的原始记录性相关内容仍然可以被完整地保留下来。

综上，纸质档案的“原件”是由看得见摸得着的材料与信息固化的唯一实体材料来体现，而电子档案的“原件”则是通过对“内容信息、结构信息与背景信息”等构成电子档案原始记录要素进行固化管理等方式实现的，虽然形式上是不固定的且不能直读，但档案的原始记录性却被完整地保留下来。由此可以得出这样的结论：“无论档案形态如何变化，档案原始记录性保存方式如何不同，档案内容(信息)的原始记录性是我们着力保护的。”①这就是档案寿命的实质所在。

(4)档案保护研究内容的本质范畴。

通过对档案寿命构成要素的分析可知，档案寿命构成要素由不可或缺的两部分构成：信息内容和物质材料。任何信息内容的留存都需要物质载体的固化，因而档案寿命的延长，既需要对信息原始记录性的保持，也需要对固化信息载体耐久性的研究。正

① 赵淑梅. 数字时代我国档案保护技术学学科发展走向[J]. 档案学通讯，2016(3)：72-76.

如冯惠玲教授指出的："两种生命，两重关怀。"①电子文件的保护机理应该建立在其自身的这一特性上：它的信息是独立的，在相对静止的状态下，信息"寄居"在一定的载体上，与该载体暂时合为一体，其中的信息随时可以迁移到其他载体上生存，该载体又可以成为其他信息的承载物。这就使得电子文件有了两种形式的"生命"：借助载体而存在的"物理生命"和以特定编码格式构成的"信息生命"。实际上对于纸质文件与档案也是如此，信息内容和物质材料缺一不可，纸质文件和档案也存在信息安全的隐患，如伪造、泄露等，但纸质档案的实体材料比较稳定，变化痕迹是可见的、易识别的。所以尽管传统档案保护对信息寿命没有关注，但稳定的载体和信息一一对应的固化关系已经为维护信息寿命的原始记录性提供了可靠的保障，加上成熟的管理制度和完善的法律保障，通过档案实体保护是可以达到目的的。而电子档案是非直读的，隐患更加复杂，不易控制。从而可以得出结论：档案保护理论与技术研究的本质范畴是，无论何种文件和档案，都要从承载信息的实体材料和表达的信息内容两个方面的要素特性进行保护。

通过对纸质档案原件与电子档案原始记录特性的研究，不仅让我们找到了电子档案原件构成的要素，也让我们发现了传统档案保护学科存在的缺陷："对档案保护技术学研究的实质内容揭示不科学"，"现有档案保护技术学对档案寿命的研究内容是不完整的"，不能满足电子档案保护的需要。且"档案制成材料耐久性概念中限定的研究方法和衡量档案寿命的标准等方面的内容也有待于进一步扩充更加科学的新内容和新方法"。②

综上可知，随着信息技术的发展、电子文件的普及，除了实体材料保护相关知识之外，信息安全和长久保存方面的理论与技术的引入，将对电子档案保护研究起到推动作用。目前档案界对档案信

① 冯惠玲. 保证电子文件的长久性《拥有新记忆——电子文件管理研究》摘要之四[J]. 档案学通讯，1998(4)：38-41.

② 赵淑梅. 试论档案保护技术学体系的重新架构[J]. 档案学研究，2004(4)：51-54.

息安全的研究，主要集中在档案信息开放利用领域，重点研究的内容有：档案的保密与开放以及信息公开利用等方面所涉及的法律、法规、制度等层面的研究，信息本身的寿命和长期保存内容很少关注。如何补全档案保护兼顾信息和实体保护的内容，提供更加系统、完整的档案保护理念和方法，值得我们深入研究。

3.2 传统档案保护学术共同体的发展面临窘境

按照“范式理论”，学术共同体主要是指具有共同研究领域的专家学者及他们所持的方法论和价值观。本书以从事档案保护理论与实践相关的群体为研究对象，具体包括对档案保护学科领域中的核心作者、从事档案保护专业的人员和接受档案保护学科教育的人才培养等相关内容进行研究，以此探究传统档案保护学术共同体面临的问题。

3.2.1 学术共同体势单力薄

“追踪一个领域的科研动态和最新进展，最有效的方法就是追踪一个领域内的核心作者。”①“核心作者是对本学科研究的发展具有较大贡献的科研人员，同时也是期刊学术影响力、竞争力的重要贡献者。”②本研究以《中文核心期刊要目总览》中的档案学核心期刊作为研究对象，选取自1992年以来一直稳居档案学、档案事业类核心期刊行列之中的《档案学通讯》《档案学研究》《中国档案》(原名《档案工作》)《档案管理》《档案与建设》《北京档案》《浙江档

① 汤强，王亚民. 基于领域贡献值的核心著者评价[J]. 情报科学，2016，34(4)：104-107，117.

② 钟文娟. 基于普赖斯定律与综合指数法的核心作者测评——以《图书馆建设》为例[J]. 科技管理研究，2012，32(2)：57-60.

案》(原名《浙江档案工作》)七种刊物，对 1978—2019 年发表的以档案保护为主题的文章进行汇总，并利用普赖斯定律最终确定档案保护领域核心作者来分析档案保护学术共同体的特点，同时辅之以近 10 年国家社科立项情况为数据来源，做进一步的论证。

(1)档案保护学术共同体来源单一。

美国著名的科学史学家普赖斯提出的核心生产者(作者)分布的“平方根定律”，也被称为普赖斯定律，即在某一特定领域中，全部论文的半数是由该领域中全部作者数量的人撰写的，那些人就是核心或高产作者。该定律的计量方法为：$\sum_{m+1}^{I} n(x) = \sqrt{N}$，本书据此计量方法得到 35 位核心作者作为研究样本。通过对这 35 位核心作者以第一作者发表的文章进行统计，统计时间范围为 1978—2019 年，共得到 463 条结果，35 位核心作者的年度平均发文量约为 11 篇。为了凸显学者们在档案保护研究领域的贡献，笔者对各位核心作者的发文量进行了汇总，如图 3-2 所示。

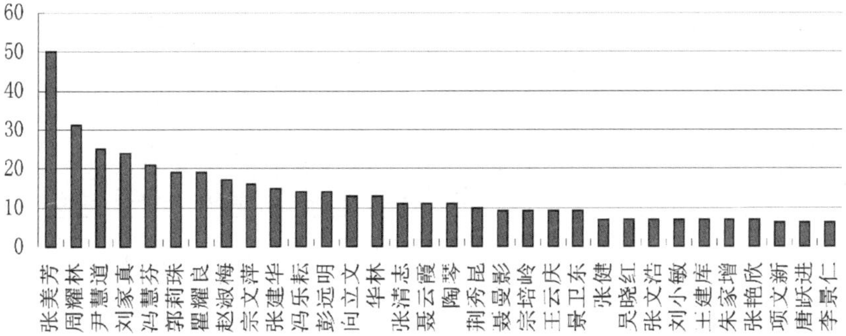

图 3-2　1978—2019 年 35 位核心作者及其发文量

另据国家社科基金项目数据库，可以查到 2003—2018 年档案保护学者的立项情况，如表 3-1 所示。

从两个学术来源途径获取的数据可以看到，档案保护学者数量少，来源单一。35 位核心作者中有 21 位高校教师，共发表论文 341 篇，占核心作者发文量的 74%，显示出高校教师较高的学术影

表 3-1　35 位核心作者的国家社科基金项目立项汇总表

序号	立项时间	项目负责人	项目名称	工作单位	成果形式
1	2003-08-11	宗培岭	现代企业制度下的企业档案工作运行机制研究	上海大学文学院	专著
2	2005-05-18	郭莉珠	我国濒危历史档案的抢救与保护研究	中国人民大学信息资源管理学院	研究报告
3	2007-06-04	张美芳	基于可持续发展的档案保护技术学的战略走向	中国人民大学信息资源管理学院	专著
4	2007-06-04	项文新	信息安全风险评估在建设档案信息安全保障体系中的应用研究	苏州大学社会学院	专著
5	2008-06-04	周耀林	我国可移动文化遗产保护体系研究	武汉大学信息管理学院	专著
6	2011-07-01	彭远明	基于公共安全管理的我国国家档案馆安全保障研究	解放军南京政治学院	
7	2011-07-01	向立文	重大突发公共事件的政府应急信息公开研究	湘潭大学公共管理学院	
8	2012-05-14	华林	西部散存民族档案文献遗产集中保护问题研究	云南大学公共管理学院	研究报告

续表

序号	立项时间	项目负责人	项目名称	工作单位	成果形式
9	2013-06-10	周耀林	非物质文化遗产档案资源建设“群体智慧模式”研究	武汉大学信息管理学院	专著
10	2014-06-15	聂云霞	数字档案资源生态安全研究	南昌大学人文学院	专著
11	2014-06-15	张艳欣	我国档案生态安全应急管理机制研究	河北大学管理学院	专著
12	2015-06-16	赵淑梅	数字时代档案保护技术变革与理论创新研究	辽宁大学历史学院	专著
13	2016-06-30	张美芳	声像档案抢救“复杂性障碍”及信息保护机制与对策研究	中国人民大学信息资源管理学院	
14	2016-06-30	周耀林	非物质文化遗产信息资源分类存储研究	武汉大学信息管理学院	
15	2016-06-30	华林	民族记忆传承视阈下的西部国家综合档案馆民族档案文献遗产资源共建研究	云南大学公共管理学院	
16	2016-06-30	王云庆	非物质文化遗产项目及传承人建档保护策略研究	山东大学历史文化学院	
17	2017-11-15	周耀林	边疆民族地区濒危少数民族档案文献遗产保护及数据库建设	武汉大学信息管理学院	
18	2018-06-21	向立文	档案大数据战略及实现路径研究	湘潭大学公共管理学院	

响力。核心作者中除了高校教师外，还有一个群体比较集中，就是国家档案局科研所的研究人员。20世纪90年代到21世纪初，围绕纸质档案保护的相关技术研究逐渐成熟，以国家档案局档案科学技术研究所的冯惠芬、荆秀昆、陶琴和北京图书馆的李景仁为突出代表，在档案有害生物防治技术等方面做出了重要贡献，其研究成果极大地丰富了传统档案保护理论与技术体系。然而随着这些人员的陆续退休不断减少，没有新的增量，此外，档案保护实践部门的研究学者比较缺乏，使得学者的成分更加单一了。

国家社科基金项目的研究者中有关档案保护的学者更是清一色的高校教师。随之而来的问题是：学者群来源过于单一，直接影响了对实际工作的多方面观察、研究，特别是因缺乏实际部门的研究者，容易使研究成果更多地停留在务虚上，不能很好地发挥理论联系实际的效用。对于实践性和应用性强的学科，行业中的学者应该是一支重要的力量，他们如果可以将实践面临的问题或解决问题过程中的思想进行提炼升华，将对学科的发展起到更好的推动作用，但在档案行业，实践型学者可以用寥寥无几来形容。档案保护技术与理论的发展动力来自实践的需求，因而理论联系实际的应用型研究至关重要。所以，培育和调动行业学者的积极性，以丰富档案学术共同体的构成，提升学术影响和价值的发挥也是我们要解决的短板。

(2)学术研究核心作者数量少而且增量在缩减。

通过核心作者群的产生年代、研究主题、学术影响力、发文持续时间等几个指标看出，我国档案保护学科核心作者群初步形成于20世纪80年代。主要作者有冯惠芬、郭莉珠、瞿耀良、张建华、冯乐耘、宗培岭、王良城、朱家增、李景仁和张清志10人。他们从事档案保护学科的研究长达15年左右，在档案制成材料耐久性、档案修复技术、档案有害生物病害及防治等研究上获得了重要成果，促使我国传统档案保护知识体系日益充实与完善，为之后我国档案保护学科的繁荣发展起到奠基作用。20世纪90年代初到21世纪初，无论是从学者的科研成果还是队伍规模上来看，我国档案保护学科进入了发展的繁荣时期。20世纪90年代初，我国普通高校的档案学教育逐渐走上正轨，历经十年培育与磨炼，档案保护学科核心作者的规模日益壮大，给我国档案保护事业的发展注入了新鲜的血液。学科发展的繁荣时期一共有28位学者从事档案保护研究，约占核心作者总数的80%，20世纪90年代初到21世纪初，新增的核心作者人数高达19人，包括张美芳、周耀林、尹慧道、刘家真、赵淑梅、华林、彭远明、荆秀昆、陶琴等，约占核心作者总人数的54%，这些学者为我国档案保护学科的发展与壮大做出了突出贡献。核心作者作为我国档案保护学科研究的中坚力量，能够积极适应数字时代发展的步伐，在数字转型的关键时期，不断创新档案保护学科的研究方式与方法，并积极寻求突破路径。但随着20世纪六七十年代出生的学者逐渐退出一线研究，加上部分核心作者研究领域的转向，进入到21世纪后，档案保护研究的核心作者数量在下降，增量不断缩减。到2017年，仅有聂云霞、向立文、王云庆、项文新和张艳欣5人加入到档案保护的核心作者队伍中，占核心作者总人数的14%。

此外，通过对35位核心作者的研究时间进行统计，发现持续时间最长，发文时段在20~24年的核心作者共有6人，包括周耀林、赵淑梅、彭远明、陶琴、荆秀昆和张健。这其中有4位高校教师，2位国家档案局科研所从事档案保护技术研究的人员。高校教师的研究视野比较开阔，科研所研究的内容多属于专门技术领域。如武汉大学周耀林、辽宁大学赵淑梅的研究课题体现出与时俱进的特点。辽宁大学赵淑梅教授在探讨档案保护理论与技术发展的基础上，还广泛关注了档案学的其他领域。其在7种核心期刊上发表的文章中，与档案保护相关的占比56%，代表性的成果有：《21世纪档案保护技术体系的革新》《试论档案保护技术学学科体系的完善》《困惑与出路——对档案保护技术学理论与实践体系的重新认识》等。此外，结合自己的教学以及学科发展动态也有不少拓展性研究，延展到海外流失档案的追溯和保护、数字资源建设。还结合时代发展特点，对档案高等教育、社交媒体利用、档案公共服务等多方面领域的研究也做了相关探索。武汉大学的周耀林教授除在档案保护学科方面进行研究外，在文献遗产保护、非物质文化遗产保护、数字档案资源建设与服务等多个领域也有相当数量的成果，这里不再赘述。

数字时代出现的电子档案成为档案保护新的研究对象，推动着以纸质档案为核心的传统档案保护不断谋求新的发展。由于现代信息技术在档案领域内的渗透越来越深入，使得档案保护从以研究档案制成材料耐久性为核心内容，逐渐向档案信息安全、电子档案长期保存、构建档案安全保障体系等新的研究主题延伸。如核心作者中刘家真和张健对电子档案相关内容的研究时间较长。刘家真教授发表的《减少电子文件信息丢失风险的策略》《更新与迁移中的风险管理策略》《影响我国数字信息长期保存的问题与解决方案》，张健教授发表的《电子文件安全研究现状及思考》《电子文件信息安全管理评估体系研究》等文章被引频次较高，两位学者都从信息安全、风险管理等角度论述了对电子档案进行长期保存的理论与技术方法，推动数字时代档案保护学科知识体系不断向更宽阔的领域拓展。

需要说明一点，35 位核心作者中王云庆和华林是两位“非典型”档案保护学者，之所以被纳入到档案保护核心作者群中，是因为在文献检索时他们的成果中有很大数量包含了“档案保护”主题词。从成果上看，王云庆的研究领域主要集中在档案编纂学和非物质文化遗产保护方向，而华林的研究成果主要集中在少数民族历史档案的保护与开发利用。由此让我们深思，非物质文化遗产保护、少数民族历史文献保护以及档案开发利用是否可以纳入档案保护研究领域？作为档案保护价值发挥的延伸部分，笔者认为有其合理性，因为档案保护的终极目的是为了更好地发挥档案的价值，所以应该从方便利用的角度去考虑如何更好地保护，也可以作为一种保护的理念。在一次专题报告演讲中，中国人民大学牛力老师所作的“智慧时代数字文档创新开发与利用”报告提出：档案部门的工作应该从“存、管、用”向“用、管、存”转变。这里的“存”就是档案保护工作的主要职责，也是传统档案保护模式下，档案工作内容按优先顺序排列的体现，但数字时代随着大数据存储和挖掘以及人工智能的应用，“用”放在第一位应该成为新时代的价值取向。

总之，档案保护学者群的队伍整体较小，传统保护学者不断萎缩，电子档案保护学者力量亟待培育和壮大，要持续推进数字时代我国档案保护理论创新、技术变革的学科共同体的发展，面临着严峻的挑战。

(3)核心作者群研究主题重技术而轻管理。

对1978—2019年35位核心作者发表的463篇论文主题进行统计发现，围绕传统档案保护技术的论文共计312篇，占比68%，其中技术类占80%，管理类占20%。虽然相较周耀林曾对1949—2000年档案保护学术论文进行的统计，有关技术类的论文近90%,① 比例有所下降，但技术仍是档案保护研究的主流内容。电子档案保护方面内容还不足，虽然趋于不断上升的势头，如图3-3所示，但相比电子档案保护方面理论与实践的需求还是很不充分的。所以从传统档案保护学科中内生出电子档案保护的学术共同体

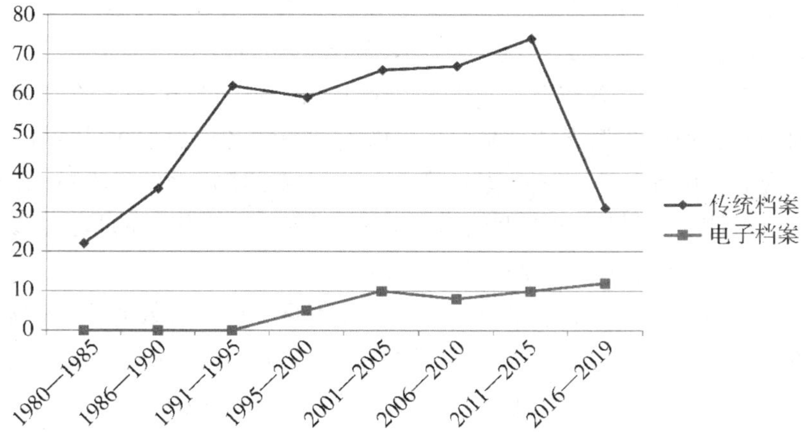

图3-3　1978—2019年35位核心作者的传统和电子档案主题发文量与年度关系

① 周耀林. 对1949—2000年我国档案保护技术研究论文的统计分析[J]. 档案学研究，2002(4)：33-37，43-44.

还需时日。

(4)档案保护学术团体和研究机构缺乏。

随着信息技术的飞速应用与发展，各个学科的研究对象和研究领域变得日益复杂和多元化，对研究队伍的综合素养要求越来越高，单凭一己之力难以满足科研工作越来越高的要求。作为提高研究绩效的一种手段，科研合作模式为科研人员凝聚新思想提供了出路。“科研合作的优越性体现在：合作者可以分享共担设备成本所带来的经济价值，来自不同地区的研究者可以从多角度发表对特定问题的认识。”①目前合作研究已得到较多科研人员的肯定，成为开展科研工作的一种新模式。从我国档案保护研究领域发展现状看，能够积极通过科研合作模式开展学术交流与互动的学者仅占少数，所获的科研合著论文更是量小力微。由于实际部门加入研究的人员少，发文量不仅小，而且学术层次也不高，影响了档案保护学术上理论与实践的良性互动以及对实践指导价值的发挥。

笔者对35位核心作者发表的科研论文进一步统计得出：核心作者独著论文为295篇，占论文总数的64%，总被引频数为1833，篇均被引数约为6.21；与他人合著发表的科研论文168篇，占论文总数的36%，总被引数为1132，篇均被引数约为6.74。张美芳、周耀林、华林、荆秀昆、张建华、郭莉珠等学者较为重视科研合作与交流，由此形成了以中国人民大学、国家档案局档案科学技术研究所为核心的科研合作网络，如图3-4所示。令人担忧的是，合著率高的几位学者中没有新生代学者的身影。

至于研究机构的学术影响力则更加不足，屈指可数的几个学术机构势单力薄。中国档案学会保护技术委员分会是一个松散的组织，没有实质的合作显示度；中国人民大学档案保护的学者以及国家档案局的专家都面临着后继乏人的窘境；国家档案局科学技术研究所在2010年之前对档案保护技术的开发与应用起到了极大的推动作用，不仅在学术上核心作者影响力大，而且在档案科技成果的

① 林润辉，范建红. 中国管理学者论文合作网络属性及其对合作绩效的影响研究[J]. 研究与发展管理，2012，24(4)：81-92.

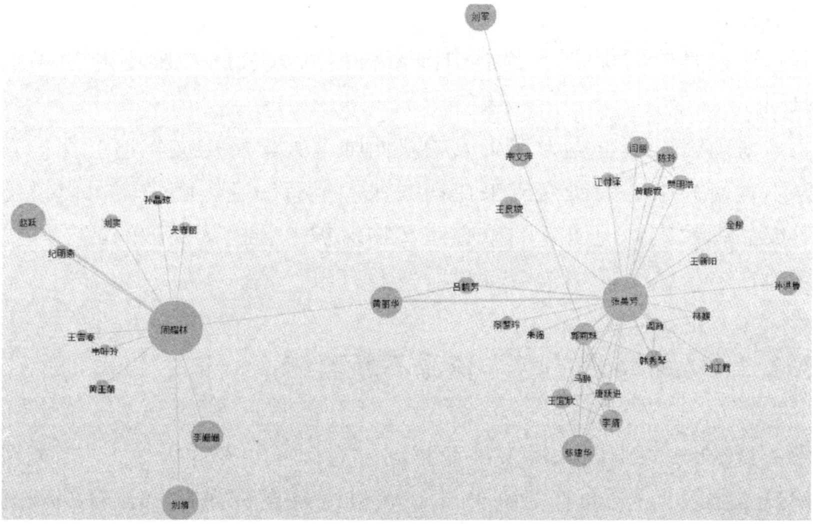

图 3-4　35 位核心作者的科研合作网络

研发上取得丰硕成果，这源于改革开放初期中国档案科研体系的建立。1985 年，国家级的档案专业研究所——档案科学技术研究所正式成立，并相继设立了档案保护技术、档案管理现代化、档案标准化、档案科技情报 4 个研究室，这 4 个研究室不仅进行科研项目的研发，而且也代行国家档案局全国档案科技宏观管理的职能，并负责对全国档案科技工作进行统筹和指导。① 在国家档案局成立档案科学技术研究所之后，全国各地档案局相继设立了科研所或技术处，与国家档案局的科研所进行对接。在此体制下，档案科技从机构到人员有了保障，因而国家档案科研所以及各地方的技术处等产生了一大批成果，对推动改革开放后档案科技工作发展、改善档案保管条件、提升档案管理现代化水平起到了重要的作用。1993 年，国家档案局与中央档案馆合并，其下设立技术部，专门负责全国档案科技工作的宏观管理，科研所的行政指导工作被弱化，科技项目工作还在推进中，但随着档案信息化的发展，原来科研所保护技术

① 付华. 科技驱动发展——档案科技助推档案管理现代化[J]. 档案学通讯，2018(6)：9-14.

的研究在维持现状的基础上，随着人员的退休、转出等原因不断萎缩。这也是档案保护学者群中国家科研所人员的身影不断消失的原因。

目前，以李玉虎为带头人的陕西师范大学历史文化遗产保护教育工程研究中心的研究成果在档案保护上有一定影响力，可以说已形成品牌效应，但研究的重心在文物保护上，档案保护的成果则更多地在传统档案保护领域，辐射效益有限。

3.2.2 人才培养的教学资源不断萎缩

自1954年中国人民大学在我国设立档案学专业开始，“档案保护技术学”课程一直作为专业核心课进行开设，而且是教育部档案教学指导委员会指定的核心课程。虽然在各个学校的教学计划中都设置了该课程，但发展参差不齐，一些在专业初建时条件还不错的学校，因已有设备的老化、专业教师退休等原因，出现了授课教师缺乏、配套的实验室教学无法满足教学需求等不断萎缩的状况。目前，档案保护课程仍以传统档案保护知识为主进行构建，但随着电子文件的出现和增加，传统档案保护课程内容和实验项目逐渐落伍，更新改造面临很多挑战。如果还是以传统档案为基础建设，则与现实发展趋势不符；如果以电子档案为基础建设，则没有成熟的方案。所以，实验室的建设、课程内容的更新都处于不知路在何方的观望中。赵淑梅指出：“教材可以作为重要的知识传播和宣传工具。但在教材建设和专业教育中传统档案保护也存在着发展困境，比较突出的表现就是档案高等教育中档案保护教师匮乏，实验实践内容陈旧，有相当一部分学校开不出档案保护的课程，而原开设保护课程的教师也不断转换研究领域，有一定影响力的研究者中坚持者也寥寥，如编写过档案保护教材的学者金波和宗培岭，两位学者后来分别转向数字档案馆研究和企业档案管理方面的研究。此外，不少人认为目前教材中的保护知识，在实践中不是用处不多，就是太过专业。如何将人才培养、知识传授、实践需要三者有机结合起来，期待找到柳暗花明的出路。”①

以中国人民大学和辽宁大学两所学校为例。中国人民大学是全国档案保护人才培养最权威的高校，有完善先进的教学科研设备、配套的系列实验室和专门的师资团队，1983 年开始招收档案保护专业硕士生，2000 年开始招收博士生。但目前学科发展不容乐观，已经被并入到信息化教研室，专门从事档案保护方向的教师只有 1 人。辽宁大学是地方院校中开设档案保护课程较早的学校，当时比照中国人民大学的建设条件，建立了比较完善的实验室，但发展至今只剩下专业教师 1 人，实验室也没有更新发展，只维持纸张档案修裱和档案文献扫描等有限的教学内容。全国范围内虽然有几所学校发展还可以，但基本上停留在传统档案保护教学范畴的一种维持状态。

当然，培养人才除了学校教育外，还有职业教育和在职培训等教育方式，但档案保护方面的专门教育很少，基本上是将该课程纳入档案专业的整个课程体系中，没有单独方向的培养，只有一些不定期的档案修复等方面的培训，也仅限于省市级综合性档案馆，远远不能满足实际的需求。

此外，我国相近学科的图书馆专业教育也反映出学生培养方式单一，开设的有关文献保护的课程大多是一门以技术为主的课程，只能达到基础知识教育的目的，无法满足专业人才的培养，反映出我国教育体制和人才培养方式的局限性。相比较而言，国外有关图书档案保护的教育有很好的借鉴价值。以美国为例，课程设置口径宽，专业指向性强。课程设置中既有基础知识，也有专业技术的训练，还有前沿课程的拓展。美国图书馆学与档案学专业所设置的文献保护与修复课程可以归纳为三大类：一类是以传统文献保护与修复命名，如图书馆与档案馆资料保护、图书馆与档案馆文献保护管理等；一类是以数字文献保护与修复命名，如数字资源保护与存取、数字化保护等；一类则具有综合性和基础性，如信息资源保

① 赵淑梅. 系统思维下档案保护理论与实践发展新视野[J]. 档案学研究，2015(1)：101-104.

护、保护技术等。这三类课程可谓种类齐全，涵盖了时间跨度和文献类别以及保护技能等多个维度的知识。兼顾了基础与专业知识和技能的需求，课程设置覆盖面广，具有很强的针对性，而且为将来学生职业的选择和发展提供了非常明确的方向和价值指向性，为学生的职业认同、职业生涯规划奠定了良好的专业基础和基本技能。如表 3-2 所示。

表 3-2　美国图书馆学与档案学专业的文献保护与修复课程设置①

课程类别	序号	课程名称	学校
传统文献保护与修复	1	图书馆与档案馆资料的保护与修复(Preservation and Conservation of Library and Archives Materials)	威斯康星大学麦迪逊分校
	2	图书馆资料的保护与修复(Preservation and Conservation of Library Materials)	华盛顿大学
	3	馆藏保管中的保护与修复(Preservation and Conservation for Collections Care)	伊利诺斯大学厄巴纳-尚佩恩分校
	4	图书馆和档案馆资料保护(Preservation of Library and Archive Materials)	北卡罗来纳大学教堂山分校，新泽西州立大学
	5	图书馆与档案馆文献保护管理(Preservation Management in Libraries and Archives)	西蒙斯大学
	6	图书馆与档案馆文献保护(Library and Archives Preservation)	马里兰大学帕克分校，匹兹堡大学
	7	馆藏修复(Collection Conservation)	匹兹堡大学
	8	馆藏维护(Collection Maintenance)	西蒙斯大学

① 林明，周旖，张靖. 文献保护与修复[M]广州：中山大学出版社，2012.

续表

课程类别	序号	课程名称	学校
传统文献保护与修复	9	高级文献保护管理(Advanced Preservation Administration)	密歇根大学安娜堡分校
	10	文献遗产保护问题(Issues and Problems in Preservation of Heritage Materials)	加州大学洛杉矶分校
	11	图书、纸张及其保护(Books, Pape, and Their Preservation)	威斯康星大学密尔沃基分校
	12	音像资料保护(Preserving Sound and Motion)	密歇根大学安娜堡分校
数字文献保护与修复	1	数字资源保护前沿(Perspective Digital Preservation)	伊利诺斯大学厄巴纳-尚佩恩分校
	2	数字资源保护与存取(Digital Preservation and Access)	北卡罗来纳大学教堂山分校
	3	数字资源保护(Digital Preservation)	伊利诺斯大学厄巴纳-尚佩恩分校,密歇根大学安娜堡分校
	4	数字化保护(Digital Preservation)	密歇根大学安娜堡分校，匹兹堡大学
综合类	1	保护信息载体(Preserving Information Media)	威斯康星大学密尔沃基分校
	2	信息保护(Preserving Information)	密歇根大学安娜堡分校
	3	信息资源保护(Preserving Information Resources)	伊利诺斯大学厄巴纳-尚佩恩分校

续表

课程类别	序号	课程名称	学校
综合类	4	文献保护(Preservation)	印第安纳大学伯明顿分校
	5	保护管理的物理处理程序(Physical Treatment Processes for Preservation Administrators)	密歇根大学安娜堡分校
	6	保护技术(Preservation Technologies)	西蒙斯大学
	7	保护管理(Preservation Management)	匹兹堡大学

3.2.3　专门从事档案保护的人才奇缺

传统的档案保护人员主要从事档案库房日常管理和档案修复，目前最缺少的是档案修复人员，笔者走访调研了一些省、市级的综合档案馆保护工作现状，普遍反映档案修复人才奇缺。主要原因是随着老师傅的退休，新生力量难以及时补上。近年来档案保护工作越来越受到重视，如国家档案局启动了“国家重点档案抢救工程”，从20世纪80年代开始，一直持续对国家重点档案的抢救与保护投入经费，并不断增加额度，但档案抢救工作中面临许多困难，诸如档案修复量大，专业人才储备少，新选拔人才又因受知识结构、教育程度和实践经验等因素的限制，有的无法胜任，有的因待遇、编制等限制难以招收到合适的人才，多种困难使得我国档案保护领域某种程度上出现了“用工荒”的局面。为了完成国家重点档案保护任务的要求，现在大部分档案部门只好搭档案数字化社会化服务的便车解决燃眉之急。从目前的效果看不尽如人意，嵌入档案数字化的修复质量存在很大的问题，毕竟这是一项专业性很强的技术工作，专业的人才、专业的标准规范执行是必备的保障。

3.3 传统档案保护理论与技术价值体系局限性日显

档案保护学科共有的价值体系主要体现在知识体系的架构和发挥作用的程度，以纸质为核心的传统档案保护学科的知识体系所指导的理论与实践基本成熟，思维方式和价值取向也约定俗成，理论与实践按照既定的惯性运转着。电子文件的出现、电子档案的产生打破了这种平静，而且提出了诸多挑战，由此局限性不断显现，已经到了必须在应对挑战中求生存的境况了。

3.3.1 静态后端的库房保管理念已不合时宜

我国文档一直处于分离的状态，文件管理和档案管理分别隶属于两个不同的机构，以至于我国档案保护一直是静态后端的库房保管，保护的对象仅仅针对归档入库后的档案。但文件是档案的前身，档案保护问题不能离开文件单独进行，文件的质量直接影响着档案的质量与保护要求的繁简和代价。强调库房后端保护如亡羊补牢，损失已经造成，会让档案保护防不胜防，除了增加档案保护工作的压力、费时费力外，还可能使档案保护达不到理想效果。所以打好文件质量基础对于档案保护来说，相当于未雨绸缪，可以达到事半功倍的效果。

档案学重大的理论成果——文件生命周期理论更加证明了档案保护不能只局限于入库后这一环节上。文件生命周期理论形成于20世纪50年代，该理论认为文件从形成到最终销毁或永久保存是一个完整的运动过程，档案来源于文件，档案的寿命应从文件算起，文件质量为档案寿命提供了或好或差的前期基础。“要使事物寿命的研究具有科学性，就要探究其从生到死的全过程，不能将这一过程割断，甚至只用其中一个阶段来代替全部，这样不具备科学性和完整性。”①档案保护研究只是集中在文件运动的最后一个阶段，具有片面性，割裂了文件运动的整体性，缺乏全局观念。“电子文件的产生让人们越发感受到文件运动的整体性和全程管理的必要性，国际档案理事会也指出：电子文件管理工作范围的第一项原则是档案馆应参与产生和保管具有档案价值文件的电子系统的整个生命周期，以便文件真实可靠，且适合保存。”②

静态库房保护的理念所反映的价值观是档案工作在国家模式指导下的保密和收藏观念。“内化于心”的保密文化发端于档案最初的价值，档案被看做帝王的珍宝和权杖，这在世界范围内有着共同的价值取向。在此意识影响下，积极的作用是为档案的保护提供了制度、职业操守等一系列措施的保障，构成了档案工作者特有的情感认同、思维方式和价值取向。消极影响则是对档案价值的发挥设置了多种障碍，如“固化于制”的保密制度使得封建社会时期档案被统治集团所掌控和垄断，由于处于保密文化笼罩下，使其形成了档案意识封闭性、保守性的特点。我国传统文化源远流长，文化是不断积累和传承的过程，档案保护也必然受保密文化的影响。

3.3.2　以技术架构的知识体系不能为档案保护实践提供系统的解决方案

传统档案保护学科一直是以技术视角进行研究和发展的，这种模式在数字时代面对越来越多的历史档案修复显得力不从心、效益低下，而且面对日益增长的电子档案的保护也无能为力。

以技术架构的知识体系在实践中应用只能提供单一的技术策略，而且形成了“保护”就是“保护技术”的理念，指导着理论研究和实际工作。这就是长期以来主导档案保护理论与实践的基本原

---

① 赵淑梅. 困惑与出路——对档案保护技术学理论与实践体系的重新认识[J]. 档案学通讯，2004(4)：79-82.

② 赵淑梅，侯希文. 档案物理管理与保护[M]. 沈阳：辽宁大学出版社，2012：15.

则——“以防为主，防治结合”，具体内容包括：档案制成材料耐久性技术（主要研究档案载体和记录材料方面的种类、物质组成、性能等内容）、延缓档案寿命技术（包括温湿度控制与调节、库房建筑及设备安全、有害生物、空气污染防治技术等方面的内容）和档案修复技术（包括档案制成材料加固技术、去酸去污技术和档案数字化等技术）。该知识体系的架构特点是源于对库房静态保护的需求，保护环境稳定，影响因素不复杂、可控，只做日常维护和个别破损档案的修复即可。日常维护就是延缓档案寿命的“预防”技术，对于纸质档案来说预防起到决定性作用，因为预防技术做好了，修复技术的需求就减小了。即使需要修复也是以传统手工修裱为主，没有太复杂的技术，一直传承着师傅带徒弟的工作方式，因为纸质档案的保护是一个润物细无声的漫长过程，不是救急的行业。如纸张的破损和字迹的褪变也是一个缓慢的过程，几年甚至十几年中只要环境没有太大变化，质量下降变质程度变化也不会太大，早一年修复或晚几年修复对档案的保护和利用没有明显的影响，特别是对其中开放利用程度低、社会需求小的档案，几年内不做修复处理也可维持，所以长期以来的单一技术策略有其存在的合理性。

但随着传统档案保存时间的延长，损毁数量不断累加，历史档案开发利用也不断提出更多的开放要求，档案的修复需求和日益增长的利用需求相互叠加，使得档案保护工作压力不断加大。为了适应形势的发展，国家档案局从2006年开始启动了“国家重点档案抢救工程”，一直延续至今，经过十年的实施不断完善，到2016年出台该工程的升级版《国家重点档案保护与开发项目管理办法》（以下简称《办法》）。既然是专项工程，就需要引入工程化管理方法。按照工程化管理的要求，要对人、财、技术等多种要素进行系统设计、系统管理，小打小闹式的单一或零散技术的应用无法满足要求。按项目管理的要求，至少在组织、实施、评估三大环节中进行系统设计、规范管理。如在开展保护工程中，首先应该对保护的档案进行调查，调查其保存现状，根据现状规划保护措施，然后筛选保护的技术，配备专业的技术人员，制定科学的方案。方案制定之后还应对方案的执行进行过程管理，以确保档案保护技术的科学合理应用，最后还要对整个保护工作进行评估验收。这一整套的保护工作中，技术只是其中的一个要素，围绕技术进行的相应管理更加重要，是保障技术发挥作用的必要措施。

此外，随着数字记录技术的发展、电子文件的产生，档案保护以技术为主导的发展模式遇到了前所未有的挑战，管理与技术二者协调发展成为必然。因为电子文档的形成与管理本身就是一个系统的管理过程，因而对系统的维护与管理必须协调好技术与管理的关系。如对电子文件的合理利用，除了技术上的加密、访问控制等保障，还需管理制度上的配套。最为著名的美国斯若登"棱镜门"事件，就是典型的管理上的漏洞。所以一些学者呼吁：技术的应用必须有相应的管理措施进行配套，否则会陷入防不胜防、治不胜治的怪圈中。张美芳教授认为：更全面的技术管理应该是"伴随档案形成、利用和保管之中，它可能涉及档案保护技术方案的设计、制定政策、建立和推广技术标准、档案保护过程中风险管理、技术平台的建立、应用、维护和更新、技术资源的配置与整合、技术效果的评价等内容"。① 周耀林教授认为：档案保护技术学应该拓展研究空间，"沿着不同的路径与其他科学发生综合：与物理学、化学、生物学等相联系，融合在自然科学；与材料学、计算机科学等相结合，集合在技术科学；与环境管理学、信息管理学、组织科学、行为科学等相交义，整合在管理科学。"②赵淑梅认为："弥补知识体系和研究内容的狭窄性，关注有关档案保护工作的组织体系与管理体制、保护档案的专门性法规、档案保护技术研究项目的管理等内容研究和推行。"③让健全的管理制度和科学的保护技术共同为档案长久保存保驾护航。

① 张美芳. 我国档案保护技术学可持续发展的若干思考[J]. 档案学通讯，2008(1)：68-71.

② 周耀林. 从档案保护技术到可动文化遗产的保护管理[J]北京档案，2004(7)：21-23.

③ 赵淑梅. 论档案保护技术与管理的关系[J]. 档案学通讯，2009(2)：81-83.

改变“保护”就是“保护技术”的思想，提高对管理层面的认识是亟待更新的保护理念。遵循“三分技术，七分管理”的经典原则，让保护技术更好地发挥作用。

3.4 研究方法和指导思想有待创新与丰富

依据“范式理论”的符号概括、学术共同体、共有价值三方面分别对应于传统档案保护学科的相关内容的分析，让我们进一步认识到档案保护学科的研究方法和指导思想的“范例”必须进行突破。

3.4.1 研究方法的局限性

研究方法是指科学研究的程序、方式或达到目的的手段、途径，包括研究对象、思维方式、理论工具和技术手段。依据这一概念，下面剖析一下传统档案保护学科研究方法的构成及存在的问题。

首先从研究对象上看，传统档案保护学科研究对象不完整，只研究档案制成材料，缺少对信息内容的真实性、完整性和长期可读性的研究内容。所以补全信息内容寿命的需求对于研究方法也是一个更新和拓展的动力。从以实体为核心的研究对象拓展到以信息为核心的研究对象，对象发生变化，则研究的方法必然要更新，更新的方向是既要兼顾二者的共同点，也要区别对待，如以实体为主的传统保护理论与实践的方法仍需保留，毕竟无论是档案保护学科还是档案保护实践，都是一个伴随人类文明进程持续存在的领域，迄今为止对人类积累的所有档案都要进行科学合理的保护。保护对象具有不断的增量，没有减量和淘汰。科学的发展观是为所有形态的保护对象的研究提供适合的方法，这必然需要引入和应用更加丰富多样的方法。

其次从思维方式上看，以技术架构的知识体系反映了思维方式的片面性和实践的局限性；以技术为核心的思维导向，必然使得在理论工具和技术手段方面更多地直接借鉴和应用自然科学的理论与技术工具。知识体系的构成决定了理论研究与工具的选择，有关研究对象和思维方式在核心作者的研究主题中体现得比较突出。下面重点分析一下有关传统档案保护的理论工具和技术手段的局限性。

档案保护是一个综合应用性学科，是通过借鉴和嫁接各种技术科学的理论与方法而形成的。但必须明确的一点是，无论借鉴和嫁接什么学科，最终都是为延长档案寿命服务的。在传统档案保护中，档案寿命是以存储档案原始记录的物质材料“档案制成材料”作为研究对象的，因而应用的方法也是与研究材料性能的自然科学，诸如物理、化学、生物等相关学科的理论与技术。以自然科学为主的研究方法主要是通过实验方法来测试档案制成材料的成分、性能以及损毁原因和过程，从而验证和寻求适合的保护技术方法，进而获取保护档案的原理和效果。从目前学者所发表的实验类型的成果来看，方案设计和实验条件以模拟样本居多，来自实际档案部门的样本很少，这样就限制了实验结果在实际中的推广和应用的可行性，更多的是一种纯技术的研究，或者只适用于实验样本。这种局限性与档案的唯一性有关，也与档案材料的复杂性有关，通用性技术在传统档案保护中很少，这也增加了技术研发的成本。如用化学法恢复字迹的技术——褪色蓝墨水字迹恢复技术，在实验室中研究效果很好，而且还获得了国家档案优秀科技成果一等奖，该成果也转化为产品进行推广，但推广效果一般，因为蓝墨水字迹成分复杂，不同厂家、不同年代的蓝墨水字迹差别很大，所以适用性受到很大的挑战。比较可行的办法是整体保护方案的设计和实施，如提升档案保护环境质量，加强日常的检查和维护，可以取得整体档案保护的效益，比单独一份文件的保护更现实可行。毕竟档案不是文物，档案数量太过庞大，单项技术很难奏效。进入数字时代，电子档案保护中的管理要素就更加重要了。

当今是一个学科不断融合发展的时代，传统科学中鲜明的学科边界不断被突破，由此产生了许多新兴学科，随之也挖掘出许多新的研究方法。所以对于传统档案保护的研究也应该顺应潮流，积极开发新方法，获得更广阔的生存空间。本书第 4 章将会介绍档案保护可以借鉴的相关理论。

3.4.2 指导思想的内涵需不断丰富

“预防为主，防治结合”的原则是围绕纸质档案保护形成的，它的应用环境也是以库房为主，对物质材料的收藏和保管是其主要任务。数字时代无论是电子档案还是数字化档案，它们的保护空间和保护方法乃至保护目的都发生了很大变化，但不管如何变化，档案寿命的保护也不外乎“预防与治理”，正如这一原则应用到人的寿命保护也同样适合一样。所以这种提法在数字时代仍可应用，只是其内涵将发生很大的变化。变化主要体现在：

(1)保护对象形态的变化。数字时代档案保护对象增加了两大类，第一类是传统档案数字化后的档案，有两个保护对象：一是纸质的原件，一是数字化的副本，纸质原件在库房中仍按照传统库房保管方法和修复方法保护，对于数字化副本则也要有相应的保护措施。因而未来纸质档案数字化之后，原件便封存不再提供利用，数字化的副本将替代原件成为流通利用的主要形态，它们的保护和管理方法与电子档案的保护就趋于统一了。第二类是电子档案，电子档案将不断归档到档案部门中，电子档案的维护将成为档案部门的主要任务。

(2)保护空间的变化和拓展。纸质档案是以实体的库房和各种装具为保护空间，而数字形态的数字化档案和电子档案则存在于各种数字存储系统和材料中，诸如磁盘阵列、数字磁带、光盘等，所以对这些系统运行和存储材料质量的维护是预防的主要内容。

(3)保护手段复杂多样。静态库房的日常温湿度等“八防”管理变成了对数字设备硬件和软件性能以及信息安全和长久可读的维护。治理的手段则由传统的去污、去酸、修裱理化技术变化为备份、迁移、数据恢复等信息化技术手段。

此外，档案保护学科功能和价值的实现上所持的观念也应有新的突破。档案保护要突破收藏为主的价值观，将保护的终极目标——为档案发挥价值提供条件的理念纳入到档案保护中，以此提升档案保护学科的价值空间。

总之，按照“范式理论”四个层次对传统档案保护技术和理论体系进行审视，发现诸多的不适应和需要革新的方面，无论是在符号概括的基本术语、学术共同体的核心研究者，还是学科研究方法和价值实现等方面都需要新的突破。正如赵淑梅指出：“改造旧概念，引入新概念，突破旧概念的局限性，更科学完整的阐释档案保护技术学的实质内容和技术方法；对档案保护人员的工作性质重新定位；对档案保护技术手段的研究，充分地与信息技术人员、文件工作人员合作，引入信息技术研究方法。”①建构数字时代档案保护技术与理论新范式势在必行。

① 赵淑梅. 困惑与出路——对档案保护技术学理论与实践体系的重新认识[J]. 档案学研究，2004(4)：79-82.

第 4 章　数字时代档案保护理论的创新探索

档案保护理论主要是指思维抽象层面的理性知识和指导原则，包括档案保护学科基本术语、核心知识构成和理论工具等内容。进入 21 世纪后，在追踪吸收数字时代档案学理论与技术创新成果的基础上，我国档案保护学者在理论上的探索不断增多。研究内容上，主要在反思和审视传统档案保护理论的基础上，提出了传统档案保护理论与技术变革的必要性和修正的思路；探索了数字时代新型档案——电子档案保护知识体系构成的主要内容；加强了档案容灾和安全保障体系相关的保护管理内容的研究，以更加开放的视野提炼出档案保护不同维度发展的路径等。研究方法上，不断拓展多学科方法的融合和应用，在借鉴系统论、信息生态、社会记忆等学科方法上有一定的建树。学者的探索不断丰富着档案保护理论的内容，也为推进数字时代档案保护理论创新的步伐提供了方向。

4.1　同步追踪并吸收数字时代档案学理论创新与技术革新的成果

为了迎接前所未有的信息技术的挑战，21 世纪档案界在理论与实践方面进行了全面的反思和探索。新的理论不断出现，也不断在实践中进行检验。档案保护是档案学中的一个重要分支学科，因而档案学的理论也必然是档案保护所要遵循的理论依据和实践指导。

4.1.1　数字时代档案管理思想与方法的创新

人类的文明从使用工具开始，也因工具的不断进步而发展进化着。档案管理是重要的社会活动，数字时代计算机工具的发明和使用也必然给档案管理带来变革，在此背景下档案管理思想的变革和创新也取得了不少突破。

(1)后保管时代及其模式的提出。

"后保管时代"这一提法最早出自杰拉尔·德·汉姆。1981 年，他在《档案工作者》杂志上发表了一篇题为《后保管时代的档案战略》的文章，认为信息技术导致了档案数量的增长和档案载体的革新，由此推动档案工作进入了一个新的历史发展时代——后保管时代。到 20 世纪 90 年代，北美档案界开始将电子文件与后保管时代联系起来，代表人物为加拿大档案学者特里·库克。① 档案后保管理论的产生背景除了应对电子文件的长期保存挑战外，还有档案馆的定位和职能在信息化进程中的变革要求。档案用户的需求变化、档案馆所处环境及其相互关系的变化、后现代思潮的影响等因素孕育了档案后保管理论的产生。档案后保管理论从保管出发，又超越保管，这种超越主要体现在以下四个方面：超越闭门保管，扩展档案管理功能；超越实体保管，关注背景与联系；超越阶段性保管，在合作中走向连续；超越保管地点，聚焦保管需求和能力。在迅速变化的信息化进程中，档案后保管中的"后"字将会伴随着时间的延伸，追赶和映射数字时代档案管理的新方式、新定位、新内涵。②

(2)前端控制与全程管理理论的提出。

法国档案学者 C. 诺加雷指出："档案工作者要重新考虑他们

① 赵淑梅. 数字时代档案工作理论与实践的宏观认识[J]. 档案学研究，2010(6)：9-13.

② 冯惠玲，加小双. 档案后保管理论的演进与核心思想[J]. 档案学通讯，2019(4)：4-12.

在文件生命周期中进行干预的时机，甚至重新思考这种生命周期本身。”①这正是前端控制产生的思想根源。全程管理是对每一项具体管理活动的实施过程进行监控的一种过程管理。国际档案理事会电子文件委员会在1997年制定的《电子文件管理指南》(草案)中，从设计、形成和维护三个阶段划分电子文件的生命周期，认为在电子文件的全程管理中起决定性作用的是设计阶段，提出在文件形成前采取行动，即把“干预时机”确定在电子文件管理的设计阶段，来确保电子文件的内容、结构和背景三位一体的完整性。这正是在电子文件的管理中应用了前端控制和全程管理的思想来指导。

前端控制与全程管理是相辅相成的，前端控制是确保电子文件真实可靠、完整归档、安全利用和长期可读的有效策略，也是电子文件管理系统优化管理功能、提高管理效率的有效措施，但这些功能的实现必须有全程管理的监控。正如露西娅娜·杜兰蒂所言：“随着InterPARES研究的深入，该项目将继续证明这样一种观点：不采取全程管理的眼光，就不可能保管电子文件。”②所以，前端控制和全程管理为电子文件进行文档一体化管理提供了理论依据。

4.1.2 档案学科基础理论的创新

有关学科理论的创新主要是指对原有理论的扬弃，既内生于原有学科不断积累的基础，又是根据时代的发展变化而进行改造和完善的结果。

(1)文件连续体理论的产生及其影响。

文件连续体理论是对文件生命周期理论的进一步发展和创新。文件生命周期理论与文件连续体理论都是对一定历史时期档案工作实践的总结，对档案工作实践和档案学理论的发展产生了不同的重大影响。20世纪40年代初，美国创建“文件中心”是文件生命周期

① 徐维，管志宇，电子文件“前端控制”的来源及其他[J]. 档案与建设，2001(3)：12.

② 叶晓林. 电子文件全程管理之思考[J]. 档案学研究，2005(1)：46.

理论产生的实践背景，1940 年，美国档案学者菲利普·布鲁克斯最早提出“文件生命周期”概念，后经实践和理论不断探索和丰富，到 20 世纪 80 年代，西方档案界对文件生命周期理论的研究日趋完善和系统，理论成果①主要体现在阿根廷的一位档案学者曼努埃尔·巴斯克斯的《文件的选择》和《文件生命周期研究》两部专著中。20 世纪 90 年代后期，澳大利亚档案学者弗兰克·阿普沃德在《档案与书稿》上发表系列论文，对文件连续体理论的概念与理论内核进行阐述，提出了连续体的主要观点：消除文件与档案的二分现象；强调文件及其形成背景的逻辑关系管理；承认文件形成和管理主体的多元性。由此标志着文件连续体理论正式诞生。随着电子文件管理实践的不断发展，在澳大利亚档案研究者与工作者的共同探索下，文件连续体理论的广度和深度已经发生了较大的变化，并反向推动着文档管理实践的持续发展。阿普沃德与其同事迈克米希等在 20 世纪 90 年代初一起成立了文件连续体研究小组，该小组意在探索和促进档案与文件管理的相关研究及教育，以文件连续体理论为支点，并通过开放获取的方式发布研究成果，为澳大利亚以至国际教育工作者、实践工作者、研究人员共同进行档案与文件管理理论和实践研究提供了合作平台，成为文件连续体思维、教育、话语、实践、研究相互作用的焦点，用来应对数字信息时代的诸多挑战。

(2)来源原则在电子时代价值的重新发现②。

自 20 世纪初以来，来源原则一直是档案管理工作的基本原则和基本理论。它是档案整理、鉴定、来源等工作的指导和理论依据。来源原则的“重新发现”，是指以北美为代表的西方档案界从 20 世纪六七十年代对来源原则的质疑和批评，到 80 年代后期又重新肯定的现象。来源原则的重新发现主要是面对电子文件的挑战而

① 吕文婷. 文件连续体理论的澳大利亚本土实践溯源[J]. 档案学通讯，2019(3)：12-19.

② 赵淑梅. 数字时代档案工作理论与实践的宏观认识[J]. 档案学研究，2010(6)：9-13.

提出的。随着对电子文件认识的进一步深入，人们发现来源原则不仅不能抛弃，其核心地位反而将更加突出。由于电子文件的生成、流转、保存等一系列过程都需要相关的背景信息的证明，这些背景信息的来源和保存是管理和利用电子文件的前提，因而在数字时代，来源原则的指导作用将超越档案馆这一重点领域，贯穿文件从生成机关直至进馆保存的整个运动过程。

(3)库恩范式理论应用于档案学科的研究。

“范式”(paradigm)一词来自希腊文，在语言学上一般用来表示词根或词源，之后引申为某种思想形态的源头或母体。美国科学家、科学史家汤姆斯·库恩在1961年、1962年分别出版了《科学发展的历史结构》和《科学革命的结构》，引入了“范式”的概念，并应用到科学发展模式的阐释中。库恩总的思想是将“范式”理解为“某一科学家集体围绕某一学科或专业所具有的理论或方法上的共同信念。这种信念规定了他们所共同的基本理论、基本观念、基本方法，为他们提供了共同的理论模型和解决的框架，从而形成了一种共同的科学传统，规定了共同的发展方向，限制了共同研究范围”。① 某种程度上“范式”成为一种对某一学科认知研究的哲学范畴，即“范式”作为一种思维工具，在分析科学进化和发展的过程中，具有重要的方法论功能。

档案学的“范式转变”是由加拿大档案学者休·泰勒在1987年最早提出的。1998年，西奥·托马森在利用托马斯·库恩的示范模式的基础上，将档案学的发展分为三个时期，即前示范时期、经典示范时期以及后保管示范时期。特里·库克在《四个范式：欧洲档案学的观念和战略的变化——1840年以来西方档案观念与战略的变化》中提出：“记忆和证据是档案这枚硬币的两面，相互之间充满着张力。在与证据和记忆的不断斗争中，档案认同已经经历或者说正在经历四个范式或心态或框架的转移：证据(evidence)、记忆(memory)、认同(identity)、社会/社区(community)。这四个范

① 靖继鹏，马费成，张向先. 情报科学理论[M]. 北京：科学出版社，2009：193.

式并非是相互取代的，而是彼此交织、重叠，从前的影响仍存在于后来的框架中。"①

在我国，中国人民大学胡鸿杰于 2004 年在其博士论文《理论与模式——中国档案学论》中最早将"范式"引入档案学。随后，2010 年陈祖芬出版了专著《档案学范式的历史演进和未来发展》，2011 年丁华东出版了专著《档案学理论范式研究》，均对档案学范式做了深入的研究。"范式理论"可为档案学科的审视和创新提供理论依据。本书在第 3 章应用了"范式理论"对传统档案保护学科进行审视，从中探究出原有学科的局限性及其背后的原因，为学科适应新时代找到突破的方向和路径提供思路。

4.1.3　对信息技术迭代更新及其观念的及时跟进与把握

以计算机为核心的信息技术的发展不断刷新着人类生活方式的样态和人们对事物认知的颠覆。计算机应用于文档领域短短几十年的时间里，不断改变着文档管理的面貌：迄今经历了辅助工具作用的办公自动化阶段，以数字化资源积累为核心的档案信息化建设阶段，目前正在进入电子文件单轨制管理阶段。正如冯惠玲②指出的：从备份、迁移、元数据、数字封装、电子签名，到区块链、时间戳、云存储，人类在保障电子文件"四性"③方面的能力越来越强大，可见电子文件及其管理的发展一直伴随着新的知识和技术。

① 徐拥军. 档案记忆观的理论与实践[M]. 北京：中国人民大学出版社，2017：66-67.

② 冯惠玲. 走向单轨制电子文件管理[J]. 档案学研究，2019(1)：88-94.

③ 这里的"四性"是指电子文件的真实性、完整性、可用性和安全性，是我国《电子文件归档与电子档案管理规范》(GB/T 18894—2016)中的规定内容。真实性是指：电子文件、电子档案的内容、逻辑结构和背景与形成时的原始状况相一致的性质；完整性是指：电子文件、电子档案的内容、结构和背景信息齐全且没有破坏、变异或丢失的性质；可用性是指：电子文件、电子档案可以被检索、呈现或理解的性质；可靠性是指：电子文件、电子档案的内容完全和正确地表达其所反映的事务、活动或事实的性质。

单轨制电子文件管理并不是纸质文件管理的电子化翻版，系统生存、非人工识读信号以及网络传输等特点为传统管理方法和体系带来了巨大的改变，甚至具有颠覆性，同时这种改变正处于不断地迭代升级中。正是这种迭代升级的发展，要求我们对技术的应用和变化的接纳持有与时俱进的积极应对心态，只有这样才能不被时代所抛弃，这也是唯一正确的发展道路。

4.2 档案保护领域学者的理论探索

电子档案的产生以及“世界记忆工程”的启动，给档案保护带来前所未有的挑战和发展机遇。电子档案是一种前所未有的新形态档案形式，传统档案保护管理理念和管理方法都面临重大的变革和重塑的挑战；“世界记忆工程”的启动则将档案保护纳入到人类记忆留存和保护的发展新视野中。档案保护学者在关注整个行业的理论与实践变化的基础上，积极投入到这个时代赋予的新挑战、新机遇的应对中。

4.2.1 提出传统档案保护理论与技术变革的必要性

以纸质为核心的传统档案保护理论与技术体系在我国成熟于20世纪80年代，学科建立的知识体系对我国的档案保护理论与实践起到重要的指导作用，但面对以计算机为核心的信息技术的挑战，以及电子文件与电子档案的产生和管理上的需求，其局限性日显。一方面已有的理论与技术难以胜任新的需求，另一方面传统档案保护学科固有的模式也面临着萎缩和生存危机。如何突破传统保护理论与实践发展瓶颈，寻求新的发展空间，引起学者们普遍的关注和讨论。

(1)修正传统档案保护学科体系架构的缺陷。

传统档案保护学科确立的标志是1961年中国人民大学档案专业教师编写出版的《档案保管技术学》，该教材提出了“档案保管技术学，就是根据档案制成材料的损坏原因，研究保管档案的技术方法的一门学科”。① 该教材的内容搭建了档案保护学科知识体系的最初框架，全书共 9 个章节，主要包括“档案文件制成材料及其特性；档案文件损坏的理化因素及防护方法；损坏档案文件的生物及防治方法；档案文件的修复技术；档案文件的照相复制；档案馆的建筑和设备；技术图纸的保管；影片、照片档案的保管；录音档案的保管”，由此构建了我国档案保护学科知识体系的雏形。教材中提出了我国档案保护学科的一些核心概念，如档案的寿命、档案制成材料、影响档案寿命的因素、档案制成材料的耐久性等；教材也提出了档案保护的基本原则——“预防为主，防治结合”；同时在绪论中还对学科的研究方法提出理论联系实际，运用辩证唯物主义和历史唯物主义的方法论，关注最新科技成就，学习自然科学知识等要求。1978 年人大档案专业恢复招生，1980 年中国人民大学出版社再版了该教材，并将此教材向全国的档案专业推广。1984 年，为了适应欣欣向荣的档案教育和档案工作的需要，及时吸取改革开放以后的新成果，总结教学新经验，中国人民大学编写了《档案保护技术学》(李鸿健、刘凤志等编著，档案出版社，1984 年)。该教材还重点吸收了当时具有国际权威的保护技术专家雅・帕・凯思帕利亚的专著《档案材料的保护和修复》(巴黎，1973 年版，1981 年译成中文)的成果，由此确立了我国经典的传统档案保护学科的知识体系，如图 4-1 所示。

1984 年，中国人民大学教材的出版标志着我国档案保护学科体系基本稳定，并成为以后各类教材编写的蓝本，也奠定了档案保护研究和实践的基本范畴和理论依据。该教材的出版说明提出了“档案保护技术学”这一学科名称，并做了解释：“档案保护技术学，是根据档案制成材料损毁的规律，研究保护档案的技术和方法，延长档案‘寿命’的一门学科。”学科知识的架构方法仍然沿用 1961 年教材的平铺直叙的方式。1991 年开始由中国人民大

① 冯乐耘，胡让，刘凤志，李鸿健. 档案保管技术学[M]. 北京：中国人民大学出版社，1961：1.

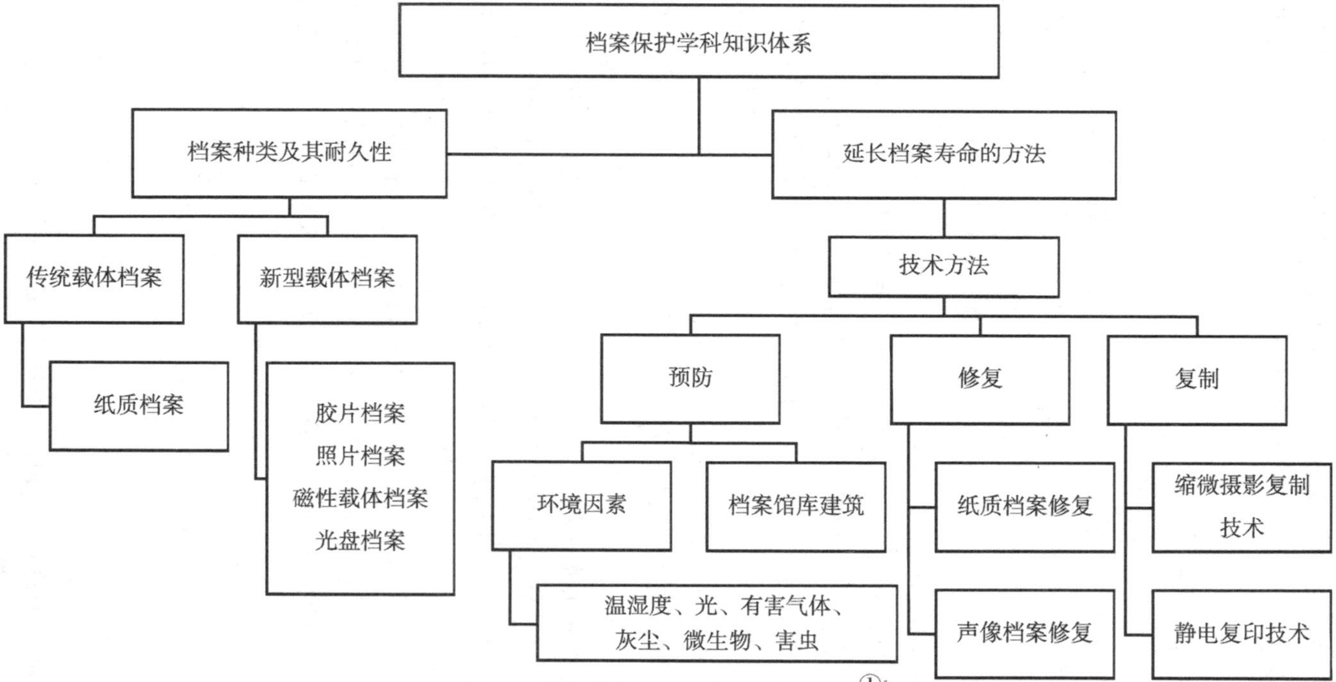

图4-1　传统档案保护学科知识体系框架①

① 苗守香.中国档案保护学科知识体系的建立与发展 [D]. 沈阳：辽宁大学，2019.

学主编，并联合地方学校参编，陆续出版了多版全国统编教材，成为指导我国档案保护学科发展和从事实际工作的主流的知识体系。

随着档案保护学科以及保护工作实践的发展，一些学者对此知识体系及其架构的科学性和合理性进行了反思。金波、张美芳、赵淑梅等学者提出了自己的思考：他们都认为伴随着信息时代的到来，电子文件、电子档案的大量出现，对传统档案保护技术的理念、方法和思想均产生了强大的冲击；该结构模式主要针对的是纸质档案的保护，科学技术的发展使新型载体材料大量出现，让此结构模式显得难以适应。① “在超前研究、系统性研究方面仍存在不足之处，各个章节之间缺乏学科的完整性和系统性；传统档案保护技术学应该发扬传统优势，加强内功的修炼，通过协调与合作、吸收与引进、创新与发展、整合与集成全面提高。”②赵淑梅指出：“已有理论框架体系存在诸多的缺陷，无法用修修补补的办法来完善，实践上许多保护技术问题难以解决，传统档案保护理论与实践无法指导和解决电子档案保护的问题。”③她分析了传统档案保护教材知识架构的优缺点，认为④：以中国人民大学教师编写出版的为代表，采取学科知识平铺直叙的编排法，对学科内容的反映更直接更具体，从章节目录中即可对本学科涉及内容有所了解，便于学习和掌握，但章节之间体现不出学科的系统性和完整性。另一种编排法是把学科内容按研究类别划分为上下编，上编为基础理论，下编为基本技术。这种体例充分体现出保护技术学所具有的综合应用性特点，强调理论和实践两个层次内容的区别和联系，较好地体现了学科从理论到实践的全面性和系统性，为学科发展提供了一个具有

① 朱玉媛. 档案学研究进展[M]. 武汉大学出版社，2007：221.

② 张美芳. 我国档案保护技术学可持续发展的若干思考[J]. 档案学通讯，2008(1)：68-71.

③ 赵淑梅. 困惑与出路——对档案保护技术学理论与实践体系的重新认识[M]. 档案学研究，2004(4)：79-82.

④ 赵淑梅. 试论档案保护技术学学科体系的完善[J]. 辽宁大学学报(哲学社会科学版)，2000(3)：72-74.

很大包容性和延伸性的宽口径体系。不足之处是章节目录较抽象，而且容易把影响档案材料耐久性的因素与防治方面的因素内容割裂或重复论述。为此，赵淑梅提出一个修正的架构思路："整个保护技术学分为上、中、下三编，上编为档案制成材料的种类及其耐久性；中编为档案保存环境因素及其优化措施；下编为修复技术。"① 三编之间的逻辑关系是：上编的内容以档案保护对象的本体为主，介绍主流的档案材料的种类、记录特点、主要性质、保存性能，为了解和识别各种档案材料提供理论依据，同时也为推动制造部门和使用部门生产和使用优质档案材料提供技术标准；中编主要分析影响档案制成材料耐久性的各种环境因素及其破坏的机理、破坏的特点和相应的调控、防治措施以及切实可行的管理制度；下编主要介绍对已无法提供利用或即将消失的各类破损档案材料或信息进行抢救式的措施，包括以纸张为主的延续性修复和新型档案材料上信息转录的再生性保护。三编内容的划分依据也与有效实现保护档案的三个不同环境，即形成、保管、修复所关联的保护需求相呼应。以更好地符合学科理论联系实际的系统学习和研究，同样兼顾了学科内容的系统性和完整性以及学科进一步发展的包容性。

此外，一些学者突破了局限于教材体例结构对学科进行研究的视角，从更宏观的层面对学科体系的建设作了有益探索。周耀林提出②，分析档案保护技术学体系结构，应从广义和狭义两个方面进行，广义的档案保护技术学体系结构是指从宏观的角度出发，按照研究内容可划分为理论档案保护技术学和应用档案保护技术学两个方面。理论档案保护技术学主要包括档案保护技术学基础、档案保护法规学、档案寿命学和档案保护技术史；应用档案保护技术学包括档案信息保护学、档案环境学、档案库房建筑学、档案修复技术学等。狭义的档案保护技术学体系结构是指从微观的角度出发，对

① 赵淑梅. 试论档案保护技术学学科体系的完善[J]. 辽宁大学学报(哲学社会科学版)，2000(3)：72-74.

② 周耀林. 档案保护技术学体系结构之我见[J]. 档案学通讯，2000(1)：44-45.

档案保护技术学进行科学的分类。按照档案制成材料的类型及特性，分为古代档案保护学、近代档案保护学和现代档案保护学。此外，又提出了在建立档案保护技术学体系结构时需注意名词术语应该一致，各分支学科之间广泛的联系性，分支学科的设置不宜过细等问题。

(2)档案保护原则需在数字时代丰富和发展。

档案保护学科是一门综合性应用学科，广泛地应用自然科学、技术科学等相关知识，目的是为研究档案材料的记录性能、保存性能，达到长期保存档案寿命的终极目标而提供理论依据和技术措施。所以最初基于档案实体寿命的维护要求，提出了“预防为主，防治结合”的工作原则。随着学科的发展、实践的进展，这一原则的内涵和表达也应与时俱进不断丰富。

张美芳提出①：预防和治理是延长档案寿命不可缺少的两个方面，但在数字时代其内涵发生了很大变化。数字时代档案保护中的“防”主要是指防止信息丢失和载体破损，应该转移到信息产生之前，“前端控制”的保障措施是“全程控制”，档案管理人员和保护人员的职责界限越来越模糊，“防”与“治”的界限和先后也很难界定。刘家真认为：“造成档案信息损失的主要原因是信息载体和信息符号的损坏，获取与解释信息符号的工具不再存在，围绕这一思想，作者归纳了已有的档案保护的技术措施，并指出执行这类措施存在的非技术层面的问题及其相应的管理策略，即‘有效保护，合理利用’‘主次有别、优先重点’‘健全制度，加强管理’及‘以防为主，防治结合’。”②“周耀林运用层次分析法对档案文献遗产的保护策略进行了研究。从技术层面和非技术层面建立模型、统计分析：技术层面所占权重为 0.66，非技术层面占 0.34，主要是与保护相关的科学研究、组织、专业教育、社会保护意识、保护投入、

① 张美芳. 数字时代档案保护指导思想的变化[J]. 档案与建设，2002(2)：14-16.

② 刘家真. 我看档案保护的管理策略与技术方法[J]. 图书情报知识，2006(1)：50-52，84.

保护信息、相关法律、政策、专业保护法律9个方面。这表明，在制定档案遗产保护策略时，仍然需要坚持以技术为龙头，同时需要统筹兼顾，促进各个因素协同发展，并因地制宜地制定档案保护策略。”①赵淑梅认为②应将保护原则更新丰富为：“前端控制，全程保护；预防为主，防治结合；拓展领域，加强合作”。其中，“前端控制，全程保护”是指：在文件生命周期理论的指导下，在文件生命运动周期的各个环节贯穿档案保护管理与技术手段，要加强文件形成时的前端指导和控制，以确保档案原始记录具有原始性保存完整、真实、制作质量精良，达到长期可存取的目的。“预防为主，防治结合”是指：档案保护工作的核心职能有三项：检查、保管和修复。执行这三项职能的过程，实际上就是在贯彻“预防为主，防治结合”的工作方针。“拓展领域，加强合作”是指：广泛与自然科学、技术科学、遗产工程等领域密切结合，充分利用国家的政策环境、技术力量、保护理念，开阔视野，加强交流与合作，推动档案保护工作全新的发展。

4.2.2 探索电子档案保护知识体系的构成

电子档案的登台亮相以及快速发展的势头，已经成为不得不面对的档案保护新主体，正如加拿大档案学者特里·库克所指出的：“一个全新的知识体系及相应的工作模式的建立不是旧事物的简单修补，甚至也不是新策略的谋划，而必须以基本概念，基本理论，基本定义的根本转变为前提。信息界面临的改革确系这样的彻底革命，而非技术性调整。”③因此中国的学者们也加入了这个变革的大

① 朱玉媛. 档案学研究进展[M]. 武汉：武汉大学出版社，2007：227-228.

② 赵淑梅，侯希文. 档案物理管理与保护[M]. 沈阳：辽宁大学出版社，2012：14-16.

③ 特里·库克，刘越男. 电子文件与纸质文件观念：后保管及后现代主义社会里信息与档案管理中面临的一场革命[J]. 山西档案，1997(2)：7-13.

讨论中。

(1)提出建立电子档案保护新体系的呼声。

笔者通过中国知网查到我国较早将计算机信息技术与档案保护相关联的一篇学术文章是 1985 年发表的《新的技术革命与档案保护》①，该文章主要从宏观方面展望了信息技术将对档案保护带来的影响和应对的决心，指出：新的技术革命是促进档案保护技术飞速发展的强大源动力；新的技术革命揭示了档案保护技术光辉灿烂的前景；制定科学决策，迎接新技术革命的挑战；随着电子文件在办公自动化的广泛应用，电子档案的保护越来越多地被提了出来。特别是 1996 年第十三届国际档案大会在北京召开，会前的准备以及会议的进行为中国档案界了解世界发展动态，亲身感受变革创造了良好的机会。第十三届国际档案大会的主题是“本世纪末的档案工作——回顾与展望”。会议议题中有关信息技术和电子档案方面的探讨对中国档案界起到了很好的促进作用。如会议主题报告中美国档案学家 D. 比尔曼的《虚拟档案》、加拿大档案学家 T. 特里库克的《1898 年荷兰手册出版以来档案理论与实践的相互影响》以及法国档案学家 C. 诺加雷的《信息技术对档案和档案工作的影响》等有关信息技术给档案工作带来了理念和实践的冲击，大有振聋发聩的影响，他们的报告内容被中国档案界学者广泛引用和传播。进入 2000 年后，我国档案学者对电子档案保护的研究不断增多，成果的内容也由宏观到微观，电子档案保护学科的建立开始受到学者们的关注。

赵淑梅较早对电子档案保护学科的建立提出了自己的观点，指出：“现有的以模拟信息为主的纸质档案保护技术体系无论从理论到实践都难以包括和适应数字信息的电子档案保护的要求，于是建立独成体系的电子档案保护技术学已成为必需和必然。”②于英香在 2004 年对电子档案与纸质档案保护的实质、技术、时期、档案保

① 王良诚，陈蕾. 新的技术革命与档案保护[J]. 档案，1985(3)：10-13.

② 赵淑梅. 电子档案保护技术学初探[J]. 档案学通讯，2001(4)：69-71.

护工作的范围、档案保管人员的社会关系以及档案保护的费用等方面进行了比较全面的比较，进而提出："必须不断地探索新的保护技术与方法，总结其与传统档案保护方法的异同，这样才能创造出信息技术条件下电子档案的保护新体系。"①张美芳分析了传统档案保护技术指导思想的实质以及数字时代档案保护的新问题，认为现代档案保护所保护的内容拓宽了，保护的范围变广了，保护的难度加大了，传统的档案保护已经很难"正确地体现"现代档案保护技术学的研究内容了。② 进而提出："如何继承传统技术面向信息时代的数字资源的保护是目前档案保护技术学必须面对的问题，建议将数字资源的保护纳入档案保护技术学中。"③学者们的呼声体现在字里行间，渗透了变革传统档案保护技术学的急迫要求。因而在数字时代，面对新挑战，革新传统保护内容，加强对电子档案的完整、安全、可靠的技术手段和法规体系的探索已经是学者们的共识了，承担起数字时代档案保护新职责是时代赋予档案保护工作者的光荣使命和义不容辞的责任。

(2)建立电子档案保护学科的探索。

电子档案是一种与纸质档案有诸多不同的新型档案，是纳入传统档案保护学科的体系中，还是单独建立学科，学者们都在探索和思考着。以赵淑梅④为代表，早在 2001 年她就倡导单独建立电子档案保护技术学，并提出了学科的基本框架。她认为，电子档案保护技术学是探索数字信息的完整、安全、可靠的技术手段和法规体系，其目的是保证数字信息的真实性、可靠性和长期可读性；学科的研究内容主要由文件形成技术、档案利用传输技术、保管技术和

---

① 于英香. 电子档案与纸质档案保护之比较[J]. 档案学通讯，2004(5)：74-77.

② 黄广琴，颜川梅. 重新审视档案保护研究[J]. 中国档案，2008(1)：26-27.

③ 张美芳. 我国档案保护技术学可持续发展的若干思考[J]. 档案学通讯，2008(1)：68-71.

④ 赵淑梅. 电子档案保护技术学初探[J]. 档案学通讯，2001(4)：69-71.

信息修复技术等主干技术构成；研究方法和措施也由应用物理学、化学、生物学等自然科学的基础理论、实验方法应用更新为信息技术、自动化技术、材料技术等高科技技术的理论和方法以及维护信息秩序的法律手段和措施。并对电子档案保护学科建立提出了三条注意事项：第一，借鉴纸质档案保护技术学的理论与实践；第二，做好电子档案与纸质档案并存时期保护技术；第三，重塑档案保护技术学人才的知识结构。该成果虽然发表于 2001 年，但现在看来思路和方向仍然是值得借鉴和应用的。当然，随着大数据技术、云技术、人工智能等新技术的出现，电子档案保护的技术是可以升级更新的，但知识架构的要素和目的不会发生变化，那就是对档案原始记录寿命的维护与延长。所以无论是纸质档案还是电子档案，乃至未来更新形态档案的出现，档案保护学科理论的架构都要围绕维护档案原始记录的寿命作为依据。

建立电子档案保护技术学的第二种方式是将之追加到传统保护学科内容中。这种做法比较普遍，目前这方面的成果已经有实质性的进展。从目前公开出版的档案保护教材可以看到，电子档案保护相关内容逐渐加入到传统档案保护学科中。最早关注电子档案保护内容的是 2000 年郭莉珠主编的《档案保护技术学教程》，在这部教材中的“第三章　声像档案耐久性”中，出现了“第四节 光盘耐久性”的内容。这一节内容的组织仍然按照传统档案保护的思路进行介绍，内容包括光盘档案的类别、材料的物质构成、性能、老化原因以及保管措施等。实际上不是真正意义上的电子档案的保护，因为没有论及电子档案有关性能，只是作为一种新型材料进行介绍，不过这毕竟与电子档案保护有了密切的关系。2005 年刘家真主编的《文献遗产保护》①教材中出现了“第六章 电子文献”的内容，这应该是有关电子档案长期保存最为直接的集中探索。该教材主要包括的内容有：脆弱的数据、电子文献读出的风险、影响电子文献数据的可处理性能的因素、电子文件的备份、载体的选择、格式的转

① 刘家真. 文献遗产保护[M]. 北京：高等教育出版社，2004：249-314.

换、数据的恢复等内容。对电子档案长期保存涉及的主要影响因素、解决的管理策略和技术解决方案进行了较全面的阐述，不仅关注了载体，也论述了信息内容的长期保存和可用性的保护相关知识，教材指出：保存数字文献具有两大难点：一是数据脆弱，容易丢失；二是 IT 技术频繁更新，导致长期保存的电子文献可能难以有效读出，需要采取的应对措施是充分了解电子文献数据脆弱的原因，电子文献读出的风险，以及防患于未然的措施，包括数据的备份、文献载体保藏和数据维护、格式变换与数据恢复等相关内容。

此后，在 2012—2013 年集中出版了 3 部档案保护教材，这 3 部教材(按出版时间顺序)分别是：周耀林、戴旸、林明等编著的《档案文献遗产保护》(武汉大学出版社，2012 年版)，赵淑梅、侯希文编著的《档案物理管理与保护》(辽宁大学出版社，2012 年版)，张美芳、唐跃进主编的《档案保护概论》(中国人民大学出版社，2013 年版)。这 3 部教材都不约而同地加入了电子档案保护的相关内容，如表 4-1 所示。

表 4-1　2012—2013 年出版的 3 部教材有关电子档案保护内容的比较

教材名称	章节数	主要内容
档案文献遗产保护	第十二章第四节，第十五章第四节	数字档案文献信息恢复技术，数字文献的长期保存
档案物理管理与保护	第四章，第九章第四节	档案的种类及其性能——电子档案，电子档案数据恢复
档案保护概论	第十四章	数字信息的容灾与抢救

《档案文献遗产保护》指出：“数字档案文献的产生是社会信息化进程中的必然产物，保护数字档案文献也是当代档案文献保护面临的工作职责。”①并依据《数字档案馆建设指南》的相关内容，对

① 周耀林，戴旸，林明，等. 档案文献遗产保护[M]. 武汉：武汉大学出版社，2012：239.

影响数字档案安全的因素以及数字信息备份和恢复方法等内容作了介绍。《档案物理管理与保护》对电子档案作了基本的界定："本着归档之前称作电子文件，归档之后称作电子档案。"①该教材第四章对电子档案的种类、电子档案的形成、保障电子档案质量的基本要求和影响电子档案寿命的因素及预防措施进行了系统的阐释。第九章第四节则对电子档案数据损坏的种类、恢复方法进行了介绍。《档案保护概论》②第十四章对数字信息保护进行了界定，指出数字信息保护有两方面的含义：逻辑上的保护和物理上的保护。逻辑上的保护是指防止病毒破坏、黑客入侵等，需要系统的安全防护；物理上的保护是指抵御人为破坏或不可抗拒的自然灾难，需要数据存储备份、容灾和数据等保护。所以该教材重点在数字信息的容灾、备份以及灾难恢复的系统工程方面的内容阐述。

尽管3部教材视角不同，内容各有侧重，但都很明确地将电子档案的类别作为一个整体，提出了"数字档案""数字信息"和"电子档案"等概念，虽然概念称谓没有统一，内涵上有差别，内容的编排上也各不相同，但作为档案保护的一个主要研究对象，其已经进入到学科的知识体系中了。特别是对电子档案信息内容的保护相关知识进行了介绍，表现出传统档案保护学科的发展突破了只关注实体材料保护的知识框架，对架构兼顾实体与信息完整的档案保护为研究对象的全新知识体系做了有益的探索。由于3部教材的作者集合了我国档案专业的大部分从事档案保护教学与科研的教师（这3部教材的编者一共有18所档案专业的一线教师和3个国家级的档案部门学者参与），所以这3部教材体现了我国数字时代有关电子档案保护的认识和提炼，也必将对电子档案保护知识的传播起到广泛的影响。

此外，还有一些在电子文件管理以及数字信息、档案数据方面

① 赵淑梅，侯希文. 档案物理管理与保护[M]. 沈阳：辽宁大学出版社，2012：85.

② 张美芳，唐跃进. 档案保护概论[M]. 北京：中国人民大学出版社，2013：457.

的教材和专著也涉及对电子档案保护内容的研究，其中刘家真教授在这方面的探索较早，成果也很丰硕，起到了引领的作用。由于刘家真从事文献保护的教学与研究工作，因而她对电子文件的研究视角与档案保护的需求有很高的契合度，值得借鉴。1999 年，她主编的《电子文件管理导论》中的第五章、第六章分别为保护数字信息的长期存取、数字信息与网络安全等相关知识进行了阐释，其中包括了影响数字信息存取的因素、保护数字信息长期存取的管理措施、保护数字信息长期存取的技术措施、网络备份、保护数字信息的安全等方面的内容。她 2004 年编著的《拯救数字信息数据安全存储与读取策略研究》围绕档案数据安全，对数据存储介质、光盘的损坏与维护、档案数据的备份、数字磁带的维护等内容进行了阐述，是较早比较系统地论述电子档案保护内容的一部教材，根据电子文件的本质特征以及长期保存与纸质文献的不同要求，提出电子文件长期保存是一项涉及电子文件生命周期所有人的管理行动，并绘制了一个文件生命周期相关人员的责任图，如图 4-2 所示。2009

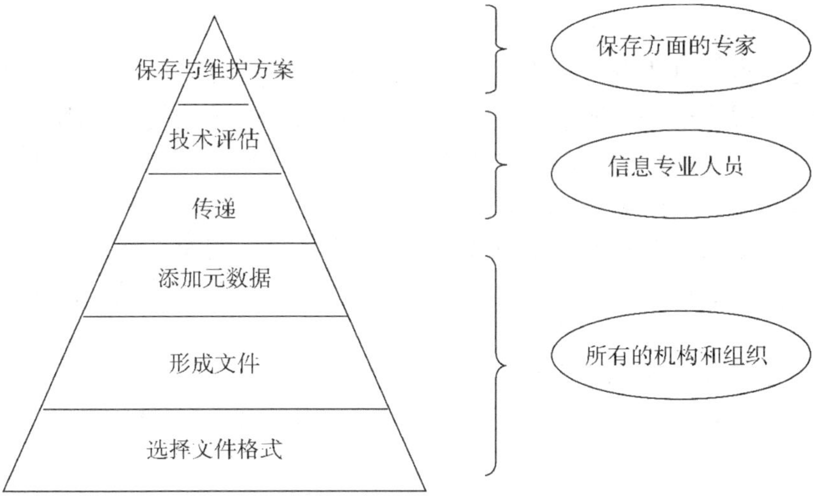

图 4-2　文件生命周期相关人员的责任①

① 刘家真. 拯救数字信息——数据安全存储与读取策略研究[M]. 北京：科学出版社，2004：67.

年她又编辑出版了《电子文件管理——电子文件与证据保留》，该教材以文件生命全周期的管理和长期保存为内容，系统地阐述了长期保存重要价值的文件质量的要求、管理系统的设计、元数据的创建和质量管理等内容。

(3)电子文件和数字档案长期保存的研究。

有关电子文件(档案)长期保存的探索，欧美国家走在我们前面，因而我国大多数对欧美先进国家理论与实践的介绍和分析类型的成果较多，原创性的著述不充分。值得注意的是在他山之石借鉴的过程中，对内容的甄别和适用性要认真地考察，否则会产生偏差，甚至出现不良后果。

我国开始对先进国家进行进展介绍、理论研究以及实践借鉴的研究初期，对电子文件长期保存的认识存在误区，主要表现在混淆了"数字资源长期保存""数字信息长期保存"与电子档案(文件)长期保存的界限。国外大多将数字资源长期保存称为"Digital Archive Preservation""Digital Preservation"。数字资源研究的对象包括图书、档案，甚至网络等各种来源的文献，文献类型多样，来源广泛。我国最初对国外这个领域的研究进行了广泛的介绍，甚至偷换概念对应到档案领域中，有些内容不免有些牵强附会，毕竟图书、档案、网络这几个领域的数字资源的性质有很大的区别，管理需求上也有很大的不同，必须区别对待。随着对数字资源与电子档案长期保存的认识和实践案例的分析，不断理清研究对象上的差异性，开始了更有针对性的研究。国外有关数字资源长期保存的项目虽然也有档案部门的参与，但不是主流，因为在发展进程上，国外图书馆资源的数字化保存理论与实践是先于档案领域的，所以国外在数字资源长期保存方面进行的一系列工程以图书馆为主导也是顺理成章的事情。图书馆的数字资源与档案馆的数字资源最大的不同就是开放性上的差异，因而技术手段和原理虽然大部分相同，但实际应用上还是要区别对待，电子档案与电子文件长期保存比图书等开放性的数字资源长期保存有更加复杂和特殊的要求。下面选取一些有关电子档案和电子文件的有针对性的国内外研究成果加强认识。

①国际上的研究。

国际上有关电子档案长期保护研究的典型案例中，InterPARES 项目和美国的 ERA 项目最具代表性。InterPARES 项目是一个对理论与实践系统研究的典范。该项目对电子文件和档案的真实性和长期保存性的理论与实践进行了全方位的研究，并且该项目还有一个最大的特点——研究的持续性，适应了信息技术快速更新迭代的特点，紧跟技术革新和实践进展的步伐，适时调整研究的内容和方法，为世界范围内的档案领域提供有关电子文件长期保存的理论与实践指导。有关该项目研究的具体内容，将在第 7 章进行全面介绍和评述。美国的 ERA 项目是一个很好的实践案例，具有很高的应用价值。该项目为美国国家档案与文件署开发的电子文件档案馆（Electronic Records Archives，ERA），项目于 1998 年开始启动，周期长达十多年，耗资超过了 3 亿美元，可谓是国家顶层设计的典范。ERA 重视总体规划，从全局和长远的角度考虑 ERA 项目规划方案，并通过阶段性开发逐步实现方案的目标，在研发过程中广泛与国际和社会化相关领域进行合作。ERA 项目主要是以 OAIS 为参考模型而设计，数据管理对象是针对联邦政府电子文件的持续采集和长久保存。利用 OAIS 的“摄取”（ingest）、“存储”（storage）、“利用”（access）功能，主要是借助程序接口或者其他中间设备进行相互联系，在档案生命周期管理的基础上，形成完整的工作流管理，以方便获取来自国会、总统、机构及捐赠者的记录，经过一系列处理，提供给联邦政府、公众、企业及各个部门使用。

此外就是一些有关数字资源长期保存项目的研究，如美国的 NDIPP、澳大利亚的 PADI 和 PANRODA、德国的 Nestor、日本的 WARP 项目等都是以图书馆牵头主导，广泛联合大学图书馆、商业盈利性组织等社会各方，对数字资源进行采集与长久保存，档案馆更多的是其中的一个合作者，因而在资源的来源和保存目的上与档案信息长期保存有一定的差异性，在借鉴和应用上做好适应性研究。

②中国的研究。

我国电子文件长期保存的理论与实践探索的特点是理论超前于

实践，理论界较快地跟进世界先进国家的发展步伐，通过访学、学术会议交流、国际标准化组织工作的参与等途径，及时了解和接近国外的发展动态，消化吸收后再通过学术论文、专著、学术会议等形式传播到我国。我国的实践领域比较滞后，固守传统观念，或者采取权宜之计的做法占主流，如我国的“双套制”就是典型的中国特色。

从2010年后，我国对电子文件长期保存的系统研究逐渐多了起来，如《电子文件长期保存：理论与实践》①是其中的典型代表。该成果结合国际国内理论与实践进行了全面的梳理和探讨，虽然用的是电子文件长期保存，但实际的内容就是电子档案的长期保存。其主要内容包括：第一，基于ISO 15789—1和国际档案理事会2005年编制的《电子文件：档案工作手册》有关术语和管理要求的规定，界定了电子文件长期保存的相关概念和理论基础，指出电子文件是“文件”和“数字信息”的交集，电子文件长期保存的应是对其“四性”的长期保障，这与我国2016年修订的《电子文件归档与电子档案管理规范》(GB/T 18894—2016)规定相契合，具有很好的前瞻性。第二，回顾了国内外数字保存的技术、标准与实践探索的历程。第三，借鉴和参考了欧美发达国家的政府机构、国家档案馆和国家图书馆等文化遗产机构所制定的行之有效的数字保存政策，如OCLC/RLG、JISC、DPC、IRMT(International Records Management Trust)等机构和组织在数字保存领域所取得的成果和积累的成熟经验。系统论述了电子文件长期保存保障框架的构成，即法律基础、标准保障、管理策略、技术策略。第四，对可信数字仓储和电子文件长期保存的合作机制及实现策略进行了阐释。第五，提供了两个电子文件长期保存能力的评估指标体系，兼具理论指导和应用推广价值。

2016年，国际档案大会上发出了《首尔公报》，旨在提出行动倡议，号召全球文件与档案工作者参与和推动数字转型，制定数字

---

① 肖秋慧. 电子文件长期保存：理论与实践[M]. 北京：社会科学文献出版社，2014.

文件管理方针，并开展数字保存。据介绍①，美国、澳大利亚、韩国及我国都在积极应对，陆续提出各种举措，向以数字文件管理为主导的模式过渡。近两年随着大数据、云计算、人工智能等新技术的快速应用，这种趋势快速地从量变向质变跃进。在档案界出现了以“数据”为核心的“数字转型”“数据化”等研究热词，以及与电子文件和电子档案管理理论和实践相关的探讨。电子档案的长期保存进入一个更新的发展阶段，单轨制、云存储、区块链等技术不断被引入。可以说，现在的研究才是跳出传统保护观念和做法，进入了直面电子档案长期保存本质需求的实质性阶段。钱毅②发表了系列文章，对目前“数字转型”或“数据转型”电子文件管理的认识提出了“三态”“两化”的创新性思考，并指出管理手段的专深与管理维度的收敛是“三态”管理对象演进发展的主要趋势。数字态以综合反映文件各类背景的元数据为管理工具，基于内容；模拟态以载体物理类别区分进行管理，基于载体；数据态基于规则，将严重依赖于业务场景。当然“三态”管理对象和空间会呈现并存局面，新事物代替旧事物不是一蹴而就的，而是要经历此消彼长，甚至融合发展的演进过程，不同态别的对象匹配合适的方法体系是最佳的解决方案。

此外，关于电子档案长期保存有一个新近比较关注的视角，就是对电子文件(档案)的可信性问题进行研究。电子文档产生后最大的挑战是人们对其信任问题。早在 2010 年，李泽锋立项了国家社科基金项目“可信电子文件全生命周期管理体系研究”，在其阶段性成果《电子文件可信管理关键问题分析》③中，他对电子文件可信任问题进行了阐述，提出电子文件的可信不能完全依赖快速发展着的信息技术，还要依赖于对技术的信任，依赖于文件保管者与

① 冯惠玲. 文件管理数字转型的要素分析与国际动向[N]. 中国档案报，2017-08-28(3).

② 钱毅. 从“数字化”到“数据化”——新技术环境下文件管理若干问题再认识[J]. 档案学通讯，2018(5)：42-45.

③ 李泽锋. 电子文件可信管理关键问题分析[J]. 档案学研究，2012(6)：52-55.

利用者的相互信任，依赖于对权威机构或中间人的信任。任意一个信任的缺失，电子文件的真实性与完整性就不能得到准确的判断。因此，想要取得信任就必须建立一套认证的可信的机制、客观方法与程序。InterPARES 项目的第四阶段也专门研究了网上数字文件的可信任问题，称为 InterPARES Trust。信任之所以被提出来，一方面是因为长期以来电子文件与电子档案没有替代纸质文件与档案，很大的原因就是对电子文件与档案的不信任，而且这种不信任往往是理直气壮的，至于真正的理由和解决的对策人们并不关心，在实践中也更愿意维持和接纳已有的秩序。确实，一个新事物、一种新秩序的建立是一个复杂的系统工程，而且也不是普通大众可以解决的，交给研究者和国家的管理者是最好的选择，这也是理论与技术正在被热火朝天地研究和开发，而实践中却是静悄悄地按部就班的原因。另一方面随着信息技术的发展，大数据量级的电子文件与档案的产生和应用，让实践领域无法回避，不得不直面，云存储、区块链等技术也不断成熟，技术与管理开始有了交集和互动，所以对于电子文件与电子档案来说，最核心的信任问题再次被提上议事日程。

2020 年新修订的《档案法》确立了电子档案与纸质档案等效的规定，并对电子档案的形成、归档、移交、保护、利用等方面做了比较全面的规范，但无纸化的电子文件与电子档案的管理并不是一部或几部法规的颁发就能很快实现，全面推行更是需要相当长的一段进程。事实上，实践中我国的大多数档案馆(室)还没有进入实质性的电子档案的移交和管理阶段，纸质扫描的电子数据和纸质档案并行的双套制仍在执行中。所以理论的探讨、法规的实施如何在实践中落地推行，仍需持续地探索和实践的检验。

4.2.3　档案容灾及安全保障体系的研究

档案保护是对档案全生命周期的信息和实体的维护保障，随着社会和自然环境的日益复杂，档案寿命面临的风险越来越纷繁复杂。因而对容灾等风险管理理论和系统维护的档案安全保障体系的关注和应用，在档案领域中日渐被重视起来。

(1)风险管理与灾害学理论的探讨。

档案是国家重要的信息资源，以计算机为核心的信息技术在信息方面的安全风险远超于依托实体的传统信息安全。具有全球影响力的自然、人为灾害发生频繁，如1991年伊拉克海湾战争、2001年美国“9·11”事件、2008年中国汶川大地震、2011年日本海啸、2018年巴西博物馆和2019年法国巴黎圣母院两起大火等，对人类造成的危害是巨大的，其中档案受灾也是惨重的。因而加强国家级乃至各个行业范围内的风险管理、危机管理、安全预警等应对能力是非常必要的。近年来有关这方面的理论与实践的研究成果不断涌现，档案领域中代表性的研究成果有：冯惠玲主持的国家社会科学基金重点项目“电子政务中文件管理风险防范与对策研究”的成果《电子文件风险管理》①以国际化宽广视野为背景，结合我国实际进行了理论联系实际的全面阐释；吴晓红的《档案灾害学研究探索》②对档案灾害的概念、灾害系统、管理措施等进行了系统阐释；向立文③围绕其国家社会科学基金项目“重大突发公共事件的政府应急信息公开研究”的系列论文，对我国档案学者和档案部门有关档案应急管理的研究成果进行了提炼和总结，提出构建我国档案应急管理体系的建议；张艳欣④、王良城⑤等人也从不同维度对档案应急管理、容灾备份的现状、面临的困境以及应急管理体系的架构、防灾减灾基本对策等方面进行了深入的研究。

---

① 冯惠玲，等. 电子文件风险管理[M]. 北京：中国人民大学出版社，2008.

② 吴晓红. 档案灾害学研究探索[M]. 北京：首都经贸大学出版社，2013.

③ 向立文，欧阳华. 论加强档案风险管理的必要性与可行性[J]. 档案学通讯，2015(4)：68-71.

④ 张艳欣. 档案馆应急管理体系研究[J]. 档案学通讯，2015(4)：71-74.

⑤ 王良城. 自然灾害对档案的侵袭与应对策略[J]. 档案学通讯，2010(3)：72-75.

(2)档案安全保障体系的研究。

2010 年 5 月 12 日，在四川召开了档案安全体系建设工作会议，时任国家档案局局长杨冬权提出要“建立确保档案安全保密的档案安全体系”，开启了有关档案安全保障体系研究的热潮。面对日益复杂高风险的安全威胁，学者们进行了多方面的研究。并且广泛借鉴其他学科领域的理论与思想，如风险社会理论、风险管理理论、灾害管理理论、安全文化与管理理论等的基本原理和方法进行研究。在研究内容上，既有宏观的体系架构研究，也有建设体系的措施以及体系评估等方面的微观研究，不仅关注文件生命周期中全程档案安全的保障研究，也有将其纳入国家公共安全保障体系中的研究。在研究热潮中，加入其中的档案保护学者占很大的比例，如长期从事档案保护的知名学者张美芳、周耀林、彭远明、赵淑梅等，以及新生代的档案保护学者于海燕、张艳欣等在此领域都有相当数量的成果呈现，同时还出现了几个研究成果相对集中的学者，如宗文萍、张艳欣、项文新等。其中项文新的研究成果受到较高的关注，由于主题紧贴当时研究热点，从 2012 年的《基于信息安全风险评估的档案信息安全保障体系构架与构建流程》发表后，其陆续刊出《档案信息安全保障状况需进行风险评估》《构建基于信息安全风险评估的档案信息安全保障体系必要性研究》《档案信息安全风险评估方法》等文章。

1999—2019 年档案保护核心作者发表的关于信息安全方面的文章共有 37 篇，总被引数为 723，篇均被引数为 19.54，如图 4-3 所示。

文献保护学者刘家真 1999 年发表的《保护电子信息与网络安全》①是其中最早的一篇，她提出：当政治、经济、文化、军事等各个领域都使用电子通信手段，网络用户贯穿社会各个阶层与部门时，电子信息与网络安全问题就会越来越受到关注。基于此，她介绍了通过防拷贝法与信息加密来保障电子信息安全的技术措施和密级分类、机密信息载体的销毁管理以及人事审查与管理的管理措施，来保护已存储的电子信息的安全。

① 刘家真. 保护电子信息与网络安全[J]. 城建档案，1999(2)：28-32.

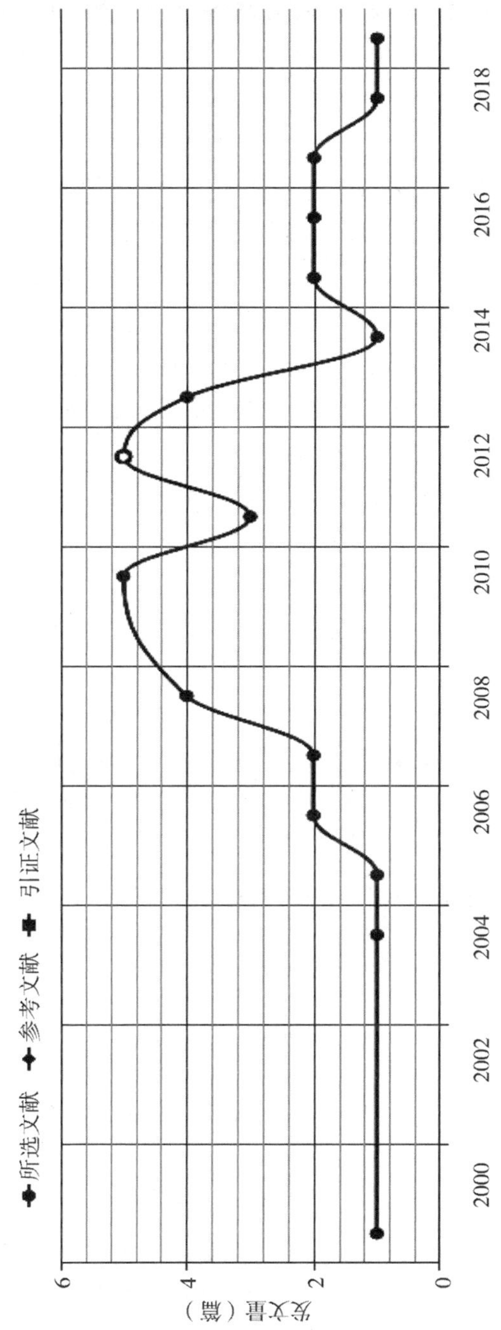

图4-3 1999—2019年核心作者在信息安全方面发文量的走势

随着时代的发展，学者研究的内容不断丰富和升级。宗文萍在其文章《档案信息安全保障体系建设研究》①中，从信息社会对档案保护的影响、档案信息的特点、影响档案信息安全的主要因素等出发，构建了包含档案信息安全思想保障、档案信息安全策略保障、档案信息安全法制保障、档案信息安全标准保障等内容的档案信息安全保障体系模型。项文新②提出：档案信息安全建设必须把握档案信息安全保障体系的框架，制定与档案信息安全保障相关的标准和法规，让档案信息安全建设趋于正轨，为档案信息化建设保驾护航。张美芳、王良城在《档案安全保障体系建设研究》③中架构了档案安全保障体系的结构图。周耀林在《档案安全体系理论框架的构建研究》④中更加全面而系统地提出了宏观档案安全体系建设面临的难题，从一个逻辑起点、两条明晰主线、三个基本环节、六大基本模块、多维立体结构方面系统地构建了档案安全体系的理论框架。张艳欣⑤结合大数据时代的背景，提出了大数据时代社交网络中个人信息安全面临的挑战，从法律法规、行业自律、安全防护技术以及用户的信息安全素养方面提出了保护社交网络中个人信息安全的对策，来保证大数据时代社交网络中的个人信息安全。赵淑梅则将“档案安全保障体系的架构”纳入到教材的章节中系统阐释。⑥

---

① 宗文萍. 档案信息安全保障体系建设研究[J]. 档案学通讯，2006(1)：51-54

② 项文新. 档案信息安全保障体系框架研究[J]. 档案学研究，2010(2)：68-73.

③ 张美芳，王良城. 档案安全保障体系建设研究[J]. 档案学研究，2010(1)：62-65.

④ 周耀林，赵跃. 档案安全体系理论框架的构建研究[J]. 档案学研究，2016(4)：107-112.

⑤ 张艳欣，李治伟，王新颖. 新媒体在档案馆应急信息沟通中的应用研究[J]. 山西档案，2018(1)：51-55.

⑥ 赵淑梅，侯希文. 档案物理管理与保护教程[M]. 沈阳：辽宁大学出版社，2014. 该教材是同一作者在 2012 年出版的《档案物理管理与保护》的修订本。

学者对档案安全保障体系的研究还体现在国家社科基金立项上的收获和系统性的研究成果。如表 4-2 所示，安全保障体系立项中，档案保护学学者彭远明、张艳欣、项文新、聂云霞等人位列其中，参与度较高。正如学者通过大数据分析得出的预测："作为形成较早的方向，档案保护在传统载体时代无疑处于较为核心的地位。但随着电子文件的出现，在诸多新兴研究方向的冲击下，传统的档案保护研究逐渐没落，走向边缘。而 2010 年以来，国家档案局提出建设'档案安全体系'之后，档案安全成为档案保护方向的新主题。因此，随着档案安全主题的拓展与深化，档案保护方向极有可能重新发展到核心和成熟的地位。"①

表 4-2 有关档案安全保障体系研究的国家社科基金立项统计

序号	项目批准号	项目类别	项目名称	立项时间	项目负责人
1	18BTQ102	一般项目	总体国家安全观下档案风险治理研究	2018-06-21	朱兰兰
2	18CTQ038	青年项目	基于风险评估模型的濒危档案文献遗产等级保护体系	2018-06-21	李姗姗
3	14BTQ062	一般项目	云数字档案馆风险评估指标体系研究	2014-06-15	徐华
4	14BTQ061	一般项目	我国档案生态安全应急管理机制研究	2014-06-15	张艳欣
5	14CTQ035	青年项目	数字档案资源生态安全研究	2014-06-15	聂云霞
6	13CTQ050	青年项目	数字档案安全及长期保存策略研究	2013-06-10	耿志杰

① 赵跃，乔健. 改革开放 40 年来中国档案学研究的全景透视——基于研究主题的挖掘与演化分析[J]. 档案学研究，2019(3)：44-54.

续表

序号	项目批准号	项目类别	项目名称	立项时间	项目负责人
7	12BTQ052	一般项目	重大突发事件中的档案应急管理研究	2012-05-14	薛匡勇
8	11BTQ033	一般项目	重大突发公共事件的政府应急信息公开研究	2011-07-01	向立文
9	11BTQ037	一般项目	基于公共安全管理的我国国家档案馆安全保障研究	2011-07-01	彭远明
10	07BTQ029	一般项目	信息安全风险评估在建设档案信息安全保障体系中的应用研究	2007-06-04	项文新
11	03ATQ002	重点项目	电子政务系统中文件管理风险分析与对策研究	2003-08-11	冯惠玲

4.2.4　档案保护不同维度发展观的提炼总结

周耀林在这方面的探讨颇有建树，对档案保护学科的发展以及理论与技术研究有比较丰富的成果，其最新的成果《档案保护论纲》①对档案保护理论进行了全面的概括总结，他在对档案保护发展历史进行系统的梳理基础上，探讨了现实与未来发展的趋势，值得借鉴。他把保护理论与实践的发展脉络总结为 6 个发展观，即“技术观”“管理观”“记忆观”“遗产观”“平台观”“安全观”。“技术

① 周耀林. 档案保护论纲[J]. 求索, 2018(5): 64-70.

观”主要是指我国档案保护发展初期以“技术”性质定位，这也是长期以来在档案保护理论与实践中所遵循的基本原则。“管理观”是受文物界等文化遗产领域以及国外文献遗产大保护观的影响和借鉴，意识到非技术层面保护管理的重要性，提出管理与技术并重的观念。“记忆观”“遗产观”和“平台观”是三个相关联的观念，在“后保管时代”理论以及世界记忆工程的影响下，档案记忆观和文化遗产保护观成为我国档案界研究的热点，2000年启动了“中国档案文献遗产工程”，随后又广泛开展了“城市记忆工程”“非物质文化遗产工程”等，基于档案保护、古籍保护、文物保护几个行业所研究对象性质的相似性，保护手段的相互借鉴性等特点，提出了搭建统一的平台，以便加强同国际、国内同行或相关行业的资源共享，加强合作。“安全观”主要是指“随着大量电子档案的产生，档案保护从以实体档案资源到实体档案资源、数字资源共存的保护”。

总之，6个发展观全面总结和展示了档案保护发展历程和不断进取、前行的趋势，为档案保护在多方面的空间发展前途提供了很好的指导作用。

4.3 相关学科理论的借鉴

21世纪是一个技术和理论新成果都在飞速发展的时代，同时也是学科向交叉融合与精细分化两个方向不断生长的过程，所以学科间嫁接、互鉴，不断突破边界，跨越固有的时空观念，学科在不断交叉融合中获得创新，获得前行的新动力。档案保护技术与理论学科性质正是契合了这样的发展特点。档案保护首先是一个与技术关系密切的领域，技术的更新直接影响着档案保护对象的形态和性质，技术的发展同样也不断革新着档案保护手段的方式方法，因而不论是主动还是被动都要与时俱进，快速地融入社会发展潮流中，从中找到适合的理论与技术发展自己，超越自我是必然的。

4.3.1　系统论应用于档案保护理论与实践的探讨

系统论与控制论、信息论统称为“三论”，是具有哲学意义的方法论，这三门学科几乎同时产生于20世纪40年代末，它们的出现对科学技术和人类思维的发展起到了巨大的推动作用。系统论方法是指从系统的观点出发，着眼于整体与部分、整体与环境的相关联系和相互作用，综合考察对象，求得整体的最佳功能的科学方法。其特点是整体化、最优化、定量化、模型化。

赵淑梅尝试以系统论的研究视角，“根据系统思维的整体性原则，对档案保护理论与实践进行重新审视，认为数字时代档案保护理论与实践要获得新的发展动力和空间，可以进行三方面的创新和突破：将单一的档案实体保护观，扩充为兼顾实体与信息完整的档案安全观；引入顶层设计理念，加强保护技术与管理协调发展的档案安全管理体系的研究和应用；拓展视野，加强合作，树立‘大保护’发展观；整合图书、文物、档案等各方面资源，建立起共享机制，必然会取得共赢共促的发展效益。共同开发文献保护信息平台，定期召开学术会议，合作攻关科研，出版研究专刊、人才培训、公民文化遗产保护意识宣传等，达到资源共享，技术共享、人才共享、效益共享等多方面协作的目的，共同推动我国文化遗产保护的发展。”①

4.3.2　信息生态理论的借鉴

信息生态学是“利用生态学理论和方法来研究人、人类社会组织与信息环境关系的学科”，② 它是一个新兴的交叉性学科。在信

① 赵淑梅. 系统思维下档案保护理论与实践发展新视野[J]. 档案学研究，2015(1)：101-104.

② 娄策群. 信息生态系统理论及其应用研究[M]. 北京：中国社会科学出版社，2014：4-5.

息生态学中，信息生态的研究对象是信息生态系统，信息人、信息、信息环境是必不可少的三个要素，三者构建起一个相互作用的有机整体。借鉴信息生态学知识，参照文件连续体理论，比照数字时代电子档案动态保护、长期可用、长期保存需求，电子档案长期保存的过程中，同样存在一条从档案数据采集、传输到归档保存的逻辑链条，而这链条深刻依托档案保护主体、档案资源以及档案保护环境三者的互相作用和影响而得以存在。信息流动是信息生态系统中最活跃也最关键的因素。信息生态失衡现象，如信息失真、信息篡改、信息丢失等信息安全问题，实际就是数字时代中，电子档案的可信性、有效性、长期可读性、完整性被破坏的问题，即档案保护生态面临的新问题。

信息生态研究在档案领域也有一定的成果。国内关于档案信息生态最早的一篇文章是 1998 年薛春刚①发表的《档案信息生态系统的平衡与档案事业的可持续发展》，他指出：档案信息生态系统是由各种要素组成，具有特定的秩序和结构，以实现档案信息的产生、积聚、传递、开发、利用等为目的的相互关系的总和，阐述了档案信息生态系统的特点、存在的失衡问题及相应的对策。2009 年之后，研究成果的数量呈稳步上升的趋势，研究的主题主要集中在数字档案馆生态系统研究②、档案生态位的研究③、档案信息在传播和服务中的信息生态保护④、档案文化生态⑤等问题。其中代表性成果如 2008 年由金波主持的国家社科基金项目“数字档案馆

① 薛春刚. 档案信息生态系统的平衡与档案事业的可持续发展[J]. 档案与建设，1998(4)：12-14.

② 张东华，鲁志华. 数字档案馆信息生态平衡及其策略研究[J]. 湖北档案，2010(8)：12-14.

③ 周耀林，骆盈旭，赵跃. 数字档案馆信息生态位的优化研究[J]. 中国档案，2016(4)：70-71.

④ 王小军. 档案信息传播中的信息生态研究[D]. 南昌：南昌大学，2010.

⑤ 罗彬彬. 文化生态视野下档案文化建设策略分析[J]. 档案学研究，2017(S2)：4-6.

生态系统研究”与国家社科重点项目“数字档案馆生态系统培育与管理研究”的研究成果《数字档案馆生态系统研究》专著①，运用生态系统基本理论和思维方式，探寻数字档案馆生态系统演变规律、运行与平衡调控机制，体现出生态平衡和可持续发展的新理念。国家社会科学基金项目立项中也不断出现档案学者的身影，如表 4-3 所示。可以说对信息生态理论的借鉴是从另一种视角对档案安全保障体系的研究，所以表 4-2 中所列的有关档案安全保障体系的国家社科基金项目，从信息生态视角研究的也被列入表 4-3 中。

表 4-3　有关档案学科应用生态理论研究的国家社会科学项目立项统计

序号	项目批准号	项目类别	项目名称	立项时间	项目负责人
1	15BTQ071	一般项目	档案信息生态性保护理论与实现研究	2015-06-16	麻新纯
2	15CTQ036	青年项目	数字档案资源生态管理策略研究	2015-06-16	倪代川
3	14BTQ061	一般项目	我国档案生态安全应急管理机制研究	2014-06-15	张艳欣
4	14CTQ035	青年项目	数字档案资源生态安全研究	2014-06-15	聂云霞
5	13ATQ007	重点项目	数字档案馆生态系统培育与管理研究	2013-06-10	金波
6	12XTQ015	西部项目	网络环境下国家综合档案馆生态位优化研究	2012-05-25	康蠡

① 金波，等. 数字档案馆生态系统研究［M］. 北京：学习出版社，2014.

续表

序号	项目批准号	项目类别	项目名称	立项时间	项目负责人
7	10BTQ039	一般项目	信息生态学理论与我国居民电子健康档案管理研究	2010-06-17	卞昭玲
8	08BTQ040	一般项目	数字档案馆生态系统研究	2008-06-04	金波

笔者与所指导的研究生①对此领域与档案保护的结合也进行了一些探索，认为：

(1)信息生态与档案保护在功能以及构成要素上具有相似性，两者之间有一定的相通之处。

从信息生态系统的结构来看，信息生态系统强调信息人、信息和信息环境整体的系统性和协调统一性。而档案保护则贯穿于文件生命周期的各个环节——文件的真实、有效、安全以及归档移交到档案部门之后的持续保护。在这些环节中，要实施档案保护的要求，就涉及档案保护主体的人、档案保护客体的文件(档案)以及主体和客体所存在的不同环境条件，影响因素之间的相互关系及其协调功能的发挥。任何一个环节的漏洞都会对整个档案保护生态带来不良的影响，具有相互关联的联动性。信息生态系统强调“三分技术、七分管理”的生态平衡综合治理，档案保护同样也需要技术与管理的协调发展，科学应对各种保护问题，提升整体档案保护的效益和效率，特别是对于电子档案保护来说，管理所发挥的作用越来越重要。

从信息生态系统的功能来看，信息生态系统的基本功能是实现信息在各个环节中的顺畅流转，包括信息收集、信息筛选、信息受

① 孟瑞芳. 信息生态视角下档案保护生态系统的变迁与维护研究[D]. 沈阳：辽宁大学，2019.

理、信息排泄、信息反馈等基本方式。而针对档案保护来说，也是在生成、流转、归档、移交、整理、鉴定、保管、利用等诸多环节中保护档案实体和信息安全完整。因此，在档案保护的所有过程中都要树立系统保护的意识，即在档案从形成到利用的各个功能环节中，要根据各环节“生态”的不同特点和影响因素，识别档案可能存在的风险以及威胁，有针对性地贯彻“预防为主，防治结合”的原则。

(2)从信息生态系统的特征来看，信息生态系统具有开放性、动态性、系统性等特点，而档案保护系统同样要处理好人、档案、环境三方面的重要因素。从迄今为止档案保护发展的历程可知，档案形态经历了取材于自然物或简单加工的甲骨、金石等纸前时代，以纸为核心的纸质时代和目前正在发生的纸后时代。三种档案形态交替变化的动因是记录技术的不断演变，记录手段不断向自动化、智能化发展，记录信息的密度不断增大，记录档案信息内容的形式不断丰富。

三种不同时代的档案所构成的保护生态有着明显的差异：纸前时代的档案形态比较稳定，以竹木、丝织品等实体材料为主，档案产生数量少，利用范围小，因而保护环境以隐蔽性强的收藏式空间为主，档案保护者执行看管任务即可。纸质时代的档案形态仍然比较稳定，但数量不断增加，文件流转和档案保护环境空间不断增大，档案保护面临的风险增多，加之随着档案开放度的提升，档案保护所面临的环境比之前复杂了很多，因而面临的保护风险也不断增加，所以出现了专门的保管库房和专业的保护工作者。到了数字时代，电子文件与电子档案出现，不仅数量上激增，形态上更加复杂多样，对档案保护最大的挑战是文档系统动态发展和文档无法直读等特点，使得文档流转和保存生态异常复杂多变，档案保护面临的风险不断升级，应对的措施也需要多维综合治理。对于档案保护工作者来说，无论是知识结构还是技术技能都提出了更高的要求。所以档案形态的演变、档案保护环境的变化，都影响着档案保护职业的变化。数字时代档案保护工作的开展、技术的研发、理论的探究，需要跨学科、跨领域多方合作，体现了档案保护生态开放性的需求。

总之，致力于维护信息生态平衡的信息生态理论的研究，促使我们运用包括技术、管理、法律等在内的多维视角，用跨学科的理论研究方法，把数字档案长期保存的研究纳入到数字信息安全这一更为宽广的数字资源研究范畴，这一拓宽研究领域的跨学科研究思路不仅增强了电子文件长期保存的科学性，更有效地提升了这一研究方向的研究效力。信息生态系统所追寻的目标与档案保护所追寻的目标是一致的，都是在寻求系统平衡的基础上，围绕档案保护需求，达到档案保护在人员、环境、法律、标准等要素上的协调，所以将信息生态理论引入档案保护是具有可行性的。

4.3.3 社会记忆理论的引入

档案具有原始记录性，承担着“社会记忆”的重任，是珍贵的历史文化遗产，也是世界记忆的重要组成部分。档案保护的目的就是发挥档案的价值，但传统档案保护理论与技术的理念则局限在长期保存的层面上，与档案价值发挥方面的研究很少关联，这也使得保护学科的价值乃至行业的价值发挥受到很大影响。随着世界范围内对文化遗产保护的重视，各种文化遗产保护工程纷纷启动，档案行业的社会责任感也被空前地调动起来，为此档案部门 2000 年启动了“中国档案文献遗产工程”，并主导开展了“城市记忆工程”，加强了对“非物质文化遗产工程”的档案化管理等工作的推进。目前“传统村落保护”等领域也有档案学者在介入研究，因而对“社会记忆”理论的关注和引入成为档案界新的发展视野，档案保护领域的学者也不甘落后加入这个发展潮流中。

(1) 对档案文献遗产保护的研究。

在中国知网和读秀数据库中以“档案文献遗产保护”为关键词，截至 2019 年 9 月，检索到相关学术论文共 89 篇，著作 5 部，如图 4-4 所示。学术论文的走势呈波浪式上升，论文作者中保护核心学者郭莉珠、周耀林、张美芳、唐跃进、彭远明、华林等位列其中，其中比较系统的研究成果有彭远明的博士论文《档案文献遗产保护

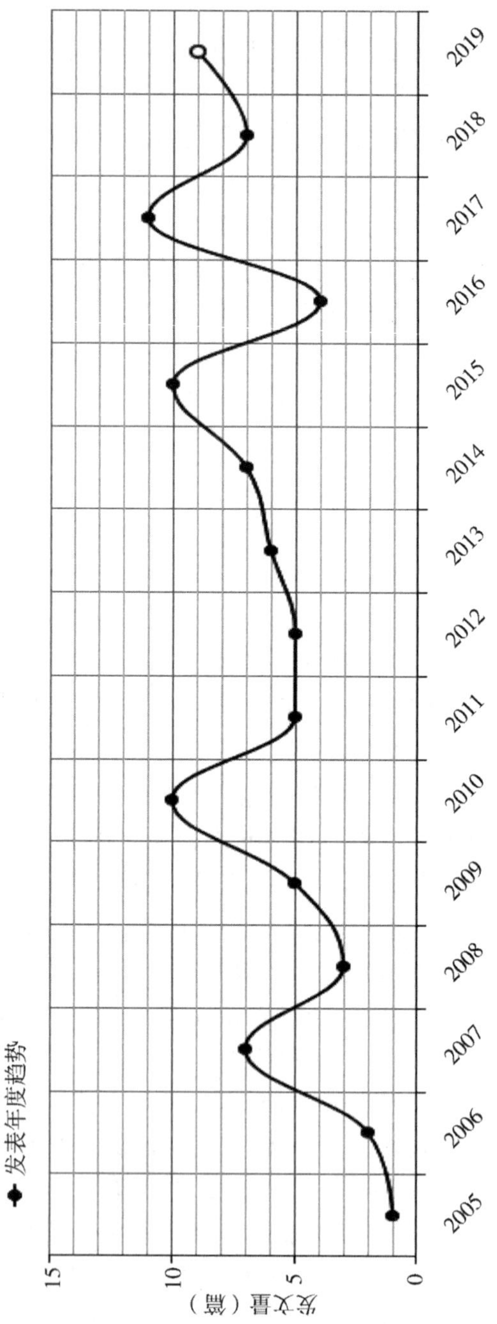

图4-4　档案文献遗产保护学术研究走势

与利用的方法论研究》和马翀的《濒危档案文献遗产保护策略研究》；专著主要有：周耀林的《档案文献遗产保护》和《档案文献遗产保护理论与实践》，张美芳、张松道的《文献遗产保护技术管理理论与实践》，刘家真的《文献遗产保护》，以及林明、周旖、张靖的《文献保护与修复》。

从成果的数量来看，周耀林具有代表性，他的成果呈现出研究视野开阔、内容丰富的特点，从可移动文化遗产到文献遗产、非物质文化遗产以及少数民族档案文献等都有涉猎。他发表的最早的一篇文章是《可移动文化遗产保护策略研究》①，该文初步构建了可移动文化遗产保护策略的框架。主要围绕可移动文化遗产保护策略进行介绍，包括“一个基点”——部门化保护的整合，“两条线索”——技术层面以及管理层面，“三门科学”——保护科学、遗产科学、复杂性科学，“六大方面”——预防、治理、修复、组织、法律和信息管理。其最新的一篇文章是《嵌入保护属性的少数民族档案文献遗产数据库概念模型研究》②，文章以少数民族档案文献遗产保护的载体属性、保护环境属性、保护管理属性以及技术属性为基础，提出通过实体设计、属性设计、关系设计、模型设计等嵌入保护属性的少数民族档案文献遗产数据库的构想，并进行实例化展示，促进少数民族档案文献遗产数字化保护与实体保护的一体化发展。

从研究主题上看，一些保护学者的观点具有很好的研究价值和代表性。如郭莉珠在《中国档案文献遗产保护基本对策》③中对技术策略进行系统论述，论述了中国档案文献遗产保护的基本对策主要有档案文献质地、创造最佳保存环境以及进行养护性修复等方面。周耀林在《档案文献遗产保护理论与实践》④中，在统计和梳

① 周耀林. 可移动文化遗产保护策略研究[D]. 武汉：武汉大学，2005.

② 周耀林，孙晶琼，费丁俊. 嵌入保护属性的少数民族档案文献遗产数据库概念模型研究[J]. 档案学通讯，2019(5)：27-34.

③ 郭莉珠. 中国档案文献遗产保护基本对策[J]. 档案学通讯，2006(3)：57.

④ 周耀林. 档案文献遗产保护理论与实践[M]. 武汉：武汉大学出版社，2008：289-311.

理国内外档案文献遗产保护的标准和法规的基础上，指出我国档案文献遗产保护标准和法规存在的问题，并提出了相应的措施。王新才、聂云霞的《中国文献遗产保护的现状、问题与展望》①则从现状和管理两个方面，阐述了我国文献遗产保护工作存在的问题，并通过建设中国文献遗产保护数字工程、建立中国文献遗产目录等新概念，提出一系列解决问题的相关对策。华林则从云南及其周边地区少数民族历史档案的保护与开发的视角，提出在西部大开发战略实施中档案文献遗产保护需要制定配套政策，包括接受政策、征集政策、保护政策等。②

（2）“城市记忆工程”中档案保护学者的研究。

“城市记忆工程”是 21 世纪随着世界遗产、记忆工程的提出和实施而出现的一个新领域。“城市记忆工程”是以档案部门为主导的一项文化遗产工程，在工程实施中，大多是由政府牵头倡导，档案、文物、文化等部门负责具体实施，档案部门在其中起到主导作用。如青岛市在 2002 年由市政府拨款、市档案馆承办了“城市记忆工程”，征集和主动抢救同时进行，在国内率先形成了规模化的城市面貌档案库，此后基本成为我国“城市记忆工程”的样板。之所以档案部门可以发挥主导作用，是因为省市档案馆是该区域城市记忆资源的主要来源，是地方特色档案的核心，因而能充分发挥档案馆的资源优势、管理职能优势等条件，为其价值的实现提供了机会。在“城市记忆工程”背景下，档案保护学者也积极参与其中，如赵淑梅发表了《档案部门在城市记忆工程中的作用》③，认为：档案部门在收集、整合城市记忆档案中大有作为，通过跟踪参与现时的城市建设，确保正在形成和处于抢救的城市记忆档案齐全完整；通过征集汇聚丰富的城市记忆档案，挖掘整理档案馆已有的城

① 王新才，聂云霞. 中国文献遗产保护的现状、问题与展望[J]. 图书情报研究，2013(1)：5-11.

② 华林. 西部大开发与少数民族历史档案保护政策研究[J]. 档案学研究，2002(2)：57-60.

③ 赵淑梅. 档案部门在城市记忆工程中的作用[J]. 兰台世界，2012(S2)：16-17.

市记忆档案，展示城市发展变迁的足迹等多种途径来保护和宣传城市的文化和历史，进而在重构和传承城市记忆方面发挥作用，也就是说利用是更好的保护。“城市记忆工程”的开展也为档案部门对现有档案资源进行全面系统的摸底、整合与保护提供了一个契机，以更好地挖掘现实密切需要的，以及为未来建设提供资政决策所需要的资源。

(3)非物质文化遗产工程方面的参与和研究。

保护非物质文化遗产工程离不开档案部门的配合和支持，对于档案部门来说，参与保护非物质文化遗产是义不容辞的责任，档案部门比图书馆、博物馆等文化机构更具有保护非物质文化遗产的义务和优势。但是在国家政策层面，在非物质文化遗产保护上却把档案部门边缘化了。在2005年《国务院办公厅关于加强我国非物质文化遗产保护工作的意见》中，做出了建立非物质文化遗产保护工作部际联席会议制度的决定，但是在联席会议的九个成员单位中并没有档案部门的身影，这不仅是一个缺位问题，更体现出档案部门在文化遗产保护中显性价值发挥不够，档案部门主动作为还需加强，获取有为有位的价值。云南大学档案专业教师以及云南省档案部门在此方面做出了表率，云南省档案部门已经收集到傣族的折叠经、贝叶经和绵纸经，佤族土司的实物档案，纳西族东巴文档案，白族家谱档案，基诺族、拉祜族、哈尼族刻木记事、数豆计龄用的木、绳、结绳等。针对少数民族，云南省档案部门还制定了分区分批实施调查、记录和建档的工作计划，也取得了良好的成效。① 理论研究方面，周耀林进行了比较系统的研究，在其2012年教育部人文社科项目“基于群体智慧的非物质文化遗产档案管理模式及其实现机制研究”的成果《非物质文化遗产档案管理理论与实践》②中，他对非物质文化遗产档案的来源、性质，非物质文化遗产档案管理流

① 王巧玲，孙爱萍，陈文杰. 档案部门参与非遗保护工作的优势与劣势分析[J]. 北京档案，2013(6)：11-13.

② 周耀林，戴旸，程齐凯. 非物质文化遗产档案管理理论与实践[M]. 武汉：武汉大学出版社，2013.

程，特殊的非物质文化遗产传承人档案管理和信息化管理，以及非物质文化遗产档案管理制度、政策方面的创新等内容进行了深入研究，对档案保护研究领域的拓展起到示范作用。

总之，数字时代档案保护学者在档案保护理论方面做了多方面有益的探索，学者们本着开放的姿态和广阔的学术视野，不仅关注学科本身的发展特点和动态前沿，还及时科学地吸取相关学科的理论与方法，丰富本学科的研究内容，从而获得可持续发展的动力。学者们的探索涵盖了对现有档案保护技术学科体系的认识；对档案保护技术方法应用原则的反思；对传统档案保护与电子档案保护的比较以及相融发展的看法和应对策略；拓展学科在数字时代的发展新视野，不断趋向多学科融合和系统研究观的应用，无论是在新理论、新方法的应用上还是发展路径上，都提出了多种选择。这些研究成果无疑对数字时代我国档案保护理论的不断丰富和完善都会起到积极的推动作用。

第5章　数字时代档案保护技术革新的走向与成效

档案保护技术一直是档案保护领域关注的重点。一方面，迄今为止档案种类繁多且在不断更新，每一种制成材料性能都各不相同，因而探求影响各种制成材料的记录性能和保存性能是一个不会停歇的技术领域；另一方面，随着档案保存时间的不断延长，寿命受损档案的数量也在累积，对存在寿命威胁的档案进行持续修复也使档案保护技术获得不竭的发展动力。综合国内外研究成果，发现我国与国际上在保护技术的研发和应用上基本呈相向而行的发展态势。技术革新的走向基本一致，即传统档案保护技术持续稳定发展，在技术手段上不断拓展现代技术的开发和应用，在发展领域上趋向与图书文博等文献遗产保护相结合的协同发展；电子等新型档案的保护技术也快速发展，技术更新换代较快，综合管理手段应用成为重要的发展策略，如国家战略、顶层设计、档案安全体系、技术与管理效益评估等规划和实施等。档案保护技术的繁荣发展为档案保护工作现代化、信息化水平不断提高提供了重要支撑。本章以我国为主体阐述数字时代档案保护技术发展的主要走向和取得的成效，并适当与国外做一些比较分析。

5.1　纸质档案保护技术保持着继承与创新齐头并进的发展势头

“纸张作为使用时间最长、范围最广的载体材料，即便是在今天各种新型载体不断涌现的情况下，仍然是记录和传播文化知识的主要媒介。”①无论是我国还是世界范围内，对纸质档案保护技术的研究一直维持稳定的发展态势，从未间断，只是在研究的对象和内容上国内外有所不同。本节重点分析在数字时代纸质档案保护研究内容上的新发展。

在国外，其研究内容、研究机构以及研究成果所面向的领域都具有“大文献观”的视野，图书档案情报一体化融合发展是欧美学术发展的最大特点。从 20 世纪 70 年代开始一直到今天，欧美针对纸质档案保护的研究一直维持着较为稳定的势头，在文献遗产视野下其研究持续发展。在研究内容上，主要涉及纸质文献制成材料的性能与保存环境的研究，以及将现代科学分析技术不断应用于纸质文献的保护中；我国对纸质档案保护技术的研究则基本局限于档案领域，独自发展，近年来逐渐有了与图书文献遗产等领域的些许交叉。下面主要以我国的档案保护技术发展成果为主来揭示数字时代档案保护技术探索的走向。依据的成果主要是基于 1987—2019 年“国家档案局优秀科技成果奖”②获奖目录(以下简称为“获奖目录”)，并结合中国知网、维普、万方三个来源数据库，检索出自 1965—2019 年相关的学术成果进行分析。

① 周耀林，戴旸. 档案文献遗产保护[M]. 武汉：武汉大学出版社，2012：1.

② “国家档案局优秀科技成果奖”是指国家档案局自 1987 年开始开展了每年一度的档案界全国性的科研奖励活动。2001 年之前名称是“国家档案局科技进步奖”。该奖项具有权威性和全国代表性，也是我国档案科技发展的风向标。

5.1.1 及时跟进计算机输出字迹材料耐久性的研究①

档案制成材料耐久性的研究，是纸张档案保护技术的经典研究内容，也是保护技术的基础研究，通过对纸张和字迹材料耐久性的检测，更好地掌握其变化的规律和损毁原因。20 世纪 90 年代伊始，随着办公自动化的应用和普及，在各种业务和事务处理过程中，电子文件的形成已逐渐代替了纸质文件的起草和制作，但我国一直按照双套制管理办法输出纸质版文件，因而电子文件输出纸质版的打印件成为档案存档的主要形式。电子文件输出的打印件所形成的字迹材料与传统纸质档案通过印刷、手写等方式形成的字迹材料的成分和影响其耐久性的因素有很大的不同，所以对其耐久性的研究也是非常必要的。档案制成材料耐久性在学术研究与国家档案局优秀科技成果的研究中成为当时的热点研究内容，很好地体现了学界和业界与时俱进的责任感。

国家档案局优秀科技成果奖"获奖目录"中第一次出现相关内容是 1992 年的"微机打印件、复印件、传真件耐久性研究"，再次出现则在 2000 年的"静电复印件字迹褪变与恢复的研究"和 2001 年的"各种色带、喷墨、激光打印字迹耐久性测试与评价"。而学术研究也在这个领域呈现繁荣景象。"1991 年瞿耀良等在《档案学研究》上发表《新型档案材料保护问题的初步调查》一文，文章围绕新型档案材料的种类、损毁原因、保护方法、存在问题等方面进行深入分析。此后，张清志、郭莉珠、瞿耀良、尹慧道、彭远明、张文浩等人，分别就蓝黑墨水字迹的耐久性、文件用纸的耐久性及寿命、底片片基的稳定性、纤维蛋白材料、打印件字迹材料耐久性等进行过系统的、科学的理论探讨。尤为值得一提的是这一阶段档案保护科研队伍的领军人物，张建华、王心琴 2 人共发表科研论文 22 篇，包括合著论文 8 篇，如 1999 年张建华、王心琴于《浙江档

① 赵淑梅. 数字时代我国档案保护技术发展趋势——基于 1987—2015 年国家档案局优秀科技成果奖的统计分析[J]. 档案学通讯，2017(2)：72-76.

案》发表文章《压敏复写纸字迹的耐久性测试与分析》，同年 2 人亦于《档案与建设》发表文章《签字笔字迹的耐久性测试与分析》。随着科学技术的飞速发展，字迹材料中又加入新成员——计算机打印件字迹、传真件字迹、静电复印件字迹等。基于这一发展趋势，1998 年王心琴先后发表了《关于激光打印字迹耐久性的实验研究》《关于喷墨打印字迹耐久性的研究》，1999 年张建华先后发表了《也论激光打印件的耐久性》《探索计算机输出最耐久字迹的有效途径》《传真件的耐久性及其保护》等，为探究不同打印件字迹材料成分及理化性能提供一定的理论依据。”①

档案制成材料性能方面的保护技术的研究属于档案科技领域中的基础性研究，需要的实验设备和定量分析的精度高、专业性强，因而依托高校和研究机构的实验条件和科研人员的参与是非常必要的。上述获奖成果以及学术研究者大多来自高等院校和国家档案科研所，而且研究团队中中国人民大学、武汉大学、苏州大学、湖北大学、南京政治学院上海分院等高校与档案局馆联合研制占绝大多数，如表 5-1 所示，这种资源共享联合科研攻关的模式值得推广。

表 5-1　办公自动化条件下字迹材料耐久性的获奖项目

年度	项目名称	获奖单位
1992	微机打印件、复印件、传真件耐久性研究	总参办公厅档案处、空军政治学院
2000	静电复印件字迹褪变与恢复的研究	中国人民解放军南京政治学院上海分院信息管理系
2001	各种色带、喷墨、激光打印字迹耐久性测试与评价	上海市档案馆、中国人民大学档案学院

① 庞晓哲. 改革开放以来档案保护学科核心作者群的研究［D］. 沈阳：辽宁大学，2018.

5.1.2 档案保护环境技术不断升级换代①

档案保护环境是档案保护技术的重点研究领域，也是成果最为丰硕的一部分。总的特点是不断向功能集成化、节能环保与智能化方向发展，为改善传统档案保护环境，提升现代化水平提供了必要的条件。据介绍②，在1987年全国档案事业基本情况统计年报中，列入统计范围、能够称得上档案保护设备的只有空调机和去湿机两种。到2017年，可以纳入全国档案事业基本情况统计年报的档案保护设备有集中式空调机、分散式空调机、去湿机等。"档案保护环境是指围绕档案保存和利用等各种环境相关因素的总和，具体包括库房建筑及设备、库房内的环境条件(包括温度、湿度、有害气体、光线)和档案在使用流通中所使用或与之相关的设备或所处的暂时环境条件(包括档案利用、展览、修复等过程)。"③在"获奖目录"中最为突出的有两类：温湿度调控自动化系统的研究和档案馆库节能环保智能化管理方面的成果。这两类成果几乎在每年的"获奖目录"中都不缺席，保持着持续而稳定的发展态势。

(1)温湿度调控技术的自动化和集成化管理水平不断提升。

从1987年评奖开始，有关温湿度调控技术的自动化和集成化的项目一直是档案部门探索的重要内容，如表5-2所示。

表5-2 温湿度调控的自动化与集成化管理技术获奖成果汇总

年度	1987	1988	1989	1994	1996	1999	2000	2002	2011	2019
数量	2	2	1	2	2	1	2	1	1	1

① 赵淑梅. 数字时代我国档案保护技术发展趋势——基于1987—2015年国家档案局优秀科技成果奖的统计分析[J]. 档案学通讯，2017(2)：72-76.

② 付华. 科技驱动发展——档案科技助推档案管理现代化[J]. 档案学通讯，2018(6)：9-14.

③ 郭莉珠. 档案保护技术学教程(第二版)[M]. 北京：中国人民大学出版社，2008：142.

1987 年的“获奖目录”为：“相对湿度自动控制记录仪”和“档案库温湿度微机自动监测控制系统及烟雾报警系统”获奖。1988 年、1989 年一直到 2002 年都有相应的成果获奖，从获奖项目所属单位来看，在 1996 年到 2000 年四川省成为获奖大户，并且获奖等级也较高，如 1999 年和 2000 年连续两年获得一等奖。21 世纪以后，渐渐将这方面的内容纳入到整个档案馆库的建筑与管理之中了，如图 5-1 所示。

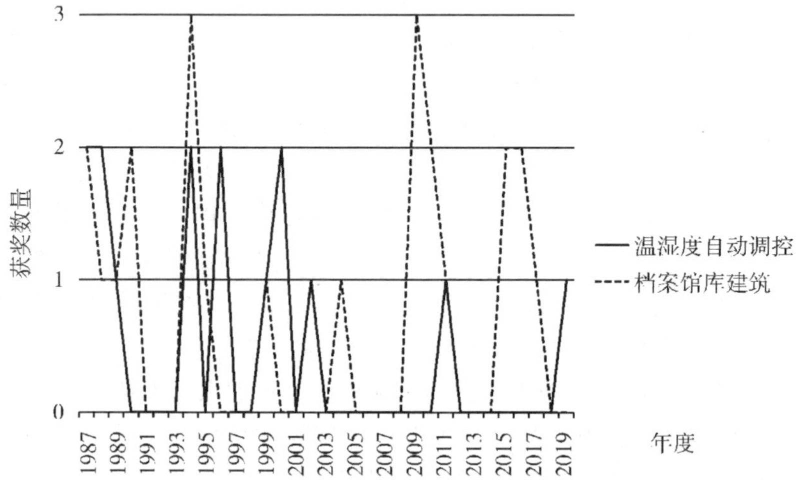

图 5-1　档案保护环境技术现代化研究获奖成果走势

（2）档案馆库建筑节能环保与智能化管理成果具有较好的推广和应用。

有关档案馆库节能环保以及智能化管理，是从建筑物建造设计和建筑物管理两个不同层面来区分的，实际上这两个层面是相互关联互为条件的。特别是 21 世纪以后，二者你中有我、我中有你，互相交融在一起，共同为提升档案馆库节能环保智能一体化的设计、建造和管理水平提供技术支撑。

正如国家档案局付华指出的①：改革开放发展的40年，我国新建、改建、扩建了大量的档案馆库，各级各类档案馆的档案库房紧张状况发生了翻天覆地的变化。经过20世纪80年代后期和21世纪最初10年两次档案馆建设高潮，我国档案馆落后的状况发生了翻天覆地的变化，原先大量存在的“无库馆”“危房馆”“破败馆”现象得到了根本性改变。新的档案馆库建设吸取档案部门取得的最新科技成果，档案馆的功能日益健全，档案保管条件日益改善，国家千百年积累下来的档案有了一个安全的“家”。

第一，从建筑物建造方面来看，20世纪末有关节能环保的理念在我国逐渐受到关注。2005年4月4日，建设部与国家质量监督检验检疫总局联合发布了国家标准《公共建筑节能设计标准》(GB 50189—2005)，于2005年7月1日起实施。该标准适用于新建、扩建和改建的公共建筑的节能设计。该标准也是我国公共建筑节能设计的第一个综合性国家标准，它从勘察、设计、施工、监理、竣工验收等各环节，对公共建筑的节能措施提出了较为细致的规范。档案馆属于典型的公共建筑物，使用时间年限长，温湿度等方面调控要求高，因而也是耗能较大的建筑物，所以推行节能环保是非常必要的。从“获奖目录”中看到，有关档案馆库建筑的获奖项目最早是1988年的“档案库房技术改造”，此后一系列的获奖项目虽然在字面上没有体现出节能环保，但重点内容都包括有关保温、防潮等温湿度调控方面节能环保的探索，因而这些也应算作是节能环保理念的贯彻。追溯历史，皇史宬应该是我国先辈们在建筑节能上探索的典范，值得我们发扬光大。现代意义上的节能环保技术的研究从“获奖目录”来看，2009年的“档案库房节能研究”比较明确了。2010年上海闵行区档案馆的“地源热泵技术在档案库房环境控制中的研究与示范”获奖，该项目突破了传统的重点针对墙体和屋面门窗的温湿度控制研究，在我国华南地区的上海大胆应用地源热泵技术来提供库房温湿度调控的能源，为档案馆库建设中突破

① 付华. 科技驱动发展——档案科技助推档案管理现代化[J]. 档案学通讯，2018(6)：9-14.

传统思维模式，大胆引进节能环保新技术、新理念提供了思路。

第二，从档案馆库智能化管理方面来说，所进行的探索也在不断发展着，并且与档案馆库的建造相辅相成。从“获奖目录”来看，包括1989年的“DBZ-A型档案保护多功能控制装置”，1994年的“档案库房综合治理自控系统”等，到2011年出现以“智能”冠名的获奖项目，如“档案馆(库)综合智能监控系统应用研究”“克拉玛依市档案馆环境检测自动控制系统开发与应用”等，如图5-1所示。

温湿度调控的自动化集成化以及档案馆库节能环保设计建造共同构成了数字时代档案保护环境技术的主要研发内容，这些成果的共同特点是在档案馆库建筑与管理过程中实际研制并应用的科技成果，这种实用性与研究性相结合的研究模式需要在档案科技中重点推广，以此提升档案科技成果的推广应用价值，更好地服务于档案管理现代化的建设。

5.1.3　档案修复技术在继承传统基础上不断提升现代化水平①

“修复就是对损毁的档案进行修正、恢复，去除档案中对耐久性不利的因素，使档案恢复原来的面貌，提高档案制成材料耐久性和保证信息的长期可读性。”②传统档案修复技术以纸质档案为主，主要技术有：纸张与字迹材料的加固、去酸去污技术和杀虫技术等。进入数字时代，传统档案保护技术在继续发挥效能的基础上不断推陈出新，在修复技术的现代化改造方面也有很多创新。档案部门不断添置新的修复设备，丰富了对档案保护的手段和效率的提升。

(1)修裱技术的传承与现代化改造。

① 赵淑梅，郭硕楠. 中国纸质档案修复技术的回顾与展望——基于1965—2017年相关文献的统计分析[J]. 档案学讯，2018(4)：108-112.

② 赵淑梅，侯希文. 档案物理管理与保护[M]. 沈阳：辽宁人民大学出版社，2012：215.

中国的纸质档案修裱工作历史悠久，可以追溯到魏晋时期的书画装裱技术，是我国优良的档案修复技术，该技术经过近两千年的流传和应用，对档案、图书、字画文物等具有良好的保护作用，一直沿用至今。但传统档案修裱技术的特点是手工操作，效率低，缺乏标准化、规范化管理，而且面临着专业人才匮乏，无法满足大量档案修裱需求的问题。1991 年，在国家档案局的支持下，纸质档案修复技术的传承与现代化改造的研究成果主要集中在 1991—2000 年，在此期间，学界和业界在对档案修裱技术继承的基础上，进行了多方面的改良和现代化的改造。

以 20 世纪 90 年代为界，之前的研究主要集中在对传统工艺的各个环节的改良，诸如修裱用料的选择，揭黏方法的研制，托裱方案的选择，多种干燥途径的探索等。20 世纪 90 年代后，档案修裱技术进入到系统总结和修复流程的自动化改造阶段。国家档案局于 1991 年确立了对我国传统修裱技术进行现代化改造的研究课题，该课题由“关于修裱机械化问题的研究”“关于档案修裱干燥技术的研究”等七个子课题组成，对传统修裱技术的工效、操作规程、质量进行全方位的改造研究。到 1998 年年底，以上项目基本研制完毕，并陆续通过鉴定。代表性成果有：1992—2000 年，安徽省档案局研制并不断改良生产出我国第一台档案修裱机，实现了档案修裱机械化，克服了长期以来手工修裱操作随意性、模糊性、不规范性的弊端；随后，纸浆补洞机、集装式远红外修裱档案烘干箱、修裱用纸以及黏合剂等也得到不断改进，极大地提升了档案修裱的现代化水平。

修裱技术的现代化改造成效显著。1994 年“获奖目录”中的“集装式远红外修裱烘干机”就是这方面探索的成果之一。此后安徽省档案局、中国人民大学、国家档案局科研所等单位陆续有相关成果获奖和推广，其中安徽省档案局的贡献最为突出，他们围绕档案修裱机的研制，进行了持续的探索，从 1998 年的“档案修裱机胶黏剂的研究”获奖开始，到 2006 年一共有 5 项获奖成果。他们的研究持续时间长，在修裱机的功能优化改造和实际的推广应用方面下了很大工夫，取得了良好的成效。有关修复技术的科学总结和提升规范化管理水平方面的研究也卓有成效。如在 2011—2013 年有 7 项获奖成果，其中“国家重点档案抢救修复科学化管理策略研究”和“重点档案抢救修复实际操作指南研究”分别获得了 2011 年的特等奖和一等奖，说明项目本身具有的突破性和实用价值。具体成果总结见图 5-2。

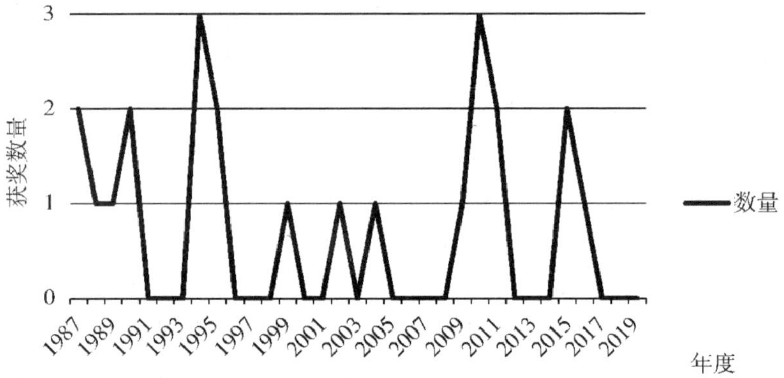

图 5-2　档案修复设备以及修复规范化管理研究

此外，技术的革新也推动了理论的总结和标准规范的制定与推广。如 2000 年冯乐耘主编出版了《中国档案修裱技术》，2000 年国家档案局颁布了《档案修裱技术规范》(DA/T 25—2000)，从而把修裱技术的现代化改造成果升华到对统一性标准规范贯彻实施的实践应用中。

(2)现代修复技术的发展与创新。

现代纸质档案修复环节包含去酸、去污、加固、灭菌除霉、褪变字迹恢复等延续性修复技术，以及信息内容保真复制、迁移等再生性修复技术。对这些技术的不断创新探索，一方面丰富了修复技术的种类，以应对复杂多样的修复需求；另一方面也拓展了修复技术的现代科技含量，提升了修复的效率与质量。从国外的研究看，现代科学分析技术不断被应用到纸质文献的制成材料成分、老化状况的检测与纸张和字迹的修复中。“目前涉及可应用于纸质档案保护主要包括：显微镜观察、红外光谱(FTIR)、气相色谱-质谱仪

(GC-MS)、激光诱导荧光光谱技术(LIFS)、X 射线荧光(XRF)、显微拉曼(μ-Raman)、X 射线衍射(XRD)、电感耦合等离子质谱(ICP-AES)、热重分析(TG)等。”①此外，还利用现代科学技术鉴别纸质档案的真假，如丹麦和西班牙的学者采用傅里叶变换红外光谱(FTIR)和扫描电子显微镜结合 X 射线微分析(SEM / EDX)，对“当代艺术家的纸质作品档案进行化学表征，从而区分原稿和非原稿”,② Amador 等则利用“纸张喷雾质谱分析技术(Paper Spray Mass Spectrometry，PS-MS)”,③ 通过分析墨水进而鉴别纸质档案的真假等方面的创新研究。

我国也加快了这方面的探索，特别是 20 世纪 80 年代以来国家档案局启动的“国家重点档案抢救与保护工程”，对档案修复技术、人才的大量需求更是一个积极的推动。

①纸张材料去污技术的跨学科研究。在档案利用和保存过程中，纸张常常会产生诸如霉斑、泥斑、墨水斑、蜡斑等污斑，清除这些污斑的方法主要有机械去污、溶剂去污(水洗去污和有机溶剂去污)、氧化去污等技术，但它们都存在一定的缺陷。近年来，学界在应用光学、机械、化学等跨学科知识的基础上，拓展视野，将跨学科引进的激光清洗、机械清洗、静电除尘、超临界清洗等干清洁技术与超声清洗、酶清洗等清洗技术作为创新型去污手段的探索不断增多，使档案在去污环节中更加安全有效。

②纸张档案去酸技术的繁荣与推广应用。去酸技术是现代纸质档案修复的重要环节，根据文献统计，这方面的研究成果可以说是纸质档案修复技术的研发重点和亮点。自 20 世纪 80 年代末以来，

① 姚向阳，林红，罗雁冰. 现代科学分析技术在纸质档案保护中应用的研究现状浅析[J]. 档案学通讯，2018(3)：89-94.

② Vila A，Ferrer N，Garcia J F. Characterizing contemporary artists ‘ s papers：a step towards their differentiation[J]. Restaurator，2010，31(2)：142-160.

③ Amador V S，Pereira H V，Sena M M，et al. Paper spray mass spectrometry for the forensic analysis of black ballpoint pen inks [J]. Journal of the American Society for Mass Spectrometry，2017，28 (9)：1-12.

我国一些博物馆、档案馆及科研院所在引进美国、德国等先进国家的技术基础上，开展了自主技术的研发。特别是 2010 年以后，高校、档案部门和档案服务企业等多个领域对去酸技术的研究不断加强。研究的内容主要是以去酸剂研究为核心，不断创新去酸工艺及去酸设备，使档案去酸技术在安全、环保、操作工艺等方面不断优化。代表性成果有：加压雾化脱酸法及天然脱酸剂去酸、高压二氧化碳脱酸法、微米级和纳米级 MgO 非水相脱酸、无水纳米脱酸法、等离子去酸技术等。这方面的研究成效在“获奖目录”中也充分地体现出来，如表 5-3 所示。同时从有关去酸技术的学术研究也可以看到，该领域一直是纸质档案保护领域的热点。如图 5-3 所示。

表 5-3　1988—2019 年去酸技术获奖成果统计表

年度	数量	项目名称	获奖单位
1988	1	甲基碳酸镁纸质档案去酸技术	国家档案局档案科学技术研究所
1998	1	上海地区档案无酸卷皮(盒)推广应用	上海市档案局
1999	1	纸张酸度无损测试笔	国家档案局档案科学技术研究所
2002	1	防酸除酸多功能复合包装材料	中国电影资料馆
2003	1	纸质档案去酸技术与设备可行性方案研究	上海市档案局
2013	1	天然脱酸剂在档案文件脱酸中的应用	国家档案局档案科学技术研究所
2017	1	纸质档案去酸工艺及设备研制	山东省档案局

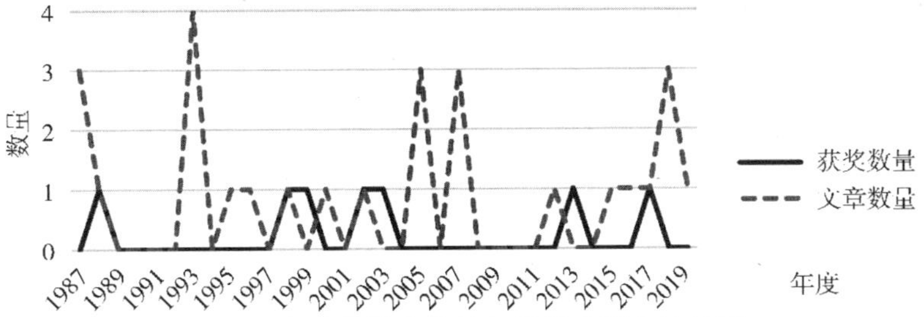

图 5-3 去酸科技获奖及相关学术研究统计图

③纸张加固技术层出不穷。档案加固技术有助于防止字迹褪色、扩散，增强纸张强度、耐水及耐酸碱的性能。主要技术有涂料加固、丝网加固、单体加膜技术——派拉纶真空沉淀成膜加固等方法。为了进一步提高加固技术的安全性、耐久性和便捷性，近年来，新的加固技术层出不穷，如电子帘加固法、砂纸薄绸修复法、典具帖加固法、“热压复合”等新型加固技术，以满足现实工作的多样化需要。

④字迹材料的修复。字迹材料修复主要指档案字迹的恢复与显示技术，包括可见光摄影法、化学法、字迹加固技术等主要手段。在档案字迹修复方面，陕西师范大学李玉虎教授的一系列化学法研究成果是这一方向最具系统性、延续性和递进性的代表，这种典型性的研究韧性在纸质档案修复方面显得尤为稀缺和可贵。李玉虎教授在 1983—1998 年 15 年间，带领团队主持完成了包含 13 个子项目的“褪色档案字迹的恢复与保护”系列科研成果，包括：开发扩散和褪色复写纸及对其恢复与保护技术，研发圆珠笔字迹恢复与保护技术，研制蓝色墨水字迹显色固色剂以及设计恢复不同字迹的工艺流程等项目。近年来，该团队对字迹显现的研究不断向字迹耐久性、稳定性及字迹加固等更具本质意义的研究领域深入，进一步促进了字迹材料的长期保存。代表论文有 2013 年的《蓝黑墨水对档案纸张耐久性的影响》①、2015 年的《黑色签字笔字迹的稳定性界

① 邢惠萍，李玉虎，马静，等. 蓝黑墨水对档案纸张耐久性的影响[J]. 档案学研究，2013(5)：51-53.

定评价研究》①、2016 年的《圆珠笔字迹加固分析研究》②。“获奖目录”中李玉虎团队的成果也是比较突出的，如表 5-4 所示。

表 5-4 李玉虎团队获奖统计表

年度	数量	项目名称	获奖单位
1988	1	褪色蓝墨水字迹恢复技术	陕西省档案馆
1992	2	褪色扩散圆珠笔、复写纸字迹的恢复与保护	陕西省档案馆
		多功能珍贵档案、书面保护剂和耐久工笔画用纸的研制	陕西省档案馆
2012	1	黑板粉笔字迹档案保护研究	陕西省档案保护科学研究所、国家档案局科学技术研究所
2014	2	档案与古文献修复过程中易损原貌防损预加固和染料字迹加固关键技术研究	陕西师范大学、陕西省档案保护科学研究所
		“铁盐墨水”字迹档案自毁成因和抢救修复保护研究	湖北省档案局、陕西省档案保护科学研究所
2017	1	感光影像档案修复与保护关键技术研究	陕西师范大学、陕西省档案馆

⑤再生性修复技术的广泛应用。再生性修复是通过现代技术手段，将存于原载体的信息内容迁移或复制到其他载体上，以满足纸质档案的广泛利用和对原件的长久保护。数字化、电子化是再生性

① 张译丹，李玉虎，李文福，等．黑色签字笔字迹的稳定性界定评价研究[J]．档案学通讯，2015(6)：68-74.

② 罗雨佳，李玉虎，赵光涛，等．圆珠笔象迹加固分析研究[J]．档案学通讯，2016(5)：88-91.

修复的常用手段，包括图像处理、海量存储、虚拟现实等技术。“近年来，在修复和保护‘中国档案文献遗产’的工作实践中，辽宁省档案馆、江苏省档案馆、河北省档案馆等对一些特殊形态和内容的档案采用了全息扫描、多种媒体形式转化等现代数字技术进行再生性修复和保护。”①

5.1.4 文献保护视角下档案修复集群技术的探索卓有成效②

进入21世纪以来，修复技术的创新与非技术层面的研究协同发展。纸质档案修复研究的视角不再是单纯地从一个局部对某一项修复工艺的研究，而是从包括技术、管理流程、修复标准、历史发展甚至是伦理规范等多个维度进行系统化和集群化研究。所谓“集成修复技术”，是指将包括去酸、加固、去污等一般性修复环节进行联合，在多种修复技术的相互作用中，通过技术重组，实现单个技术无法达到的技术目的，充分整合流程功能，提升修复效率和自动化水平。

(1)“大保护观”下的文献遗产保护理念日益受到关注。

档案、图书修复与字画修裱“同宗同源”，具有修复保护的共性，其学科性质的相似性、理论的融合性、研究对象的同质性和保护技术的通用性都决定了对其展开联合研究的可行性，国外“大保护观”视野下的文献保护技术理念和技术都有很好的发展。笔者与研究生以SpringerLink、Emerald、Web of Science、LISA、ProQuest、EBSCO六大国际主流数据库作为主要检索途径和资料来源，共同研究了欧美学术界有关档案保护研究的情况，检索到从20世纪70年代开始一直到2018年的成果，发现欧美针对纸质档案保护的研

① 刘敏. 国家级档案文献遗产保护现状与对策研究［D］. 沈阳：辽宁大学，2017：20.

② 赵淑梅，郭硕楠. 中国纸质档案修复技术的回顾与展望——基于1965—2017年相关文献的统计分析［J］. 档案学讯，2018(4)：108-112.

究，将图书档案情报以及文博、艺术等都纳入到文献遗产范畴中融合发展，这是其最大的研究特色。如 *Restaurator*(《修复员》)是由德国的德古意特出版社主办的国际性纸质文献保护研究的刊物，国际刊文比重均超过 50%，刊文国家涵盖五大洲 20 多个国家。该刊以“大保护观”为切入点，将档案馆、图书馆、博物馆及美术馆等的馆藏纸质材料作为主要的研究对象。确实，图书、档案等文献遗产的保护具有许多的共通之处，诸如制成材料的性能、记录信息的形式、保存和利用的环境与手段等方面都具有非常适宜的融合基础。

21 世纪以来，“大保护观”下的文献遗产一体化修复也逐渐成为学界和业界的共识。国际文化遗产保护与修复中心在项目组织结构中将档案馆、图书馆、博物馆合为一个一级类目，同时将三者的标准制定、工作执行、技术研发、学术交流等方面的工作都纳入到统一的会议、研究、实践体系中参考和讨论。我国修复技术的研发在这方面也有一定成效的探索。

(2)集成修复技术的研发。

第一，去酸去污技术的集成。2010 年，陕西师大李玉虎教授的团队鉴于一般性氧化去污方法对档案纸张性能的破坏，对经过典型氧化方法去污前后档案纸张的 pH 值、测试、抗张强度、色差等性能进行测试，提出将去污技术与去酸技术联合应用的集成去污法，以减少去污过程中氧化作用对纸张性能的负面影响①。2016 年，张美芳教授将集成去酸的方法纳入研究范畴，探究了典具帖去酸加固法和丝网去酸加固法的可行性，其研究表明将去酸和加固环节集成一体的方法可以一步解决纸张酸化的问题，并且提升纸张机械能，这有助于促进修复流程的简化，提高修复效率。②

第二，档案抢救修复系列专用设备的研制。以山东省档案局为

① 黄四平，李玉虎，欧绣花. 氧化去污技术对档案纸张性能影响的研究[J]. 档案学研究，2010(1)：66-69.

② 张美芳，朱强. 破损双面字迹档案纸张去酸加固技术的集成研究[J]. 档案学通讯，2016(1)：69-73.

例，截止到2013年为止，该单位自主研发了包括气动档案压平干燥机、吸附式档案修复装置、透射式档案修复装置在内的11种档案抢救修复系列专用设备，成为档案修复技术的重大创新成果。①

(3)文献保护集成设备社会化服务不断成长。

近年来，一些商业性服务机构为文献部门提供一体化保护解决方案的业务逐渐增多，它们大多立足于图书馆、博物馆、档案馆一体化的解决方案，开发了包括精密度恒温恒湿存储柜、低氧气调保护系列产品、馆藏环境综合治理设备等文保设备和去酸、去污修复设备等，为博物馆、图书馆、档案馆等文化遗产的保护提供全方位服务。随着文化遗产保护的需求不断增长，相信这些企业会有很好的发展潜力。

5.2 新型载体档案保护技术的探索日益繁荣

新型载体档案主要是指纸质材料之后出现的光电磁等新材料形成的诸如模拟记录的声像档案、数字记录的电子档案，甚至将社交媒体等网络或移动终端文件、重要的信息等也纳入到档案保护之中，按照数字遗产等大文献遗产来进行长期保存的研究。

5.2.1 保护对象不断丰富，研究手段多元应用

从档案制成材料的角度来说，数字时代光电磁等新型档案制成材料，诸如光盘、磁盘、数字磁带等不断涌现。这些材料的性能与纸质材料有很大的不同，笔者称之为"高分子复合材料"，即将记录材料和载体材料的功能合二为一复合在一起，如光盘、磁盘等记录材料和载体材料在形成档案之前就复合在一起了。因而新型

① 孙洪鲁. 纸质档案保护修复技术研究[J]. 中国档案，2014(8)：60-61.

材料成分复杂，记录性能和长期保存性能等方面都需要不断跟踪材料发展的新技术展开研究。从保存的手段上看，不仅是制成材料，还要兼顾信息的长久可读性的保障。本节只讨论制成材料方面的研究。

国外近些年来出现了“光盘介质寿命的测试研究、电子存储介质的耐浸泡性研究等，以及电影摄像收藏品、移动图像资料、乐谱和录音等资源的数字化保存”等研究内容。① 我国有关这方面的成果也很有建树。

从我国国家档案局优秀科技成果“获奖目录”来看，最早出现的有关光电磁材料方面的获奖成果是 1990 年的“CZJ-I 型磁性载体档案装具”，此后陆续有 1992 年的“档案管理自动化系统计算机光盘管理系统”，1995 年的“磁性档案管理规范”和“通用文书及档案图文管理光盘系统”等，这些成果主要是针对光磁材料对保存环境的特殊要求而进行的研究，说明非纸质新型档案的保存已经加入到档案保护的大家庭了。2004 年的“影响光盘信息读取的环境因素研究”和“存档光盘寿命定量检测技术研究”这两项获奖成果可以说标志着对数字记录材料光盘进行的本体研究，即对光盘本身的性能和寿命进行了定量研究。有关这方面进一步的研究，在 2005 年、2006 年、2011 年和 2012 年都有相关的获奖成果，内容涉及材料的选择、制作、保存环境条件等多方面的研究，为数字时代新型档案制成材料的优选和长期保存提供了科学依据。笔者对有关传统纸质材料耐久性和新型档案材料研究的获奖成果做了一个统计比较，如图 5-4 所示。

从图中可以看到，2002 年之前，传统纸质材料的耐久性研究与新型材料的研究交叉存在，但到了 2002 年以后，有关纸质材料耐久性的研究基本没再出现，而有关新型档案材料的研究却在持续发展着。

① 张艳欣，仝姗姗. 国外档案保护研究现状与发展探析[J]. 山西档案，2019(1)：44-56.

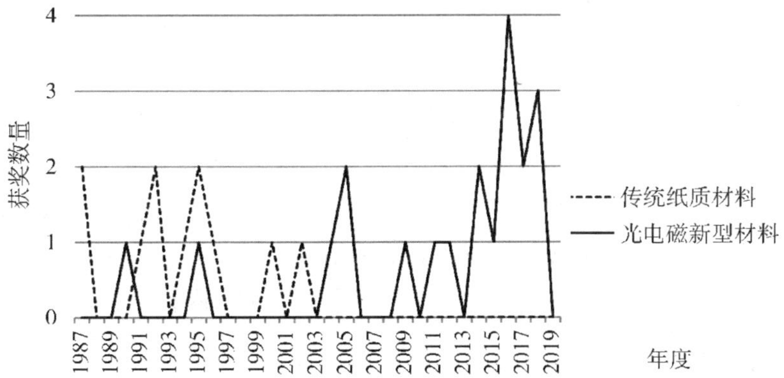

图 5-4　新型档案材料与纸质档案材料研究比较

5.2.2　声像档案的抢救研究备受关注①

纸质档案的保护一直是档案保护技术的主要内容，但声像档案也是不可忽视的一种档案类型，特别是进入数字时代以后，人们对声情并茂更接近实景的声像信息的留存和利用提出更多的需求，因而对声像档案的保存和利用也越来越受到关注。在“获奖目录”中，最早出现的是有关照片档案的修复，也是声像档案修复技术最多的一类项目。如 1987 年的“霉腐照片加固”，1990 年的“返银底片松散剂”，此后在 2002 年、2007 年也有相应的获奖成果。对于磁性材料档案的修复也有突破性研究，如 1998 年的获奖项目是“受损航测数据磁带档案恢复与光盘转存”，该项目是当年唯一的一等奖，同年还有“影像媒体的自然衰变与保存”获奖。2006 年、2007 年继续有“档案资料影片影像抖动损伤分析与处理”和“声像材料除霉剂的研制”。为胶片档案的修复和磁性载体档案的损毁原因的分析和修复提供了很好的案例。2016 年之后声像档案的研究数量不断攀

① 赵淑梅. 数字时代我国档案保护技术发展趋势——基于 1987—2015 年国家档案局优秀科技成果奖的统计分析[J]. 档案学通讯，2017(2)：72-76.

升，如表 5-5 所示。

表 5-5　2016—2019 年有关声像档案获奖目录

年度	数量	项目名称	获奖单位
2016	4	录音录像档案数字化抢救技术研究	国家档案局档案科学技术研究所、国家档案局技术部、上海中信信息发展股份有限公司、北京中科大洋信息技术有限公司
		音像档案保护与抢救的技术规范研究	上海音像资料馆
		高清视频档案长久保存格式研究	天津市档案局
		音视频档案质量检测系统的研发与应用	北京市第一中级人民法院
2017	2	感光影像档案修复与保护关键技术研究	陕西师范大学、陕西省档案馆
		教育音像档案内容挖掘与应用研究	华东师范大学教育高等研究院、上海音像资料馆
2018	2	电影胶片档案收集保管与文化产业建设研究	如皋市档案局、江苏华夏电影胶片修复技术有限公司
		数码照片档案系统规范化研究和应用	广东省档案馆、惠州市档案馆、广东图友软件科技有限公司

声像档案研究的内容从保护技术拓展到与利用开发相结合，受到档案保护学者的关注，如知名档案保护学者张美芳提出声像档案从典藏到服务数字人文研究的功能性拓展，并进而提出面向数字人

文的声像档案资源组织方法，对构建从数字采集到精准服务利用的模型进行了探讨。他倡议："为了能在全国范围内共享声像档案资源，逐步实现为人文研究服务，可以采取以下措施：一是将全国范围内分散在不同地域或机构的声像档案数据库、工具软件或平台进行分类汇总整理，用专门的网站或页面集中展示，方便人文学者了解使用。二是依托档案馆已有的声像资源、技术和存储优势，创建可促进人文研究的数据集或大规模结构化数据，并提供一种新的声像档案打开方式、查询方式、呈现方式。"①

此外，"获奖目录"中有关文化遗产、社会记忆等方面的保护成果也可以列入档案保护研究范畴中，如武汉大学周耀林教授的《档案文献遗产保护理论和实践》和《我国非物质文化遗产档案管理理论与实践》两本专著，以及"云南少数民族档案抢救与保护方法研究"和"苏州工业遗产中档案资源抢救与保护方法研究"等，这些成果在一定程度上反映了档案保护技术的研究范围和视野不断向更广阔的社会文化遗产方面拓展的趋势，以此增强档案保护技术广泛的社会应用价值，走出封闭的档案库房，走出档案馆室的围墙，进入更广阔的文化遗产和社会记忆的大保护观视野中。

5.2.3 电子档案信息长期保存方法日新月异

电子档案保护相比较以实体为核心的传统档案保护，已转变为以信息安全与长期保存为核心的保护内容，国外的研究也基本围绕信息内容的长期保存展开技术和管理两个层面的研究。本节仍以我国为例介绍，并依据"获奖目录"将这方面的成果分为两部分进行总结，一部分是技术层面的信息安全与长期可读性的获奖项目；另一部分是管理层面的档案安全管理策略或安全保障体系的获奖项目，两项内容从2010年后出现了交叉和融合。

① 张美芳. 面向数字人文的声像档案信息资源组织利用的研究[J]. 档案学究，2019(4)：72-76.

(1)技术层面的信息安全与长期可读性研究①。

档案保护的实质是档案原始信息的长期保存和永续利用。要确保数字记录形成的档案信息的原始性以及长期保存和永续利用，不仅依赖于承载档案信息制成材料的耐久性，更重要的是依赖于存取其信息技术系统的寿命。数字档案信息的安全与长期可读是保障电子档案寿命的更为关键的因素。

在国家档案局优秀科技成果"获奖目录"中，从 2004 年开始有关电子档案信息安全和长期可读的获奖数量迅速增加，体现了档案界与时俱进的技术发展观。2004 年有 3 项这方面的成果，诸如"电子文件格式转换及归档的研究与实践""档案领域的数字水印技术应用研究和产品开发""数字签名和工程图纸整合技术在 CAD 图纸档案管理中的应用"，此后几乎每年都有这方面的研究，主要包括电子档案归档格式、元数据、存档封装技术等方面，如表 5-6 所示。

表 5-6　数字档案长期有效技术获奖目录

年度	数量	项目名称	获奖单位
2004	2	档案领域的数字水印技术应用研究和产品开发	上海市档案馆、上海大学
		VPN 技术在实现档案馆馆际互联中的应用研究	江苏省档案局
		数字签名和工程图纸整合技术在 CAD 图纸档案管理中的应用	天津市档案局、天津商学院、天津工程机械研究院
2005	1	电子影像及缩微影像整合系统开发与安全保障技术研究	上海市浦东新区档案局、国家档案局档案科学技术研究所
		电子公文文档格式转换的研究及相应软件的开发	天津市档案局等

① 赵淑梅. 数字时代我国档案保护技术发展趋势——基于 1987—2015 年国家档案局优秀科技成果奖的统计分析[J]. 档案学通讯，2017(2)：72-76.

续表

年度	数量	项目名称	获奖单位
2006	2	电子公文归档和移交的数据结构研究与应用	天津市档案局、南开大学
		电子文件归档、接收及管理运行技术方法研究	山东省威海市档案局
2007	2	数字仓储技术在数字档案馆建设中的应用研究	江苏省档案局
		DjVu 格式在档案数字化中的研究和应用	杭州市档案局
2008	5	基于数字仓库技术的档案信息搜索引擎研究	青岛市档案局
		基于 SOA 架构的档案管理系统集成开发与应用	国家开发银行
		基于 OAIS 模型的县级数字档案馆的建设与核心技术的应用研究	江苏省太仓市档案局、中国人民大学信息资源管理学院
		件符识别与检索影像在数字档案信息管理中的应用研究	湖北省咸宁市档案局、华中科技大学
		非结构化异构档案数据库集成技术研究	天津市档案局
2009	1	分布式档案异构数据库互访技术及管理模式的研究与应用	辽宁省档案局
		电子文件种类格式及归档技术方法现状调查研究	国家档案局科研所等

续表

年度	数量	项目名称	获奖单位
2010	3	基于文件流驱动的电子档案安全性研究	天津市档案局、天津大学、天津天深科技发展有限公司
		电子公文元数据法律效力研究	天津市档案局、天津大学、南开大学、天津师范大学
		电子公文归档接口系统的技术措施	上海市静安区档案局
2011	3	档案数据安全存储方案研究	南京市档案局
		电子档案长期保存功能需求及实现方式研究	辽宁省档案局(馆)
		DRM 版权认证技术在数字档案查询服务中的应用研究	湖北省档案局、武汉大学、武汉纺织大学
2014	3	电子文件元数据自动采集与智能分析实证研究	北京市人民政府外事办公室信息中心、中国人民大学信息资源管理学院、中国兵器工业信息中心、北京市档案局
		基于 RFID 技术的法院智能化档案管理系统	北京市第一中级人民法院
		档案安全封存技术及其组织策略研究	上海市档案局、上海市嘉定区档案局、中国人民解放军南京政治学院上海校区
2015	1	电子标签内嵌数字水印技术在档案管理中的应用研究	湖北省档案局、上海书亚计算机科技有限公司
2016	2	电子文件元数据分类与方案设计对策研究	北京市档案局
		电子档案真实性、完整性、可用性及安全性成熟度模型研究	杭州市档案局

续表

年度	数量	项目名称	获奖单位
2018	2	电子文件长期有效性保证的研究	安徽省档案局
		电子档案长久保存中数字签名技术的应用研究	广东省电子商务认证有限公司、广州市微柏软件股份有限公司、广东省交通运输档案信息管理中心

另外，2016年以来，区块链、云计算、人工智能等新型技术的应用也在快速进入到电子档案保护领域中，包括区块链技术对于创建及保存可信赖数字档案的应用研究①、云计算技术对于小型社区数字档案保存的应用研究②等。我国这方面也有相应成果：2016年之后的“获奖目录”体现出迅疾发展的趋势，如表5-7所示。

表5-7 云计算、人工智能等新技术的应用获奖目录

年度	数量	项目名称	获奖单位
2016	1	基于云计算的全省档案资料共享利用研究	江西省档案馆、同方鼎欣信息技术有限公司
2017	3	基于云平台的数字档案室业务系统	内蒙古自治区档案局(馆)、沈阳东软系统集成工程有限公司
		基于政务云的区域性文档一体化综合管理平台	中山市档案局、广州明动软件股份有限公司
		基于智慧云的档案馆管理体系研究	江苏张家港市档案局

① Lemieux V L. Trusting records: is Blockchain technology the answer[J]. Records Management Journa l, 2016, 26(2).

② Hurley G. Community archives, community clouds: enabling digital preservation for small archives[J]. Archivaria, 2016(81).

续表

年度	数量	项目名称	获奖单位
2018	2	基于 BIM 技术的三维城建档案接收保管和应用模式研究	上海市浦东新区档案局、国家档案局科研所
		基于云 GIS 技术的城市地下管线档案动态管理系统研发与应用	中新天津生态城图书档案馆、天津生态城投资开发有限公司
2019	3	基于 LabVIEW 的档案馆安防系统及库房监测系统设计研究	华北理工大学
		量子保密通信技术在数字档案馆及馆际互联互通平台上的应用	安徽宝葫芦信息科技集团股份有限公司
		Hadoop 技术在气象数字档案馆存储中的研究与应用	广西壮族自治区气象信息中心

(2)管理层面的档案安全管理策略或安全保障体系研究。

技术与管理相融合的数字档案安全管理策略以及系统化的档案安全保障体系研究成为数字时代档案保护新潮流。①

在“获奖目录”中，2005 年的“电子影像及缩微影像整合系统开发与安全保障技术研究”和“数字档案安全体系研究”以及 2007 年的“电子档案数字信息的安全保障研究”等获奖项目，可以说是对数字信息安全保障体系的建设进行了前瞻性的探索。2010 年，国家档案局举行的全国档案安全体系会议中明确提出了“档案安全保障体系”，旨在“建立确保档案安全保密的档案安全体系，全面提升档案部门的安全保障能力”。此后成果数量逐年增加，2012 年达到顶峰，如表 5-8 所示。

① 赵淑梅. 数字时代我国档案保护技术发展趋势——基于 1987—2015 年国家档案局优秀科技成果奖的统计分析[J]. 档案学通讯，2017(2)：72-76.

表 5-8 有关档案安全策略和安全保障体系研究的获奖目录

年度	数量	项目名称	获奖单位
2005	1	数字档案安全体系研究	北京市档案馆、清华大学档案馆
2006	1	国家综合档案馆电子文件和电子档案数据备份与灾难恢复中心可行性战略研究	福建省档案局
2007	1	电子档案数字信息的安全保障研究	解放军南京政治学院上海分院、上海市档案局
2010	1	分布式档案基础数据库等级化保护制度与安全体系的构建研究	福建省档案局
2011	2	档案信息安全保障体系相关问题的研究	辽宁省档案局(馆)
		档案数据安全存储方案研究	南京市档案局
2012	10	档案安全保障体系中数字档案信息异质备份策略与技术应用研究	国家档案局科学技术研究所
		数字档案信息安全管理策略研究	中国移动通信集团湖北有限公司、湖北省档案局
		电子档案异质异地备份管理模式研究	辽宁省档案局(馆)
		档案异地安全备份系统	天津市档案局、北京八九数码科技有限公司
		电子文件异质异地备份策略研究	湖北省武汉市城市建设档案馆、武汉大学信息管理学院
		智能化档案馆信息安全保障策略与应用研究	苏州工业园区档案管理中心

续表

年度	数量	项目名称	获奖单位
2012	10	档案馆数字档案信息安全管理策略研究	浙江省档案局、杭州市档案局、舟山市档案局
		电子档案信息安全管理策略研究	辽宁省档案局(馆)
		档案信息资源安全备份策略研究	上海市浦东新区档案局
		军队电子文件信息安全管理研究	解放军南京政治学院上海分院
2013	3	档案安全保障体系的架构与评价指标研究	上海市档案局、解放军南京政治学院上海校区
		档案安全保障体系建设情况调查研究	河南省档案局
		区域档案与电子文件登记备份策略研究	浙江省丽水市档案局
2014	3	电子文件管理安全保障体系研究	天津市档案局
		档案安全封存技术及其组织策略研究	上海市档案局、上海市嘉定区档案局、中国人民解放军南京政治学院上海校区
		档案数字化外包加工中安全管理问题分析与解决方案研究	国家档案局技术部、山东省档案局
2015	1	基于国家信息安全等级保护制度的档案信息系统安全保障体系研究	浙江省档案局、浙江省温州市档案局、浙江省经济信息中心、浙江省发展信息安全测评技术有限公司
2016	1	政府网络信息存档策略研究及系统实现	国家档案局档案科学技术研究所

续表

年度	数量	项目名称	获奖单位
2017	1	探索电子文件归档和电子档案管理新模式	上海市档案局
2018	1	各级国家综合档案馆电子文件与电子档案管理系统在档案信息利用过程中安全保护功能需求与实现方式的研究	福建省档案局

从这些获奖成果的内容可以看到，最大的特点是将信息安全技术不断融入涵盖所有档案的档案安全保障体系之中，即将单一数字信息安全技术、备份技术以及电子和传统档案安全保障等各种技术统一整合到系统的档案安全保障体系之中进行综合治理。2012 年有 10 项获奖项目，是历年某一类项目获奖数量最多的一次，而且大多冠以“体系”“策略”等关键词，如“档案安全保障体系中数字档案信息异质备份策略与技术应用研究”“电子档案信息安全管理策略研究”“数字档案信息安全管理策略研究”等。由此也可以看到，我国对档案安全管理策略和指导思想的不断演变过程，正如赵淑梅指出的①：可以归纳为三个主要发展阶段，即实体安全为主、信息安全为辅的后端保护阶段，前端控制、全程保护的风险管理阶段，电子文件安全纳入国家信息安全战略的安全管理阶段。不同阶段折射出档案安全管理指导思想的变化，即由局部向整体，由微观向宏观，由静态库房管理向动态全程监控的认识过程，由此所指导的实践也从“亡羊补牢”的被动安全防范向“风险预警，全程保护”更加全面的安全保障过渡，由区域自主向国家战略规划的渐进转变。希冀在科学的指导思想引领下，为电子档案的科学保护研发出更多更有效的解决方案。

① 赵淑梅. 试析中国电子文件安全管理指导思想的演变[J]. 档案学通讯，2015(2)：56-59.

5.3　保护技术与管理协调发展理念与措施日益受到重视

数字时代传统档案类别与电子档案将长期并存，因而解决这两类档案保护问题应该整体规划，协调发展。数字信息产生与保存的系统性、管理措施配套性等特点，要求必须加强档案安全管理的系统性和整体性方面的设计和保障，传统档案保护的科学化同样需要整体方案的设计和质量评估的保障。加之自然灾害频发和人为破坏加剧，档案安全可谓危机四伏。这一切使我们不得不从更加宽广的视野，使用更加多样的方法为档案架构安全网。保障档案的安全，仅靠单一的技术策略很难实现，而且档案部门也有些势单力薄。只有发挥方方面面的协同力量，从系统论的观点出发来架构一个可防、可控全方位的安全保障体系成为必要。所以，无论是传统档案保护还是新型材料的档案保护，技术与管理并重在国际上是主流，我国对技术与管理方面的协调发展也在不断加强。

5.3.1　借鉴国外文献保护技术与管理协调发展的经验

国外对文献保护技术与管理并重，是比较突出的特点，值得借鉴。根据张艳欣①以及笔者与研究生②共同对国外有关保护技术方面研究的分析，发现国外的研究成果中有关保护的“调查”“评估”“指南”“综合管理策略”方面的主题占很大比重。如“美国、德国、荷兰、法国、丹麦等都相继成立了保护技术评估办公室(OTA)或者类似的机构，使得保护技术的评估成为一项常规性的工作”。

① 张艳欣，仝姗姗. 国外档案保护研究现状与发展探析[J]. 山西档案，2019(1)：44-56.

② 王艳丽. 20 世纪 70 年代以来欧美档案保护学术研究统计分析[D]. 沈阳：辽宁大学，2019.

在纸质档案保护方面，国外从20世纪70年代开始就注重技术的评估，集中在纸张脱酸和微生物防治方面。对脱酸技术的评估管理研究较早，Dupuis等①在1970年就对兰韦尔气相脱酸工艺进行了评价，确定其有效性并调查其所含物质的潜在危险，从而不断改进脱酸工艺；在微生物防治方面，Ballard和Baer② 在1986年对"环氧乙烷熏蒸的结果和风险进行了评定"。Wiendl③ 等研究了用伽马射线对天然受真菌和细菌污染的纸张进行消毒的效果，还研究了以降低伽马射线消毒剂量为目标的温湿度预处理效果等。到了数字时代，对馆藏保存以及数字化保存的评估不断重视起来。如《基于综合调查的馆藏手稿保存需求评估》④介绍了对华盛顿州立大学图书馆手稿、档案和专题馆藏(MASC)单位的手稿的物理状况和保存需求进行全面调查的规划、经费、方法和影响，以便制定优先保护处理计划。在数字化保存方面，《荷兰数字化保护实验项目的实践经验》⑤中Testbed项目探讨了数字化长期保存的三种不同方法：迁移、XML和仿真。不仅将评估每种方法的有效性，还要评估每种方法的限制、成本和应用潜力，从而为数字化保存提供最合适的保存方法的建议。美国蒙大拿州立大学图书馆的Mannheimer等⑥提出了成功的数字化保存合作的五点计划：培养、评估、倡导、实

① Dupuis R N, Kusterer Jr J E, Sproull R C. Evaluation of Langwell's vapor phase deacidification precess[J]. Restaurator, 1970, 1(3): 149-164.

② Ballard M W, Baer N. Ethylene oxide fumigation: results and risk. assessment[J]. Restaurator, 1986, 7(4): 143-168.

③ Maria G C T, Wiendl F M. The applicability of gamma radiation to the control of fungi in naturally contaminated paper [J]. Restaurator, 1995, 16(2): 93-99.

④ Gunselman C. Assessing preservation needs of manuscript collections with a comprehensive survey[J]. The American Archivist, 2007, 70(1): 151-169.

⑤ Verdegem R, Slats J. Practical experiences of the Dutch digital preservation test-bed[J]. The Journal of Information and Knowledge Management Systems, 2004, 34(2): 56-65.

⑥ Mannheimer S, Cote C. Cultivate, assess, advocate, implement, and sustain: a five-point plan for successful digital preservation collaborations [J]. Digital Library Perspectives, 2017, 33(2): 100-116.

施和维持，即培育知识基础，确定共同愿景；评估每个机构目前的数字化保存格局；倡导数字化保存活动的价值；实施共享数字化保存服务；维持小组活动，并建立持续支持的结构。Evens 和 Hauttekeete 通过“对比利时弗兰德斯地区文献遗产保护机构的考察、研究，发现数字资源长期保护政策的缺失是导致大多数档案馆馆藏进一步恶化和技术过时的最主要原因”。①

5.3.2　探索我国有关技术与管理协调发展的理念

调查评估是推动档案保护管理科学化、高质化的重要保障。我国对技术与管理的关注度不断提升。早在 2009 年，赵淑梅②就专门撰文对档案保护技术与管理的关系进行了阐释，指出健全的管理制度和科学的保护技术共同为档案长久保存保驾护航。特别是对于电子档案安全长久的保存，必须从信息生命周期各个环节，建立监控制度、管理措施，从技术、组织机构与人事管理、信息安全法制建设等方面采取综合治理措施，不仅要在档案保护的实际工作中协调好技术与管理的关系，而且在人才培养、专业知识体系的架构和科学研究中都能贯彻保护技术与保护管理的协调发展，使管理和技术这两个轮子共同成为推动档案保护事业发展的动力。2012 年陆续出版的档案保护教材③中都增加了保护管理方面的内容，打破了传统教材单纯强调“技术”的内容架构体系。如张美芳、唐跃进主编的教材第 1 章档案保护总论，周耀林等主编的教材第 14～16 章

① Evens T, Hauttekeete L. Challenges of digital preservation for cultural heritage institutions [J]. Journal of Librarianship and Information Science, 2011, 43(3): 157-166.

② 赵淑梅. 论档案保护技术与管理的关系[J]. 档案学通讯, 2009(2): 81-83.

③ 周耀林，戴旸，林明，等. 档案文献遗产保护[M]. 武汉：武汉大学出版社，2012；赵淑梅，侯希文. 档案物理管理与保护[M]. 沈阳：辽宁大学出版社，2012；张美芳，唐跃进. 档案保护概论[M]. 北京：中国人民大学出版社，2013.

档案文献保护管理、档案文献保护日常管理、档案文献灾难防治与恢复，赵淑梅、侯希文主编的教材第 1 和第 10 章档案物理管理与保护概述、档案安全保障体系的架构等相关内容。表 5-8 中的档案科技获奖成果也充分体现了这方面的发展成效。

5.4 档案保护标准化和社会化服务体系的建设成效显著

标准化是指为了在某一范围内获得最佳的秩序，对已经存在的或隐含的问题制定共同的、重复使用的规则的一项活动，它涵盖了标准的制定、发布及实施的完整程序。标准化水平的高低是衡量一个行业发展水平高低的重要依据；服务的社会化则标志着某一行业社会服务需求力的旺盛。所以档案保护标准化和社会化方面的发展说明档案保护事业的旺盛生命力。

5.4.1 档案保护行业标准化建设不断深入发展

自 1983 年我国档案工作标准化领导小组成立以来，历经三十多年的发展，我国档案行业标准建设取得了丰硕成果。查询国家档案局官网公布的行业标准可知，截至 2020 年 2 月，我国现行档案行业标准共 85 项，其中档案保护行业标准 54 项，占全部标准的 2/3。近年来档案保护行业标准的修订和颁发数量激增，从 2017 年到 2019 年，共颁布标准 25 项，约占全部档案保护行业标准数量的 47.2%。其中 2019 年就发布了 11 项。纵观我国档案保护行业标准的建设主要有以下三个特点。

(1)纸质档案修复标准的建设由针对单一修复技术的标准向针对系统的修复过程的标准化转变。2005 年以来，对纸质修复技术的系统性、总结性研究的基础上，修复工作的标准化和规范化研究逐渐成为档案修复领域新的研究热点，以此突破了传统“传帮带”师徒相授式的经验指导，如表 5-9 所示。

表 5-9　我国纸质档案修复标准规范汇总

1	DA/T 11—1994	文件用纸耐久性测试法
2	DA/T 16—1995	档案字迹材料耐久性测试法
3	DA/T 25—2000	档案修裱技术规范
4	DA/T 35—2017	档案虫霉防治一般规则(代替 DA/T 35—2007)
5	DA/T 61—2017	明清纸质档案病害分类与图示
6	DA/T 60—2017	纸质档案真空充氮密封包装技术要求
7	DA/T 64. 1—2017	纸质档案抢救与修复规范 第 1 部分：修复操作指南
8	DA/T 64. 2—2017	纸质档案抢救与修复规范 第 2 部分：修复操作指南
9	DA/T 64. 3—2017	纸质档案抢救与修复规范 第 3 部分：修复操作指南
10	DA/Z 64. 4—2018	纸质档案抢救与修复规范 第 4 部分：修复操作指南

如果说国家档案局 2000 年颁布的《档案修裱技术规范》(DA/T 25—2000)和 2008 年颁布的《历史图牒档案修裱技术规范》(GB/T 21712—2008)为档案修裱技术的标准化提供了重要依据的话，那么，国家档案局 2017—2018 年颁布的《纸质档案抢救与修复规范标准——破损等级的划分、档案保存状况的调查方法、修复质量要求》四个操作指南，则是对我国档案修复工作的制度化、科学化管理的全面推进。

(2)档案保管条件由传统的物理空间趋向智能与环保空间的建设，电子档案的信息空间不断向智慧化管理与安全预警需求方面发展。档案保管条件方面的行业标准共有 13 项，如表 5-10 所示。涵盖了档案防虫防霉标准、档案馆防灾应急标准、档案馆库房标准、保护设备标准四大类型。总体的趋势是档案保管行业标准趋向于智能类和环保类的标准建设。就档案保护设备要求而言，档案密集架在手动密集架特点的基础上，增加了定位引导、状态显示等智能管理功能，为档案馆保管设备的智能化标准建设提供了借鉴。就档案库房管理来看，《绿色档案馆建筑评价标准》(DA/T 76—2019)是我国第一部有关档案建筑绿色环保的评价标准，为今后档案保管行业标准趋于绿色环保起到了积极引领作用。

表 5-10 档案保管条件的行业标准

内容分类	标准名称
档案库房	DA/T 55—2014 特藏档案库基本要求 DA/T 76—2019 绿色档案馆建筑评价标准 DA/T 81—2019 档案库房空气质量监测技术规范 DA/T 84—2019 档案馆应急管理规范
档案装具	DA/T 6—1992 档案装具 DA/T 24—2000 无酸档案卷皮卷盒用纸及纸板
保护设备	DA/T 7—1992 直列式档案密集架 DA/T 45—2009 档案馆高压细水雾灭火系统技术规范 DA/T 56—2014 档案信息系统运行维护规范 DA/T 65—2017 档案密集架智能管理系统技术要求
虫霉防治	DA/T 26—2000 挥发性档案防霉剂防霉效果测定法 DA/T 27—2000 档案防虫剂防虫效果测定法 DA/T 35—2017 档案虫霉防治一般规则

(3)电子档案长期保存注重归档存储与信息安全标准的建设。

电子档案是以数字代码形式存在，运用计算机系统记录、传输，并具有凭证、查考和保存价值的电子文件。电子档案保护行业标准共有 18 项，如表 5-11 所示，主要内容涉及六个部分。一是整体的管理系统安全规范，主要对运行电子文件与电子档案的软硬件系统的设计、安装、运行方面的安全隐患进行预防和维护。二是电子文件元数据管理，以文书类、照片类和录音录像类电子档案的元数据方案为主。三是电子档案载体规范，围绕蓝光光盘、硬磁盘等电子档案载体，形成《电子档案存储用可录类蓝光光盘(BD-R)技术要求和应用规范》(DA/T 74—2019)、《档案数据硬磁盘离线存储管理规范》(DA/T 75—2019)等相关行业标准。主要规定了可录类蓝光光盘和硬磁盘离线存储技术、保存维护以及使用等要求。四是电子文件归档，如《政务服务事项电子文件归档规范》(DA/T 85—2019)、《政府网站网页归档指南》(DA/T 80—2019)。可以看出，电子文件归档范围得到不断拓展，纳入具有查考价值的网页信息内容以及政务服务事项电子文件，这为今后网络信息归档保护的研究和实践提供了重要借鉴，也有助于电子档案保护向单轨制方面不断迈进。五是异质备份技术规范，如《数字档案信息输出到缩微胶片上的技术规范》(DA/T 44—2009)、《数字档案 COM 和 COLD 技术规范》(DA/T 53—2014)等。这些标准规定了档案信息异质备份的前期准备、缩率、检索、质量要求等。六是存储规范，如《基于文档型非关系型数据库的档案数据存储规范》(DA/T 82—2019)、《版式电子文件长期保存格式需求》(DA/T 47—2009)等。总体来看，一方面随着电子档案归档范围不断拓展，许多政府网站记录、社交媒体等被纳入电子档案归档范围，这些新纳入的电子文件归档存储规范越来越受到重视。另一方面，随着对数据信息安全的重视，异质备份行业标准等涉及电子档案信息安全的标准建设越来越受到重视。

电子档案的长期保存方面的标准制定与修订更替快速发展，充分反映了所依赖的技术更新换代的特点。

表 5-11　电子档案保护行业标准

内容分类	标准名称
管理系统安全维护	DA/T 56—2014 档案信息系统维护运行规范
电子文件元数据管理	DA/T 46—2009 文书类电子文件元数据方案 DA/T 48—2009 基于 XML 的电子文件封装规范 DA/T 54—2014 照片类电子档案元数据方案 DA/T 63—2017 录音录像类电子档案元数据方案
电子档案载体规范	DA/T 38—2008 电子文件归档光盘技术要求和应用规范 DA/T 52—2014 档案数字化光盘标识规范 DA/T 74—2019 电子档案存储用可录类蓝光光盘(BD-R)技术要求和应用规范 DA/T 75—2019 档案数据硬磁盘离线存储管理规范

续表

内容分类	标准名称
电子文件归档	DA/T 80—2019 政府网站网页归档指南 DA/T 85—2019 政务服务事项电子文件归档规范
异质备份技术规范	DA/T 44—2009 数字档案信息输出到缩微胶片上的技术规范 DA/T 49—2012 特殊和超大尺寸纸质档案数字图像输出到缩微胶片上的技术规范 DA/T 53—2014 数字档案 COM 和 COLD 技术规范
存储规范	DA/T 47—2009 版式电子文件长期保存格式需求 DA/T 57—2014 档案关系型数据库转换为 XML 文件的技术规范 DA/T 70—2018 文书类电子档案检测一般要求 DA/T 82—2019 基于文档型非关系型数据库的档案数据存储规范

5.4.2 档案保护社会化服务体系快速推进

欧美等发达国家在档案社会化服务方面的发展是比较成熟的，如 Iron Mountain（铁山）公司是世界领先的信息管理服务机构，目前为分布在五大洲 35 个国家的超过 15.6 万个机构提供信息存储、保护和管理服务。它是纽约交易所上市企业（代码 IRM），业绩表现良好。铁山公司保管着一些世界最古老的艺术品、珍贵文物、商业记录和病案。铁山的核心业务包括档案管理、数据备份与恢复以及信息销毁。铁山大约有 2 万名雇员、1000 处存储设施、10 个数据中心以及 3500 辆运送车辆。“根据 2017 年 PRISM 统计（国际文件与信息管理服务协会）显示，目前全球已有 594 个会员，6 家中国公司入选 PRISM。”①再如，“美国东北部文献保护中心（Northeast Document Conservation，NEDCC）是一个专业协会性质的非盈利组

① 赵淑梅，刘俊恒. 商业性档案寄存托管企业 SWOT 分析及发展对策[J]. 档案与建设，2018(3)：19，28-31.

织，成立于 20 世纪 70 年代初，它是美国新英格兰地区的 6 个州际图书馆经过协商合作创建的文献保护机构，以满足新英格兰地区所有非营利组织对文献保护服务的需求。从创建之日起，该组织在文献保护方面成效显著，陆续开展了各种服务；同时它注重与多个机构开展合作，不断壮大自身力量并扩大专业影响力和贡献力。NEDCC 网站同步跟进建设并起到了积极的推动作用，网站围绕修复技术服务、咨询服务、免费资源服务和文献公共教育服务四大方面，提供了卓有成效的文献保护服务。"①

目前我国以商业模式运作的档案公司发展势头良好，大规模的档案信息化工作，如数字化、档案管理软件开发应用等基本通过外包服务的方式来完成。国家也非常积极支持、鼓励各方面的社会力量参与到档案管理之中。中办、国办在 2014 年印发的《关于加强和改进新形势下档案工作的意见》中指出："规范并支持档案中介机构、专业机构参与档案事务；支持企业、社会组织和个人依法设立档案事业发展基金。"为此，中国档案学会定期公布更新档案服务性企业的定点名录，为档案部门选择服务性企业提供参考和专业依据。2014 年进入名录的有 64 家，2019 年达到 91 家，名录中的企业数量和服务项目不断增多，涵盖档案设备、用品与数字数字化服务、档案展览服务、档案软件服务等多个领域。从 2017 年开始，国家档案局出台了有关档案服务外包的工作规范，2020 年进一步细化，以适应不断发展的档案社会化服务行业有序发展的需要。

我国区域化服务方面也在不断建设中，据介绍，② 早在 2009 年广东省就建立了 3 个区域性档案修裱抢救中心，其目的是更高效地开展国家重点档案抢救工作。3 个区域中心分别设在粤北的肇庆市、粤西的阳江市、粤东的梅州市。3 个档案修裱抢救中心接受省档案局的指导和管理，是档案部门管理下的档案中介机构，管理严

① 赵淑梅，管清潆. 美国东北部文献保护中心网站服务研究及启示[J]. 浙江档案，2018(6)：29-31.

② 胡可征. 创新模式注重实效——广东省探索建设"区域性档案修裱中心"[J]. 广东档案，2010(4)：21-24.

格，聘请专业人员，经过培训后上岗，修裱技术较强。抢救任务由省局下达和进行调节。省局将统筹安排中央和省里的部分抢救费用，根据任务的完成数量和质量，将有关县区的抢救费用集中划拨到档案修裱抢救中心。建立之初，3个区域档案区域中心发展势头良好，阳江档案修裱抢救中心正常运行近一年，抢救档案14.4万页；梅州市档案修裱抢救中心和肇庆档案修裱抢救中心通过试运行，也不断完善服务体系，为了规范管理，肇庆市档案局制定了《肇庆市档案修裱中心首期档案抢救工作方案》等措施。

2017年10月16日国家档案局印发了《区域性国家重点档案保护中心建设与管理办法》(下文简称为《办法》)，拟在全国开设区域性国家重点档案保护中心。《办法》指出："保护中心是国家开展国家重点档案抢救保护、组织档案保护技术研究、聚集和培养优秀档案保护技术人才的重要基地。其建设和运行管理是国家重点档案保护工作的重要组成部分。根据国家统一安排，对所在区域内国家重点档案进行抢救和保护，包括破损严重档案修复、档案去酸、档案高仿真以及灾害中档案的应急救援和处理等。"即利用区域大型综合性档案馆作为"龙头"馆的优势，以规模化和集约化的形式集中馆际间和不同行业间的人力、物力和财力；制定区域性保护操作与管理的标准及法规；建立区域性修复人员队伍、信息交流中心、合作与援助计划；与高校等研究机构开展广泛合作，实现统筹建设和资源共享，避免因"分散抢救"造成的重复建设和资源闲置与浪费。目前辽宁省、广东省、云南省、新疆、北京和浙江已被批准建设区域性国家重点档案保护中心。

总之，数字时代国内外档案保护技术方面都取得了丰硕的成果，也在数字时代推进档案保护的各项工作中发挥了重要作用。无论是以纸质档案为主的传统档案保护还是电子档案的保护，不仅在单一技术上不断升级换代，种类繁多，而且不断向综合的整体解决方案上发展，将技术与管理有机融合协调发展，在更加全面科学地解决各种类别档案的保护问题中持续发展着。

第 6 章　数字时代我国档案保护技术变革与理论创新展望

档案保护是一个应用性学科，也是一个与科学技术发展密切联系的领域，因而档案保护理论创新与技术革新必定会有充满无限可能的前景。一方面随着材料科学的发展，有关档案实体材料的保护和应用创新不会停歇，另一方面随着新形态档案管理的需求与其配套技术的升级换代，保护技术与理论在面临不断挑战的情况下，也会有更多新的发展机遇。迎接挑战、抓住机遇必将为档案保护的理论创新与技术变革带来不竭的动力和持续发展的生机。

6.1　档案保护理念与研究方法的创新

计算机和网络技术的发明和使用，造就了我们目前的数字化社会形态——数字时代。这个时代正如《数字化生存》的作者尼古拉斯·尼葛洛庞帝在 1995 年所预言的："如果物质时代世界的基本粒子是'原子'的话，那么构成信息时代新世界的基本粒子就是'比特'。"①由此，也把未来的时代形象化地称为"比特的时代"。正如 18、19 世纪可称为原子和分子的时代，20 世纪可称为 DNA 的时代

① 赵屹. 数字时代的文件与档案管理[M]. 上海：世界图书出版公司，2015：12.

一样，21 世纪就是由比特构成的数字时代。① 数字时代最大的特点是，世界上几乎所有事物都可以用信息的方法(比特)量化。正所谓“万物皆比特”，这种数字化的技术给人类的工作方式和生活方式带来了前所未有的冲击。各行各业的理念与实践也面临着全新的变革，档案保护理论与技术体系同样会在不断地变革中前行和发展。

6.1.1 档案保护理念创新的主要方向

目前无论是学界还是业界，对档案保护理论与技术的研究范畴以及应用领域，都遵循着以纸质档案为核心建立起来的传统理论与技术范式。这个范式指导下的档案保护是以静态档案库房保护为主架构的知识体系和实践内容，学术研究共同体的构成也是以传统档案保护技术或理论研究的学者的成果作为标识。20 世纪 60 年代以来，随着办公自动化等技术的应用，文档的制作与流转以及长期保存的对象不断向无纸化发展，电子文件与档案不断增长，成为档案保护不可忽视的新的研究对象。按照惯性思维，必然首先从已有体系中寻找对策，可是不仅没有找到，而且产生了很多困惑②：如已有理论框架体系存在诸多缺陷，无法用修修补补的办法来完善；传统档案保护理论与实践无法指导和解决电子档案保护的问题；从事档案保护技术的人员的出路面临着困境，等等。所以理念的革新和研究方法的创新成为走出困境至关重要的前提。

(1)由静态库房保管到动态全生命周期保护(保护场所的变革)。

传统档案保护的场所主要是以档案库房为主。静态库房中档案更多的被作为收藏物来保管，因而档案保护的目的是调控库房的空气质量，所谓的“八防”(防高温、防湿、防光、防有害气体、防有害生物、防火、防盗、防震)是以维护其实体安全为最终目的。但

① 袁正光. 什么是数字化革命[J]. 中国科技信息，1997(11)：24.

② 赵淑梅. 困惑与出路——对档案保护技术学理论与实践体系的重新认识[J]. 档案学通讯，2004(4)：79-82.

电子档案的寿命是从生成开始就在管理系统中预设了整个生命周期的保管措施来动态维护的，如果生成时没有预设，业务流转中文档的“四性”(真实性、完整性、可靠性、有效性)功能就会存在诸多漏洞，电子档案的寿命会受到管理系统技术因素带来的多重威胁，这些漏洞和威胁在进入末端的档案管理环节后是难以补救的，所以贯彻文件生命周期理论与档案全程保护是非常必要的。实际上，实体档案的寿命同样需要从文件制作材料的优选做起，为档案具备良好质量奠定基础，但传统的文档分离管理模式限制了前端控制与全程保护措施的贯彻。

(2)由后端保护到全程保护(保护流程的变革)。

传统档案保护只是在文件归档后的最后一个流程进行，这是不完整的。对于纸质等实体档案进入库房后才开始比较系统地实施保护措施，实际带来不少“亡羊补牢”式的无奈之举。但对于电子档案则很难追加补救，电子档案的“四性”保障措施是在文件系统设计、业务流转等动态过程中不断积累和完善的，最后归档时是不能弥补的。目前档案部门接收电子档案就遇到了元数据不完整的困扰，因而有些地方采取了先接收电子版档案(电子文件打印件的显示界面)，可以省去双套制的扫描工作，但电子文件“三要素”(内容、结构、背景)的元数据并没有保留下来，所以说这并不是对原生电子文件的真正保护，而仍沿用传统纸质档案保护模式来应对电子档案的长期保存。真正意义上的无纸化条件下的电子文件与电子档案的长期保存观念和相关规范亟须建立。

(3)由实体安全到实体与信息安全并重(保护对象的变革)。

传统档案保护以实体为主，通过实体固化信息而获得的唯一性“原件”来实现档案寿命的保护，即采取延长档案制成材料耐久性的“预防与治理”相结合的手段达到目的。但电子档案不存在唯一的实体材料“原件”。由于配套管理系统技术的升级换代，档案信息需要不断在新系统、新载体材料间迁移，以确保档案原始记录的“原始记录性”，所以必须树立实体与信息保护措施并重的新观念。

(4)从单一的技术保护转向技术与管理双管齐下(保护手段的变革)。

传统档案保护以技术为核心的解决策略难以在日渐复杂的档案保护要求中取得预期效果。管理与技术的相互协调才是科学的保护手段，目前无论是传统档案保护还是电子档案保护技术的研发，对诸如调查、评估、整体解决方案、档案安全保障体系等管理策略的制定和应用越来越受到重视，充分贯彻"三分技术、七分管理"的管理理念非常必要。

(5)由档案保护拓展到文献遗产保护(保护视野的变革)。

传统档案保护中所面对的实体档案与文献遗产范畴的图书、文物等在保护实体材料种类、性能、保护手段等方面都是共通的，各自分割的保护都面临着专业人才、专门技术、资金等方面的短缺，因而合纵连横是档案保护获取更多人、才、物乃至政策等多方面的资源和高效发展的重要路径。

(6)培育健全的文献保护服务体系(文献保护的社会化)。

随着世界范围内和国家范围内的文化遗产保护等领域各类工程的启动以及档案领域的"国家重点档案抢救工程"等的开展，文献保护社会化服务的需求不断增长。任何一项工程的实施完全由某一机构自身完成困难巨大，所以求助于社会化服务机构或建立区域服务中心等形式的集约化服务体系是非常必要的。目前，我国档案数字化等业务已经比较普遍地由社会化服务企业提供了。世界范围内的文档服务公司也发展得比较成熟，如美国的 Ironmountian 等跨国大公司的运行，以及为规范文档服务企业的 PRISM(国际文件与信息管理服务协会)的成立及其会员的发展遍布全球，我国也有企业参与其中。因此，建立与发展档案保护社会化服务体系是符合国际潮流和行业需求的。档案部门在解决好保密与保护的基础上，充分利用好社会化服务的力量，以此来解决人、财、物等匮乏的问题是可行的。

6.1.2 档案保护研究方法创新的路径

当今是一个学科不断融合发展的时代，传统科学中鲜明的学科边界不断被突破，由此产生了许多新兴学科，随之也生发出许多新的研究方法。档案保护不仅是一门技术，更是一项社会管理工作，所以对此领域的研究也应该引入多维的方法。正如倪丽娟①指出的：哲学研究视角的引入从根本上提升了档案学研究的深度。立足于档案本体追问，我们在档案的原始记录性与人类历史记忆、社会记忆间建立起关联性。管理学研究视角的引入提升了档案学研究的科学性与有效性。档案源于人类社会实践与社会管理，在借鉴管理思维、管理学基本原理、管理实践体系知识的基础上，实现了档案事业管理知识体系与实践路径构建的深化与优化。文化学研究视角的引入深化了我们对档案工作与人的发展关系的认知，丰富了对档案信息资源建设出发点与路径选择多样性的认识，拓展了档案工作融入现实社会发展的路径。档案保护理论与技术的研究方法也可以循着这样几个方向去找寻。

(1)哲学方法的引入，让档案保护学科理论研究在深度上获得提升。

哲学被称为科学的科学，它是关于人类思维的科学，因而为人类的认识论提供了研究方法。19 世纪中叶，马克思主义哲学的创立为我们提供了认识客观社会的科学方法论。马克思主义哲学的唯物论和辩证法是具有最普遍指导意义的方法，其中“唯物史观为人们科学地认识社会规定了基本的原则，这就是按照社会历史过程本身的特点及其演化发展面不断地探索科学地认识社会的特殊方法”。② 在应用过程中可以通过系统的分析、经济的分析、动态的分析和历史的分析等手段的综合，来考察社会现象和客观事实的发展特点、演变规律。

以档案工作实践为客观需求而建立的档案保护学科，从最初馆藏档案的日常保管和部分档案修复等简单的保护活动，逐渐发展到以纸质为核心，声像档案、照片档案等多种类别档案的保护，再到

① 倪丽娟. 改革开放四十年档案学研究路径拓展及其启示[J]. 档案学研究，2019(2)：20-24.

② 欧阳康，张明仓. 社会科学研究方法[M]. 北京：高等教育出版社，2004：90.

电子档案的出现和需求，不断推动和丰富着档案保护技术与理论的发展，这些为在实践和事实上探寻档案保护技术与理论发展规律提供了足够多的考察对象。以哲学层面的方法为指导，从发展历程中分析提炼、找寻规律和探求本质。如在档案保护教材的建设历程中，对档案保护学科定义和研究对象的探索就包含了哲学方法的应用。本研究中第3章提到的有关档案保护教材的建设历程中的代表性教材，1984年出版的《档案保护技术学》教材确定了档案保护学科经典定义，可以说是对1961年出版的《档案保管技术学》教材内容的提炼和升华；2012年由赵淑梅、侯希文①主编的《档案物理管理与保护》教材将保护对象概括为“档案原始记录”，突破了经典学科以实体为研究对象的思维定势。这些对档案保护学科发展的探究都具有哲学意义，即很好地应用了哲学的研究方法，透过现象看本质，注重规律的揭示和提炼。

此外，还有一些通用的方法，如横断科学方法，包括数学方法、控制论方法、系统方法、信息方法等；经验科学方法，包括调查研究方法、观察法、实验法等；理性思维方法，包括科学抽象方法、比较与分类方法、归纳与演绎方法、公理化方法等，也可以在档案保护技术与理论的研究中恰当应用，适应档案保护学科的综合应用性特点。

(2)管理方法的引入，让保护技术的应用与管理协调而发挥更大效益。

档案保护是以技术为核心的学科，但技术发挥作用必须与管理相协调，而且档案保护是整个档案管理中的一个环节，必须依照档案管理的基本原则、遵循管理体制的特点。正如学者倪丽娟②指出，无论是档案管理还是档案事业管理，本身都具备管理属性，为了档案管理工作和档案事业能够持续、健康地发展，必须运用现行

① 周琳. 建国以来档案保护学科发展研究[D]. 沈阳：辽宁大学，2016：8.

② 倪丽娟. 改革开放四十年档案学研究路径拓展及其启示[J]. 档案学研究，2019(2)：20-24.

科学的管理理论与方法来管理档案与档案事业。我国档案管理体制中的文档分离模式对档案保护技术与理论的应用带来很大的影响，限制了档案保护理论的贯彻和技术的全程控制。传统档案保护如此进行尚可维持，但对于系统生成、管理的电子档案的保护，则会在可信性、长期可读性等方面带来致命的缺陷。一些学者对此提出自己的建议，如学者黄广琴①所提出的涉及经济、体制、人文、环境、人员等多要素的管理层面的内容，包括增强保护观念、改善保护环境、改革保护管理体制、完善保护法律法规、增加保护经费投入、购置保护仪器设备、申报保护科研项目、设立保护专业教育、共享保护信息、加强保护合作等多个方面。对于电子档案保护有关管理内容的研究和呼吁就更多了。如聂云霞②提出了国家层面的数字资源保存相关理论：信息本体论、知识论、信息生命周期理论、前端控制理论、战略规划理论、风险管理理论等。周耀林在《档案安全体系理论框架的构建研究》③中提出了风险社会理论、风险管理理论、灾害管理理论、信息安全理论、安全文化与管理理论等。

(3)文化学方法的引入，让档案保护发展视野和社会价值实现获得更大空间。

档案保护的目的是为了更好地提供利用，为发挥档案价值创造条件，因而档案保护理论与技术与档案价值发挥也是密切相关的。档案保护的对象是归档保存有长远利用价值的档案，档案长远利用价值也是多方面的。从社会记忆的角度，档案是人类文明的记忆载体，因而具有广泛的文化价值、经济价值、历史价值，甚至是文物价值(主要指历代历史档案实体的演变)、艺术价值等，发挥这些价值就需要结合档案的实体和内容两方面进行完整保护，有效提供利用。如目前的“数字人文”学科及其方法就是让技术服务于人文

① 黄广琴，颜川梅. 重新审视档案保护研究[J]. 中国档案，2008(1)：26-27.

② 聂云霞. 国家层面数字资源长期保存策略研究[M]. 南昌：江西人民出版社，2016：68-78.

③ 周耀林，赵跃. 档案安全体系理论框架的构建研究[J]. 档案学研究，2016(4)：107-112.

科学。所以，使用人类一切可以应用的方法来为档案保护理论的丰富、技术的革新和有效利用提供研究工具和方法论，能够让保护学科的路走得更广阔、更长远。

(4)多种方法的融合应用。

档案保护是一门综合性应用学科，随着档案制成材料和记录手段等相关技术的不断发展而更新发展。在传统档案保护时代主要应用自然科学手段，数字时代则更多地与信息技术和管理科学相结合，如图 6-1 所示，以满足数字时代多种形态档案保护的需求。

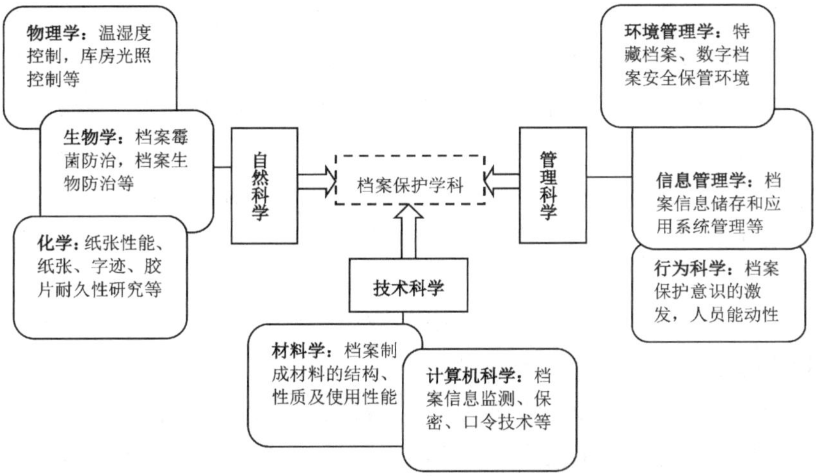

图 6-1　档案保护多种学科融合应用①

6.2　档案保护科学共同体的培养与研究内容的创新和拓展

按照库恩“范式理论”的构成，科学共同体的形成与共同世界

① 周琳. 建国以来档案保护学科发展研究[D]. 沈阳：辽宁大学，2016：41.

观和方法论信念的坚守对于一个学科“范式”的发展至关重要。第 3 章 3.2 节分析了现有学科范式中档案保护学术共同体发展面临的窘境，诸如档案保护学科核心作者群势单力薄，传统档案保护人才培养方面的教学条件不断耗尽，专门从事档案保护的人员奇缺等问题。在数字时代，要破解这些难题必须找到重振学科共同体的解决之道。

6.2.1　档案保护人才培养模式的创新

人才培养是一个学科或一项事业发展的根本保障。要使档案保护事业后继有人，我国档案保护人才培养模式必须进行创新，架构新的教育模式。从目前我国档案保护人才培养模式来看，主要集中在传统档案保护人才的培养上，对于电子档案保护专门人才没有明确界定，因而也没有对应的招生和人才培养规划。面对传统保护人才培养模式存在的诸多问题，构建新模式要从两方面寻求解决之道。

(1)对传统档案保护人才培养模式进行改造：建立图书保护、档案保护、文物保护整合模式。

目前，传统档案保护在学校教育层次上没有专门的学科门类，分散在图书馆学、档案学类、历史学与美术学类和文物鉴定与修复类等多个学科中，而且大多数学校只作为一门专业课讲授，如表 6-1 所示。学生所掌握的理论知识与实践能力都难以满足实际部门的需要。社会教育层次培训也不成规模，只是根据部门或行业自身需求进行不定期的短期培训，难以解决实际部门人才数量和技术上的稀缺。至于高端的研究人员和教师队伍目前也处于奇缺状态，传统档案保护高端人才和教师一部分转行，一部分随着退休没有新鲜血液补充，导致档案专业要求的核心课程“档案保护技术学”有不少学校缺少专门教师。

从表 6-1 可以看到，我国与档案保护相关的教育中学历层次可以说很完备，从高职、中专、本科、研究生一应俱全，其中以本科教育层次为主流，占 80%。档案学专业大多开设了档案保护技术

表 6-1 我国档案保护及其相关专业课程设置情况统计①

专业	学校	相关核心课程
图书馆学、档案学	“985 工程”“216 工程”院校：中国人民大学、武汉大学、辽宁大学等 13 所	本科教育：档案保护技术学、档案有害生物防治、信息材料耐久性研究等 硕士教育：档案文献遗产保护等 博士教育：文献保护专题研究等
	中央部属或省属本科院校：湘潭大学、郑州航空工业管理学院等 9 所	以本科教育为主：档案保护技术、档案保护与复制技术、文献保护等
文献学与艺术类：古典文献学、古文献学、古典文学、古籍研究、公共事业管理（文化遗产保护与管理）、文化遗产学、美术学（古画修复与装裱）、美术学（文物鉴赏与修复）	“985 工程”“216 工程”院校：北京大学、华东师范大学等 3 所	本科教育：档案保护技术学、目录学、校勘学、版本学等 硕士、博士教育：中国古典文献学、文献保护学等
	中央部属或省属本科院校：金陵科技学院、中央美术学院等 4 所	以本科层次教育为主，侧重于古籍类文献保护：古籍修复、古籍装帧、古籍保护、民国文献保护、文献复制技术、古籍书画复制技法、古籍善本修复与装帧、揭裱与修复、馆藏文物修复等
文物保护与修复类：文物鉴定与修复、文物保护技术、文物修复与保护、古籍修复	高职（高专院校）：首都联合职工大学、南京市莫愁中等专业学校等 7 所	以培养实用型技术人才为主：古籍修复、古籍保护、古籍鉴定、书画修复、中国工艺美术史、文献修复、文物保护修复、图书档案保护、应用化学、书画材料学、博物馆学概论、中国书画鉴赏、档案管理与保护技术、古文字及古文献文物修复等。

① 通过对设有图书档案学教育的高校官方网站以及学术研究中所介绍的，进行汇总而成。

学课程，但一门课程只能起到基础知识教育的作用，虽然不少学校开设了配套的实验课程，但实验课程大多嵌入理论课程中，学生只能做一些模仿式的操作，没有系统的档案保护技术的训练。除了档案学科，古典文学类、文物艺术类专业所开设的文献保护与修复课程多与历史文化相关，设立的修复技艺课程相对丰富一些。

社会教育在古籍文献方面的培训成效较大，这主要得益于在2007 年启动的“中华古籍保护计划”工程，国家在政策、资金等方面提供了有力支持。培训的方式主要是以各省市图书馆和档案馆所组织的培训学习为主，由国家出资，设在各省级图书馆内；由国家级古籍保护分中心以及修复技艺传习所协办。2014 年，国家古籍保护中心评审出首批 12 家“国家古籍保护中心人才培训基地”，“利用分中心所在图书馆现有的软硬件设施、修复材料和实训场地及破损古籍等优势资源，对从事古籍保护修复工作人员开展培训工作。”①据资料介绍，② 至 2018 年 9 月，全国共培训了 9000 余人，初步扭转了古籍保护人才匮乏的局面，但在档案保护技术方面的培训范围有限，成效也有限。

所以从我国有关档案保护方面的人才培养现状来看，如果在教学内容上与文物保护、书画修裱、文化遗产保护、古籍保护进行融合，使其融入到大的文化遗产保护范畴之中，相互支持、协同发展，那么将会在人才培养和技术的应用上取得更好的效益。对此，也有学者赞同，并提出了具体的解决方案，如张美芳鉴于图书、档案、文物三者保护相通相似的特点，提出两种人才培养模式③：第一种模式是建立三个学科的“保护联盟”，此种联盟既保持以往的独立培养方式，又有新的统一、融合形式，在整合图书、档案、文

① 张建国. 谈古籍修复与人才培养的新途径——以院校合作办学培养古籍修复人才为例[J]. 图书馆工作与研究，2015(7)：91-94.

② 中国古籍保护协会网. 古籍保护人才培养“三位一体”新模式 初步扭转专业人才匮乏局面[EB/OL]. [2018-09-25]. http://www.chinaabp.cn/dtzx/whzx/201809/t20180925_172558.htm.

③ 张美芳. 图书保护、档案保护、文物保护学科整合研究[J]. 大学图书馆学报，2016，34(4)：42，69-73.

物、文化遗产保护的基础上，建立统一的培养方式，人才培养途径采用共建、合建等方式，充分实现资源共享。第二种模式是建立新专业，与目前国内大多数高校单独开设图书馆学专业、文博专业、档案学专业不同，单独开设文化遗产保护专业，将藏品、藏品保护技术和人三者有效地融合起来，通过专门的教育，培养专门人才。笔者所在的档案学专业从2017年开始也在这方面开展了实质性的尝试，与辽宁省图书馆进行合作，进行古籍保护方向研究生的培养，双方签订了协议，招生和日常管理由学校负责，辽宁省图书馆负责提供专业培训经费（经费来自国家古籍人才培训基地专项资金，该经费主要用于邀请专家讲座、支撑学生实习等），目前一共招生6名，希望在积累经验的基础上进行更好的合作。

此外还可借鉴国际经验，美国、法国、波兰、韩国、印度等国也是以“大文献保护”的视角来统筹艺术品、馆藏品、考古文物等保护需求而进行融合培养的高等教育模式。① 据介绍：② 随着档案、图书、文物和博物保护工作的加强，国际上保护从业队伍越来越庞大，内部分工越来越细。欧美将保护工作分为保护工作者（conservator）、保护管理人员（preservation manager）、保护教育者（preservation education）、保护科研者（conservation technician）、保护技术人员（preservation technician）、收藏品保护专家（collections care specialist）、修复工作者（restorer）等。为此，他们的高等教育课程设置也做了相应的调整。

（2）电子档案保护人才培养模式。

电子档案保护需求复杂，与计算机集群技术密切相关，这个领域的动态发展也快速更替，因而专门设立学科不太现实，只能在电子档案管理与数字资源长期保存等方面有侧重地进行专项培养。美国 iShool 联盟的教育方式值得借鉴。

① 张美芳. 图书保护、档案保护、文物保护学科整合研究[J]. 大学图书馆学报，2016，34(4)：42，69-73.

② 张美芳. 国际背景下的中国档案保护技术及其教育发展[J]. 档案管理，2008(4)：49-51.

iShool 联盟以美国信息学院运动为发端，到目前在全球已有 106 所高水平信息学院、商学院、计算机学院，我国有 6 所大学陆续加入：武汉大学、北京大学、中国人民大学、华中师范大学、南京理工大学和吉林大学。《iSchool 联盟高校的档案学教育特色及对我国的启示》①一文比较系统地梳理了 iSchool 联盟排名前二十的高校及其档案学教育情况，列举了各个学校开设的课程及其人才培养目标。iSchool 源于 20 世纪 80 年代末美国图书馆情报学(Library and Information Science，LIS)学院院长之间的非正式会晤。2003 年，iSchool 运动(Information School Movement，信息学院运动)正式被提出。2004 年，18 所美国 LIS 学院及加拿大多伦多大学信息学系共同创建了 iSchool 项目。截至 2017 年 11 月，iSchool 联盟共有来自美国、英国、德国、澳大利亚、丹麦、中国、新加坡、韩国等多个国家的 86 个成员机构(包括 27 个一级成员、30 个二级成员、21 个三级成员、8 个准成员)，其中绝大多数为高校。iSchool 高校档案学教育的特色中以人为本的教学理念、面向职业需求的教育模式对我国有很好的借鉴价值。iSchool 联盟中的高校培养人才设置的课程涵盖的知识面广阔，囊括了各类文献的保护知识和技能的需求。从各个学校设置的课程可以看到，普遍注重对学科专业人员的整合和复合型人才的培养，因而 iSchool 高校开课中多含跨学科课程，开设了将档案学与图书馆学、管理学、社会学、信息科学、计算机科学等专业或与文化遗产、集体记忆、公共服务等领域相融合的学科交叉课程。

数字时代应该在重塑档案保护技术学人才的知识结构方面下工夫，将具有理工科专长的传统档案保护人员的构成，调整为多学科融合的兼顾传统和电子两种主流形态档案保护需求的人才结构。引入计算机信息技术、自动化技术、网络技术等方面的人才，正如现今发展火热的数字人文学科，就是交叉融合多学科协同发展的代表。我国复旦大学的图书馆与国家古籍保护中心、上海图书馆、上

① 肖秋会，伍黎丹，李珍. iSchool 联盟高校的档案学教育特色及对我国的启示[J]. 档案学通讯，2018(1)：77-83.

海科学技术情报研究所共同制定培养方案，于2015年起面向全国各院校、各单位招收图书情报专业硕士研究生。兼顾传统文献和数字文献方面保护人才的需求，设立了古籍保护与修复、信息服务与情报分析、现代图书馆管理、数据管理与应用四个研究方向。虽然每年招生人数有限，但这种有益的尝试还是值得推广的。

6.2.2 档案保护新生代学者的培育与壮大

数字时代的档案保护学者面临着不断萎缩和消耗殆尽的趋势。改革开放后成长起来的20世纪60年代出生的学者面临着退休；新生代学者培育条件有限，高端人才培养增量不足；部分学者根据时代发展特点，在研究方向上发生转向，进行多元化的选择，本来就不充足的档案学者部分转向其他学科领域。档案保护学者的培育和壮大多面临困难，如何振兴或整编新的学者团队值得深思。

(1)重振传统档案保护学者的颓势。

随着电子文件与电子档案不断取代纸质文件与纸质档案，最后一根救命稻草——双套制也要退出历史舞台了，单轨制无纸化的文档管理时代已不断吹响集结号。以纸质档案为研究对象建立起来的传统档案保护技术与理论体系所支撑的技术与理论研究只能渐行渐远。正如赵淑梅曾在2008年指出："对于处在过渡时期的档案学研究者挑战更大。已积累的研究知识很多都面临着淘汰，而新知识的学习和掌握又是一个充满艰难的过程，于是在短时间内造成新旧知识的断层。因为数字化信息革命是一群高技术的集合体，包括微电子技术、信息传输技术、多媒体技术、多媒体数据库技术、数字压缩技术以及语音识别技术、虚拟现实技术等等综合发展的结果。所以数字时代的档案学研究方法和过程与传统档案学相比较体现出明显的高技术化和研究难度的大幅度增加。"①因此，选择转向电子文件与电子档案的保护领域难度太大。那么如何找到重新出发的下一个路口呢？环顾四周，一条可选之路展现在眼前，这就是文化遗产

① 赵淑梅. 面临数字化挑战的档案学[J]. 档案学通讯，2008(3)：1.

保护的大路。

纸质档案即将退出历史舞台，加入到文化遗产的大家庭中，那些曾经守护过它们的学者将继续坚守这份责任，与古籍、文物、非物质文化遗产等领域携手，为守护人类文明的社会记忆再做新贡献。保护学者中确实有这样成功的转向者，这就是中国人民大学著名的档案学者张美芳教授，从她近年来的研究成果可以看出，她将档案保护与图书保护等方面有机结合，在文献保护教育、文献保护标准、纸质档案保护技术等方面都有很好的建树。

另一方面就是调动档案部门保护工作者向应用型学者转型。国家档案局启动的“国家重点档案保护工程”需要对历史档案进行保护和抢救，急需专门人才，借此机会可加大对传统档案保护人才的招募和培养。同时，2018 年启动的新一轮档案机构改革在全国范围内推进，大部分档案馆成为事业单位，对档案馆人员的职业发展有很大的影响，他们在未来的发展中晋升职称是新需求，这客观上会促进档案人员科学研究的积极性。无论是客观上还是主观上，档案机构改革对促进档案科技发展、科学研究都是一个新的机遇。在业务上的需求和职业发展的牵引下，两者有机结合一定会对培育传统档案保护与修复应用型专家起到积极的推动作用。实践领域保护专家的培养也可以改变档案保护学者中以高校教师为主的单一成分的短板，促进理论学者与实践学者的互动和密切联系，让传统保护理论与技术更好地满足实践的需求。

(2)整编数字时代新型档案保护学者队伍。

随着传统档案数字化与电子档案的接收管理，对文档部门电子档案保护的需求将快速增长。因而档案行业必须对这方面的人才进行组织和培育。

第一，整编有关电子文档管理人员。电子档案的保护与管理分工不再那么泾渭分明了，因而职业的发展方向和技能要求也变得越来越模糊，相互融合变得更加重要。电子档案保护人才队伍也是分散式存在，没有明显的职业标签。电子档案在形成、流转、归档长期保存的整个生命周期中都需要保护技术的保驾护航，因而从系统性的角度来说，参与这些流程的设备、系统的人员都应具备档案保护的知识和技能。实际上，传统档案保护在文件与档案生命周期的各个环节中也需要，但传统档案形成的完备文档管理系统和文档分离的管理体制，将档案保护工作更多地放在归档后的档案部门来做，科学的做法仍然应该是全生命周期的保护。依据电子档案管理的系统性要求和对设备等技术的配套升级管理，文件的制作、流转、归档管理以及归档之后的备份、迁移、数据恢复等工作环节中所要求的信息安全、载体保护等管理措施与技术工具的应用，都是档案保护所研究的范畴，也是电子档案保护人才知识和技能的主要构成。

对于综合档案馆等业务部门，在部门业务设置和名称上也应该适当调整，如一些单位设置信息化部、电子部等，这些部门可以从电子档案管理需求上进行重新整编，也可以在职责范围上重新划定和明确。他们不仅负责传统档案的数字化，也肩负对接收电子档案长期保护的责任，这也是数字时代新一代档案保护人员的职责所在。

第二，电子档案保护学者的培育。电子档案保护学者培育的主要人群是新生代档案保护学者和引育数字技术领域学者。进入 21 世纪后，新生代档案保护学者增量很小，从第 3 章对核心作者的统计来看只有四五位，这些学者在研究主题和方向上已显示出向电子档案保护方向的靠拢。其中张艳欣、聂云霞比较突出，在高校从事档案保护教学，在科研上研究领域与信息安全、数字资源长期保存等现实热点和前沿问题密切结合，颇有成效。所以也希望有更多的学者，结合时代特点不断凝练研究方向，围绕档案所具备的活动记录、证据价值、记忆构建、文化传承等方面的功能，利用大数据、人工智能等新技术作为保护档案的手段，同时在关注技术发展新动态的基础上与档案价值发挥的需求进行结合，拓展研究内容。此外，应发挥高校理论优势的特点，多多参与数字时代档案基础理论的研究，不断升级理论研究工具，创新思维方式，在实现自我升华中获取持续前行的动力。

对于数字技术领域学者的引育也是壮大电子档案保护学者群体的有效途径。档案学专业可以引进一些情报学和信息管理学科的人才来充实教师队伍。中国人民大学对此已经在探索中，如档案学所在的信息资源管理学院，建立有“数据工程与知识工程教育部重点实验室”“中国人民大学电子文件管理研究中心”，重点引进数据科学的博士等青年才俊。这两个中心在冯惠玲教授的带领下，开展了“北京记忆”“数字记忆”等大型项目，通过项目聚合了多学科背景的学者专家，横跨文理学科和技术科学，不仅提升了档案学科的影响力，也引育了多方面人才加入到档案学科的研究中来，同时还为学生学习和未来职业发展提供了更广阔的试验田。所以档案学科的高校在未来的教师引进和科学研究中应加强交叉学科的优势互补，这也是不断吸收新鲜血液和增强学术活力的有效途径。

6.2.3　档案保护研究内容的拓展

根据档案保护理论与技术发展的趋势，档案研究领域应该持开放和多元的视角，不仅要把电子档案保护的内容纳入，而且要将濒危和珍贵的文献遗产以及不断生长的各类数字资源长期保存的研究内容包容进来，构建一个宽阔的研究视域，从而聚拢更多的学者，为寻求更科学的保护方法满足档案保护的需求，同时也为积淀雄厚的人力资源、丰富的技术手段创造条件。周耀林对于档案保护研究的构建提出了设想：“新时期我国档案保护研究框架应该围绕‘两类载体、两大层面、四条主线’进行构建。”①其中两类载体是指：传统档案载体(以纸质载体为主)和新型档案载体(以电子载体为主)；两大层面是指：档案保护技术与档案安全管理；四条主线是指：理论、技术、环境和管理。换言之，以技术做切入点，以传统档案和电子档案为研究对象，在研究内容上寻求不断地创新与拓展的发展路径。

(1)传统档案保护的现代化改造与文献遗产保护融合发展。

有关传统档案保护的现代化相关内容在第 5 章有相应的论述，

① 周耀林. 我国档案保护研究的回顾与展望[J]. 图书情报研究，2017(2)：13，92-96.

这里需要补充的是纸质等实体档案将会呈现增量不断减小而存量不断老化的特点，所以在保护上的需求越来越趋向于与文物保护一样的保护方式，因而不断与文献保护相融合发展是大趋势。

进入 21 世纪，我国开始实施文化强国战略，档案是重要的文化遗产组成部分，国家档案局 2006 年启动的“国家重点档案抢救工程”极大地推动了对传统档案的保护。同时在这项工程实施中也暴露了档案保护中的一些问题，诸如保护人才匮乏，需要修复的档案数量巨大，档案价值发挥不充分等。直面问题并解决问题才是发展的硬道理，于是档案部门开始向国际和国家层面的文化遗产工程靠拢，寻求解困与发展之路，如早在 2000 年为了呼应“世界记忆工程”，启动了“中国档案文献遗产工程”，2002 年青岛市档案局率先提出“城市记忆工程”，随后全国范围内的档案部门都承担了“城市记忆工程”的主角，争取到相应的政策、资金等方面的支持，同时也体现了参与国家文化建设、贡献职业价值的积极性。再如陕西师范大学的历史文化遗产保护教育工程研究中心，以李玉虎为首的专家团队整合了陕西师范大学材料学、陕西省文物局、陕西省档案局的优势资源，搭建了一个集文物保护、档案保护和影像资料保护为一体的专业研究机构，在档案修复、文物保护等方面研制了较多领先技术，为当地乃至全国的文化遗产保护做出很大贡献，这种成功的案例值得推广。① 但档案部门参与文化遗产建设的成效还有待提升，如国家启动的“非物质文化遗产保护工程”“中华特藏古籍保护计划”等还缺少档案部门的身影。虽然这些领域不是档案保护的核心资源，但这些领域的保护理念、方法、政策、人才等有很多是与档案保护相通的，存在很大的协作共享空间。

(2)电子档案保护技术与管理的协调发展以及对迭代技术的快速跟进。

快速发展的计算机集群技术不断推陈出新，总的趋势是保护技术由单一技术向整体解决方案方向发展。如对电子文件和电子档案

① 赵淑梅. 数字时代我国档案保护技术学学科发展走向[J]. 档案学通讯，2016(3)：72-76.

保护的单一技术种类很多，诸如保障电子文件内容防篡改的加密技术和包括数字签名、数字水印、可信时间戳的认证技术；保障电子文件非法利用和攻击的防火墙、防病毒的访问控制技术以及保障电子档案长期可读不断迁移过程的真实性的元数据技术等，这些单一技术升级换代的同时，也不断出现云存储、区块链等档案保护的整体解决方案的技术策略。

目前迅速发展的云计算和区块链技术正在档案领域如火如荼地探讨和研究着。如云存储可应用于档案数据集中保管，对电子档案归档、鉴定、保管、利用进行系统性的维护和技术支持。区块链技术的中心化和自证明等特点，使其具备包括分布式、免信任、时间戳、非对称加密和智能合约在内的五大技术特征，与维护档案的真实性、完整性、可靠性、有效性需求有很高的契合度。据介绍，“2015 年，区块链脱离了对比特币的依附，逐渐被应用于包括银行征信、信息管理、验证服务在内的社会经济和生活等不同场景。区块链技术应用于档案保存，有利于借助区块链的基本架构和运行机制全面保护档案数据在生成、保存到开发利用等各环节中的完整、真实、可读，以确保其凭证和记录作用的有效性。”①

我国跟踪新技术的意识和能力不断增强，响应的速度也不断提升，2016 年 12 月，《“十三五”国家信息化规划》②将区块链发展列入其中。2017 年，国家档案局在科技立项的选题指导中提出了可尝试将区块链技术应用于电子文档管理③的内容。同年 12 月，中国人民大学召开的第八届中国电子文件管理论坛“新技术环境下的电子文件管理创新”会议上，国家档案局付华副局长在会上提出区

① 王平，李沐妍，姬荣伟. 基于区块链技术的电子文件可信保护框架研究[J]. 档案学研究，2019(1)：101-107.

② 国务院. 国务院关于印发“十三五”国家信息化规划的通知[EB/OL]. [2018-04-13]. http://www.gov.cn/zhengce/content/2016-12/27/content_5153411.htm.

③ 国家档案局技术部. 2017 年国家档案局科技项目立项选题指南[EB/OL]. [2018-04-13]. http://www.saac.gov.cn/gzcy/2017-01/23/content_174308.htm.

块链新技术应用于电子档案保真领域是否可行，以此回应现代档案管理面临新技术的挑战。①

有关区块链技术在文献保护方面的应用，在世界范围内已有一些相应的探索，如2018年6月英国国家档案馆与萨里大学、开放数据研究所合作，开展基于区块链的研究项目“ARCHANGEL”。该项目由英国的研究委会资助，旨在利用区块链技术使历史文档记录不受篡改。② 2019年2月，美国国家档案与文件署(NARA)发布了区块链白皮书。2019年4月，美国华盛顿州颁布法案承认了由区块链等技术实现的采用分布式账本技术记录电子数据的法律地位，鼓励其在数字签名、电子认证、商业发展等方面的应用，以简化文档流程，提高经济效益。③ 在我国，档案学术界率先迅速跟进。刘越男、吴云鹏合作的《基于区块链的数字档案长期保存：既有探索及未来发展》④梳理了2015年以来区块链应用于数字档案长期保存方面的国内外相关的学术和项目研究成果，分析了区块链在数字档案长期保存方面的长处、不足和风险，结合英国ARCHANGEL项目和InterPARES Trust欧洲团队信任链模型项目的案例展，解析了区块链应用的构架和相关技术功能的实现。2019年区块链的研究更是如火如荼，在中国知网上输入“区块链档案”可以查到63个结果，如图6-2所示，直线上升的火爆程度可见一斑。在研究领域上，对档案相关内容的涉猎更是几乎全覆盖，如图6-3所示。当然，这种对新技术的热情拥抱和积极探索精神值得鼓励，但也要理性面对，毕竟技术不是万能的，技术只是一个工具，还要结合应用领域的实际需求合理利用。在实践和法规方面，我国也有实质性的

① 中国档案报. 把握科技脉动，探索管理创新[EB/OL]. [2018-04-13]. http://www.saac.gov.cn/news/2017-12/15/content_216584.htm.

② 游民老赵. 区块链技术进入档案馆，历史文献或将由区块链记录[EB/OL]. [2018-06-28]. http://chanye.18183.com/201806/1113952.html.

③ 链财经. 美国华盛顿州签署了一项将区块链技术纳入法律的法案[EB/OL]. [2019-04-29]. http://liancaijing.com/alerts/450683.html.

④ 刘越男，吴云鹏. 基于区块链的数字档案长期保存：既有探索及未来发展[J]. 档案学通讯，2018(6)：44-53.

进展，可供档案界参照。如《区块链白皮书 2018》(2018 年 9 月)、《区块链司法存证应用白皮书 》(2019 年 6 月)、《数据安全法(草案)》征求意见稿(2020 年 7 月)等陆续出台。

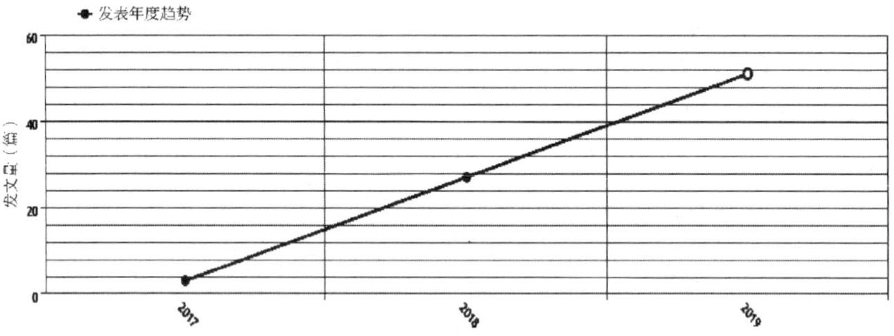

图 6-2　档案学领域区块链研究的走势图

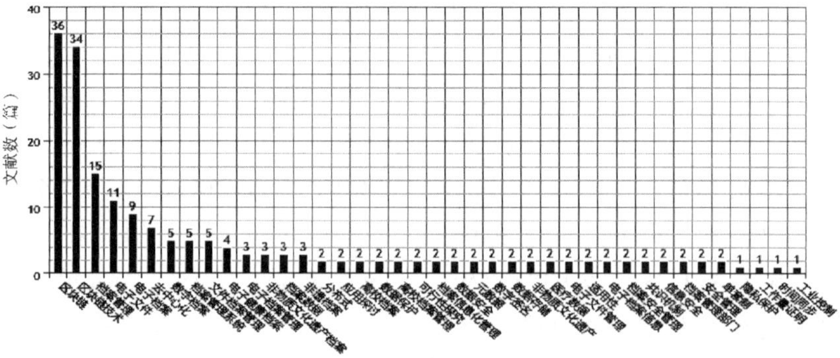

图 6-3　区块链在档案领域的应用研究主题分布图

6.3　档案保护新范式知识体系的架构

在以计算机为核心的记录技术的冲击下，档案保护知识体系受到前所未有的挑战，而且这种挑战的程度在不断升级，以抽象文字符号为主的纸张档案一统天下的局面逐渐被打破，电子档案等多种形态的数字档案不断成为主流，诸如三维图像、模型、超链接文件等文件形态的保存和利用必须依赖其生成和保管系统而存在，因而以纸质档案为核心的档案保护知识体系必须进行调整革新，建立包容各种形态档案保护需求的新范式。

6.3.1 档案保护学科术语的命名及其内涵的界定

一个学科的称谓的形成和命名是对某一学科共有的认识，也是思维的基本单位，它可以作为一个学科理论逻辑的起点。对于新架构的档案保护学科知识体系的称谓究竟是沿用目前已有的，还是加以改造？本书认为现阶段还是对现有的称谓进行规范更加合理。毕竟目前研究的对象是纸质档案与电子档案并存的状态，而且这种趋势会持续相当长的时间，电子文件与档案完全替代纸质文件与档案目前还是一个未知。这里只讨论档案保护的基础理论与技术相关内容，分支学科等其他内容不纳入此研究范畴，更大种程度上是与本研究的第 3 章内容相呼应，以教材知识体系作为研究的主要内容框架。

(1)用“档案保护”涵盖“档案保护技术”“档案保护技术学”。

传统档案保护学科与实际工作都是将“档案保护”等同于“档案保护技术”，档案保护学科也等同于“档案保护技术学”，这种对技术的强调和核心知识体系指导下的实践体系最大的缺陷是包容性小，限制了学科发展的视野，也影响了档案保护工作的实际效益，导致档案保护理论与技术的应用基本局限在静态库房中，从而使整个档案生命周期对其寿命长期保存的要求失去了全过程的监控和维护。新的档案保护理论与实践范式应该将“技术”二字去掉，用“档案保护”来命名更恰当。以这个概念包容整个文件生命周期中的各个环节对档案保护技术与管理的贯彻，改变“保护”就是“保护技术”的思想，这既符合电子档案的保护要求，同时也优化了传统档案保护的措施，解决了“亡羊补牢”式的被动保护问题。从文件制作开始就将保护的要求和持续的保障措施纳入其中，架构起以档案为核心对象，流程与环节、技术与管理相协调的新的档案保护知识体系，以更好地指导档案保护理论与技术的科学发展。

(2)用“文献遗产保护”涵盖“档案文献保护”“档案文献遗产保护”。

根据“世界记忆工程”的解释，文献是“无意或有意被保留下来的各种形式的书本、手稿、文件以及其他含有信息的载体，不论其介质或格式怎样”。所以这里的“文献遗产”并不局限于特定类型的博物馆、档案馆和图书馆等收藏机构。“文献遗产”包含了各种机构和个人收藏的文献，也就是说“档案文献保护”和“档案文献遗产保护”包含在“文献遗产保护”中。如果用“文献遗产保护”称谓架构档案保护的理论与技术体系，则是一种“大保护观”的档案保护理念。把档案保护作为文献遗产大家庭中的研究对象之一，更多的是从兼顾各种文献的共性和个性方面去组织相关知识，使档案保护理论与技术获得更广阔的知识包容性和实践价值发挥的广泛性。

6.3.2　档案保护学科研究对象的确立与研究范畴的界定

档案保护的对象是迄今为止产生的各种类别档案的长期保存。不同时代的档案在制成材料、记录方式、保存性能等方面各不相同，因而保护的手段和理念也有很大的差异，其中最为核心的一个概念可以包容档案保护对象的称谓，即档案寿命，因而档案保护理论和技术研究与应用的终极目标就是延长各种档案的寿命。换言之，档案保护研究的对象就是档案的寿命，不同形态档案寿命的表现形式各不相同，但都有着共同的构成，即信息内容和实体材料，所以这也决定了档案保护研究的内容是档案信息的保护和实体材料的保护。

(1)档案保护学科研究对象——档案寿命构成要素及衡量依据的分析。

第一，档案寿命构成的要素。根据我国《档案法》(2020 年修订)的定义，档案是指过去和现在的机关、团体、企业事业单位和其他组织以及个人从事经济、政治、文化、社会、生态文明、军事、外事、科技等方面活动直接形成的对国家和社会具有保存价值的各种文字、图表、声像等不同形式的历史记录。这种历史记录首先是一种通过物质材料和记录手段进行固化的信息，所以从学术角度对档案的定义为："档案是组织或个人在以往的社会实践活动中直接形成的清晰的、确定的、具有完整记录作用的固化信息。"①这种固化信息的本质特征就是档案的"原始记录性"。那么这种原始记录的构成要素有哪些呢？

从文献学的角度看，任何一种记录都由三个基本要素构成：信息内容（content）、记录方式（media）和制成材料②（carrier）。"信息内容"是人类有意识的记录；"记录方式"的 media 有时被译作媒介，主要包含两个要素，即信息符号和记录手段。构成"记录方式"的信息符号是获取、表达、传播和交流信息的象征符，记录手段则是各种记录工具或设备，主要起到固化信息符号，保存和利用信息内容的作用。档案也同样是由这三个不可或缺的要素构成。不同记录技术条件下，记录方式和制成材料是不断变迁的。迄今为止，档案的记录方式经历了以手写或印刷的文字记录而形成的甲骨档案、简牍档案、缣帛档案、纸质档案等；以专门设备记录的光电信号形成的照片档案和录音录像磁性载体档案；以及目前发展中的以计算机为记录手段、二进制数码为信息符号而形成的电子档案。历史上产生的这些纷繁复杂的多样形态，都是档案保护所要研究的对象。值得注意的是，不管档案形态如何变化，其实质都是人类社会实践的"原始记录"，这个本质属性是不变的。正如赵淑梅③所指出的：档案保护研究的对象是各种形式的档案原始记录的性能、

① 冯惠玲，张辑哲. 档案学概论[M]. 北京：中国人民大学出版社，2006：6.

② 这里的"制成材料"不少人翻译成"载体材料"，这是不准确的，因为载体材料只是制成材料的一部分，还有一部分是记录材料，如纸质档案的载体材料是纸张，记录材料是各种字迹材料，二者缺一不可。所以制成材料包括两种功能的材料，即承载信息的载体材料，如纸张、磁性载体、光盘等，和显示记录内容的材料，如各种字迹材料、感光材料、磁介质材料等。

③ 赵淑梅，侯希文. 档案物理管理与保护教程[M]. 沈阳：辽宁大学出版社，2014：3.

损毁规律和保护方法，其目的是最大限度地延长档案的寿命。

第二，衡量档案寿命长短的依据。电子档案出现之前的档案种类都是以延长档案制成材料，即实体材料耐久性的方式来达到延长档案寿命的目的，而电子档案的出现颠覆了人们的这种认知。电子档案的记录方式是"数字记录"，这种记录方式所记录的信息是"0"和"1"代码组合的二进制信号，表达的信息经过采样、量化和编码过程，以离散的方式存在于计算机程序中，读取信息时需要经过计算机程序翻译和显示，传统意义上的固定版式的档案是不存在的，其展示和保存形态可依据保存和读取工具而变化形态。正如特里·库克所描述的："文件的物质性和知识性能不再聚集在单一的物质载体上，现在已被分散到许多独立的数据存储器中或软件程序中。一份文件的定义由此由一份实态文件变成作者和读者的一种理性的或者虚拟的概念。即便如此，也存在一些带来根本性的问题，例如文件究竟是整个数据库及其所有软件，还是数据库中为许多目的或者事物处理每日无数次生成的信息'窗口'。"①那么标识电子档案寿命的指代为何物呢？是实体的还是虚拟的？在前面的章节已经讨论过，电子档案实体材料不是唯一的，随着信息的迁移不断更新，那么虚拟的又是哪些要素呢？经过对电子文件记录方式特点的研究和对电子档案原始记录实质的提炼，目前基本达成共识的结论是："内容、背景、结构三要素"是电子文件(档案)原始记录的基本构成，这些基本要素的"真实性、完整性、可靠性和可用性"，即"四性"的保障可以作为衡量档案寿命的依据。

所以，衡量档案寿命长短的依据发生了变化。以纸质档案为代表的档案寿命用档案制成材料的耐久性来衡量；电子档案的寿命则用信息内容的真实、完整、可读、长期可用来衡量。也就是说传统的档案保护以实体材料作为目标物，而电子档案保护的侧重点则在信息内容的原始特征上，即传统纸质档案的寿命是载体材料和字迹

① ［加]T 库克. 1898 年荷兰手册出版以来档案理论与实践的相互影响[M]//第十三届国家档案大会文件报告集. 北京. 中国档案出版社，1997：161-162.

材料的统一，被称为“原件”的寿命；数字记录条件下的电子档案寿命是不断迁移中的内容、背景、结构三要素原始性得到持续保障的寿命。

实际上，电子档案的原始记录“三要素”的构成和保障原始记录性的“四性”要求是任何档案的共同依据和需求。只不过在纸质等实体档案上，原始记录的“三要素”是直读可见的，而且是完整固化在一起的，通过固化的材料来保存、利用；而电子档案原始记录的“三要素”是离散的，并且需要随着计算机技术的升级不断迁移其内容和存在方式。可以说，电子档案的“原件”是由标识说明文件来源、内容等各种功能的元数据来固化的，虽然形式上是不固定的，但档案的原始记录性相关内容却被完整地保留下来。

根据以上分析可以总结：档案保护研究的对象是档案原始记录的寿命，构成研究对象的要素是档案制成材料和信息内容以及记录方式，衡量档案原始记录寿命长短的依据是原始记录构成的“三要素”及其对“三要素”的“四性”持久保障。简言之，档案保护研究对象是档案原始记录的寿命，衡量档案寿命长短的因素就是对各种类别档案的原始记录构成要素的长期而有效保护。

(2)档案保护学科研究范畴的界定。

档案保护研究的对象是各种形态档案的原始记录寿命的长期而有效保存。前面提到任何记录都包括“信息内容(content)、记录方式(media)和制成材料(carrier)”，档案原始记录当然也不例外。因而档案保护研究的范畴必然是围绕这三方面的相关内容。

有关“制成材料”的保护研究在目前的档案保护理论与技术体系中是核心内容，相关的理论与技术都已比较成熟，这也是目前档案保护教材知识内容的主要构成，即研究迄今为止使用的各种档案制成材料的性能、损毁因素和保护方法，这里不再赘述。需要重点说明的是“信息内容”和“记录方式”两要素所包含的知识范畴。“信息内容”是人类有意识的记录，是人类文明进步和积累的证据，这部分内容如果纳入到档案保护研究范畴中的话，不是研究信息内容本身，而是研究信息内容的长期保存和可利用的有效性问题，这就是前面所提到的有关档案长期保存的“四性”相关内容。至于“记录方式”，主要指表征信息内容的符号或信号系统(也可以称作信息的表达方式)及其记录手段，如模拟记录，它的表达方式是文字、声音、视频等象征符号或模拟信号，数字记录的表达方式是二进制的机器代码。模拟记录和数字记录不仅表达方式不同，记录手段(或称记录工具)也有很大差别，如刀刻笔写的手工记录，打字、印刷的机械记录，以及照相机、录音机、计算机等各种自动化记录设备处于不断的进化过程。从目前的档案保护学科知识体系来看，有关“信息内容”和“记录方式”的研究是薄弱环节。

本节对档案保护研究对象的分析得出的结论是：档案保护研究的对象是档案原始记录的寿命，构成研究对象的要素是档案制成材料和信息内容以及记录方式，衡量档案原始记录寿命长短的依据是原始记录构成的“三要素”及其对“三要素”的“四性”持久保障。所以有关“三要素”和“四性”的内容应纳入档案保护研究的范畴，这对任何一种档案的保护都是需要的。首先用此分析一下纸质等传统档案保护的三要素是否都涉及了？纸质等传统档案的“三要素”在档案保护中只重点关注了“制成材料”，“信息内容”和“记录方式”关注不多，以隐含的方式存在，如“原件”概念所包含的要素相当于“信息内容”所要求的“四性”功能。“记录方式”中所涉及的文字等表达符号没有相关的研究，处于缺位，但对档案保护学科的研究影响不大，因为纸质等传统档案上表征信息内容的文字符号和记录手段(刀刻、手写、印刷等)是大多数人理解和可见的，形成档案形态基本恒定不变，所谓的白纸黑字显而易见。所以人们研究保存“制成材料”这个“原件”就可以达到延长档案寿命的目的。但对于电子档案来说，“三要素”相比传统档案来说发生了很大变化，体现“信息内容”的“原件”不是唯一固定的制成材料，而是形态多变无法直读且需不断迁移的虚拟形态，“制成材料”和“记录方式”随着数字记录技术的升级换代不断更新。具体说来，表征信息内容的记录符号和记录方式发生了很大变化，简单的“0”和“1”的记录符号通过计算机编码不仅可以实现各种形态信息的记录，而且可以表达任何千变万化的思想内容，具有比较固定的表征含义的文字、声音、影像等对应表达方式不再存在了。更具有颠覆意义的是“0”和“1”所表征的信息形态是不可见的，任何显示在屏幕上的信息复制更改更加方便，不留痕迹。电子档案所表现的这些新特性，使得电子文件与档案保存的“原始记录”让人捉摸不定，我们观念中根深蒂固的不可更改的唯一“原始记录”的原件也变得难以确定了。解决这些难题的关键，需要透过现象看本质，深入研究电子档案的“三要素”的本质特征和保障其“四性”要求的方法，所以，将关涉档案保护研究对象特征的“信息内容”和“记录方式”与“制成材料”一同纳入档案保护学科知识体系中，为所有形态的档案保护提供理论依据和技术解决方案是非常必要的。

对于表征电子档案“信息内容”和“记录方式”相关知识，主要涉及电子档案的记录格式和元数据等方面的知识。“记录格式”相当于传统档案的文字符号，而“元数据”相当于对文字符号识读、保存、利用的管理工具。有关记录格式内容，可参看本研究第2章的2.3.3中的相关介绍。本章对“元数据”知识做一简单概述。从信息记录角度来说，元数据是关于数据的数据，其作用是描述与标识信息，其功能正好契合了文件与档案管理中对信息的原始性、凭证性描述与标识的需求。根据ISO 15489—1：2001的术语规定：元数据是描述文件的背景、内容、结构及其整个管理过程的数据。这也是我国在各类有关元数据的标准规范中所使用的概念。通过概念就可以了解到元数据的重要性，以及对文档管理和长期保存的意义所在。由此也可以推导出电子档案的“三要素”和“四性”都与元数据密切相关，可以说元数据是对“三要素”和“四性”的固化和管理的必要手段。元数据不仅成为描述文件背景、内容、结构及其全生命周期管理的工具，而且被元数据封装管理之后，电子文件被长期保存为电子档案也有了可靠的保障。由于篇幅所限，有关元数据更多的知识，诸如类型、功能以及标准规范这里就不做介绍了。

综上，不管构成档案寿命的两个要素表现形式如何变化，不变的是档案原始记录构成要素和它的本质特征——原始记录性。原始记录是档案保护学科研究的基点，原始记录性是贯穿不同技术环境下不同形态档案不变的根本属性，对原始记录寿命的长久保存则是档案保护研究的目的所在。也就是说，对不同记录条件下不断变迁的档案寿命要素的演变规律的掌握和保护是推动档案保护的理论与技术发展的核心研究范畴。

6.3.3　原有档案保护知识体系的调整与完善

矫正和完善原有知识体系存在的不足，是建立新知识体系范式的基础。这也是学科继承性发展的必然，正如库恩“范式理论”所提出的新旧范式更替的动态模式，如图 6-4 所示。

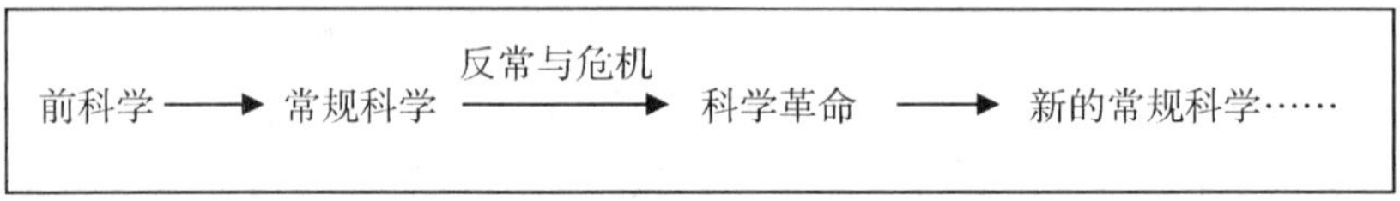

图 6-4　库恩的科学演进动态模式①

在第 3 章中对传统档案保护学科进行的审视，表明从术语到知识体系以及科学共同体等方面都面临挑战和突破的需求，建立新的保护常规科学成为必然。

(1)原有知识体系的完善。

经过长期的发展，以纸质档案为核心的传统档案保护学科已达到成熟阶段，该学科积累的理论与技术体系为我国档案保护工作提供了系统的实践基础和理论依据，为维护档案的安全、完整提供了重要保障。但传统档案保护技术学科功能实施主体集中在综合档案馆、业务机构的档案室中，实体的保护对象、保护环境中的档案寿命处于静态缓慢的变质过程，对保护理论的指导和技术的实施需求都比较简单。进入数字时代，档案保护对象形态不断增加，数字态档案类别和数量增速令人咋舌，无纸化办公和互联网信息的流通以及手机等移动端社交媒体 APP 的广泛应用，作为档案归档保存的

① 陈祖芬. 档案学范式的历史演进及未来发展[M]. 上海：世界图书出版公司，2011：16.

来源不断突破传统边界，档案保护的业务也不断复杂，既有传统档案的保护，还要面对复杂的数字态档案的保护，因而档案保护的现实需求对档案保护理论的指导和技术的应用提出了新的要求。对此本书认为：

①突破以实体保护为主的模式，弥补研究对象缺少档案信息保护的不足。

以档案实体和信息作为完整的档案保护研究对象应是架构档案保护学科的逻辑起点。由此对学科的定义可以概括为：档案保护是研究各种形式的档案原始记录的性能、损毁规律和保护方法，其目的是最大限度地延长档案的寿命，为社会提供利用服务。

2002年，联合国教科文组织颁布了《保存数字遗产宪章》，在国际范围内提出如果不着手解决目前所面临的有关威胁，数字遗产将会迅速丢失，会员国应鼓励采用法律、经济和技术手段来保护这种遗产。针对电子文件(电子档案)的管理，更急迫的是要架构起技术措施有效、组织管理有力、多部门相互关联、协同作用的全面而主动的防御安全体系，所以将电子档案纳入档案保护知识体系中是非常急迫的需求。教材是人才培养的工具和知识传播的载体，是某一学科领域知识的系统化和科学化的体现。所以首先要在教材编写体例和内容上进行革新，突破原有档案保护知识体系以实体为研究对象的局限性，将数字态的电子档案保护的内容纳入档案保护知识体系中，架构档案保护实体寿命与信息寿命双重保护的完整系统的知识体系。现已出版的教材中关于电子档案保护的知识还不够系统，并且没有与传统保护理论进行融合，电子档案保护内容只涉及了一小部分有关载体和信息恢复的保护知识，涵盖实体与信息两方面的基础理论的内容还没有成型，所以探索建设包容传统与电子档案保护知识体系的数字时代档案保护学科知识体系，推进传统档案保护知识体系的升级换代还需不断努力。

②加强保护技术与保护管理的协调发展。①

① 赵淑梅. 数字时代我国档案保护技术学科发展走向[J]. 档案学通讯，2016(3)：72-76.

优良的传统档案保护技术对纸质等实体档案的修复和保护的作用不可或缺，但我国档案保护的发展一直偏重对技术作用的强调，而忽略了技术与管理以及全程保护的实施，对传统档案的保护和修复也缺乏系统的方案规划和设计以及质量的监控和评估，影响了技术发挥成效。数字时代档案保护面临的风险日益复杂多变，完全超出了传统纸质档案时代技术保护的范围。新增的电子文件和电子档案具有内容繁多、结构复杂、环境多变的人机系统等新特点，由此产生了新的需求，保护信息的长期安全和有效成为重点关注的内容，这种需求必须从整个系统出发，而不是对系统中的某个或某些元素局部的调整，系统内外所有因素都是管理的内容。传统的文档分离体制和库房静态后端保护已完全失效。加强全生命周期的综合治理、技术与管理双管齐下、遵循"三分技术，七分管理"的理念变得越来越重要了。前面提到的顶层设计、前端控制、全程管理、风险管理等诸多管理理论的应用是增强档案保护能力的新式"武器"。电子档案保护对管理方面的需求有更多的依赖。目前业界和学界基本达成共识，电子档案的保护从宏观角度看，应该引入顶层设计，从国家层面进行规划、设计、管理，将档案保护纳入国家公共安全体系中；从微观角度看，必须贯彻文件生命周期理论的前端控制和全程保护的原则，实施文档安全管理全覆盖的保护措施。因而进入数字时代，档案保护的知识体系和学科功能都要做适当的调整和更新。

③处理好档案保护与电子档案保护、档案信息化和电子档案管理的关系。

目前无论是国家政策层面还是理论研究层面，对档案保护、电子档案保护、档案信息化和电子档案管理仍然遵照传统档案管理的范式来进行分割。档案保护仍然主要指对纸质档案的库房管理和纸质档案的修复抢救；电子档案的保护很少作为单独研究对象，往往将之纳入档案信息化和电子档案管理的内容中。这种区别对待的结果使得传统档案不断向文献遗产乃至文物保护方向发展，而电子档案保护则更多地作为信息化手段的一种处理方式。实践的导向使得理论与技术研究也按照这样的领域进行归类。把传统和电子两部分保护工作割裂开来的现状，对纸质档案保护和电子档案保护理论与实践的发展都带来很大的影响，限制了彼此发展的空间，也降低了理论与技术效益的发挥。

纸质档案产生和管理空间的不断压缩，使档案部门管理的对象只能局限在已有档案的修复和保护，因而对于纸质档案的保护工作除了日常的库房管理之外，就是档案数字化，或者是“国家重点档案保护工程”的档案修复抢救工作。而这些工作需要的专门修复人员目前面临着极度匮乏的困境。数字化工作由于数量大、耗时长，目前通行的做法是由社会化服务公司来完成，档案保护工作不断萎缩，处于难以为继、不知路在何方的迷茫中；与此同时，对于不断涌入的电子档案的保护却难以应对。很多档案部门只做了部分的备份工作，没有系统接收电子档案。电子档案管理与信息化工作交给了信息化部门或者成立一个电子部来专管，无论是信息化部门还是电子部门，它们的工作重心也主要是服务于档案数字化及其备份工作。所以明晰和协调两者的职责范围是必须面对的，否则会影响两种档案保护工作的良性发展。

(2)新知识体系的架构。

一个学科知识体系的架构，不仅是理论探索的结果，更是一个不断接受实践检验和认可的结果。我国对档案保护学科体系、知识架构等方面的探索也有一定数量的成果，但都是零散的，需要系统化的整理和提炼。

①国家档案科研所编写的两部档案保护技术手册可作为重要依据。

20 世纪末以来，国家档案科研所主持编写了 2 部反映我国改革开放以来档案保护的理论与实践新成果的知识手册，这也是我国关于档案保护两部权威性的大型工具书：《档案保护技术实用手册》(1994 年版)①和《新档案保护技术使用手册》(2013 年版)②。

① 国家档案局档案科学研究所《档案保护技术使用手册》编委会. 档案保护技术使用手册[M]. 北京：中国档案出版社，1994.

② 国家档案局档案科学研究所. 新档案保护技术[M]. 北京：中国文史出版社，2013.

这两个手册都是由国家档案局科研所力主倡议，并集合了全国有关档案保护的学者专家，吸纳了档案部门不同层级的档案保护专业人员和技术专家共同参与编写而成的。两部档案保护技术手册间隔 20 年，可以说鲜明地反映出我国档案保护技术与理论体系的时代特色，也是不同时代条件下所取得成果的集中体现。这两个手册的内容可以为梳理我国档案保护知识变化的情况和特点，进而为提炼数字时代档案保护新知识体系的框架提供指导和依据。

1994 年版手册的编写基本上是按照档案保护技术学教材的体例，只是更加详细，加进去了一些实用性的内容。2013 年版手册章节增加到 25 章，内容的编排上也有了不少新的变化。除了更新传统内容中新发展成果之外，最大的变化就是将电子档案保护的内容加了进来，主要有 4 章：电子文件归档与电子档案移交；数字档案的保存与管理；数字档案的安全保障；受损数字档案的恢复。这里值得注意的是，有关电子档案出现了“电子文件”“电子档案”和“数字档案”这几个不同的表述方式，从称谓的不同可以看出，主要是从文档生成途径来进行划分的，既关注了原生态的电子文件与电子档案，也关注了传统档案数字化形成的数字档案。从内容上看，关注了电子档案的全生命周期有关保护和管理的需求，不仅是实体材料，还有信息的安全和长期有效保存以及归档要求和过程的管理。

此外，2013 年版手册关于保护技术管理的内容也更加全面，从整体上来规划“档案保护工作的组织和实施”，增加了档案保护工作的目标方向、科研工作、档案安全风险管理等内容，这也是对技术与管理并重的新体现。如何将 1994 年、2013 年手册的知识，以及 2013 年至今的发展成果进行系统梳理和提炼，架构出一个科学的知识体系值得探究。

需要说明一点，两个手册的内容都很丰富，也很贴近实际，反映了当时最新的理论与技术以及实践中的成果，但手册的发行量有限，而且内容太过庞大，所以在传播效果上差强人意，也限制了其价值的发挥。

②档案保护新知识体系框架的构思。

新档案保护知识体系的架构主要包括三部分内容：档案保护基础理论、档案保护应用技术和档案保护技术管理，如图6-5所示。该知识体系内容的构成将促进传统档案保护和电子档案保护的理论与技术的相融合，为实现各类档案保护理论与技术研究和实践指导提供依据，也为数字时代档案保护人才培养、职业定位指明方向。

新知识体系三个模块的主要内容包括：

第一，档案保护基础理论主要是指档案保护对象及影响其寿命因素的基本知识，这部分内容为档案保护奠定理论基础，为技术应用指引方向。档案保护对象(档案寿命)包括实体材料和信息记录方式(各种档案制成材料的种类、物质构成及其保存性能和信息记录符号系统的特点对档案寿命的影响)；影响档案寿命的因素包括：实体材料的耐久性因素、信息保存系统的可靠性和可用性的保障措施(信息安全环境和长久有效性)。

第二，档案保护应用技术主要是对各种类型档案保护提供技术支持。主要包括保护环境技术(档案馆库建设、库房温湿度调控以及电子档案管理系统的维护)、档案修复或恢复技术、档案复制和备份技术。

第三，档案保护技术管理主要是对档案保护制定和实施的管理手段。包括宏观层面的国家档案保护法律、法规；中观层面的机构整体的档案安全保障体系(指南、风险管理、预警机制等)；微观层面的保护业务工作的管理制度(各种保护措施的调查、评估等)。

当然，为了协调好纸质档案保护和电子档案保护二者的职责，本书认为在工作实践中可以区别对待，毕竟两种档案的保护方式、指导原则都存在很大差异，但在理论与技术的研究上可以将二者都纳入档案保护之中。一方面让传统档案保护做好转型，让文献遗产保护和电子档案保护两个方向有选择地发展，让传统档案保护人员的知识结构和职业发展有可选择的空间，让他们明晰路在脚下；另一方面将电子档案保护从档案信息化和电子档案管理的宏观范畴中单列出来，强调其专业性和重要性，将备份、档案信息

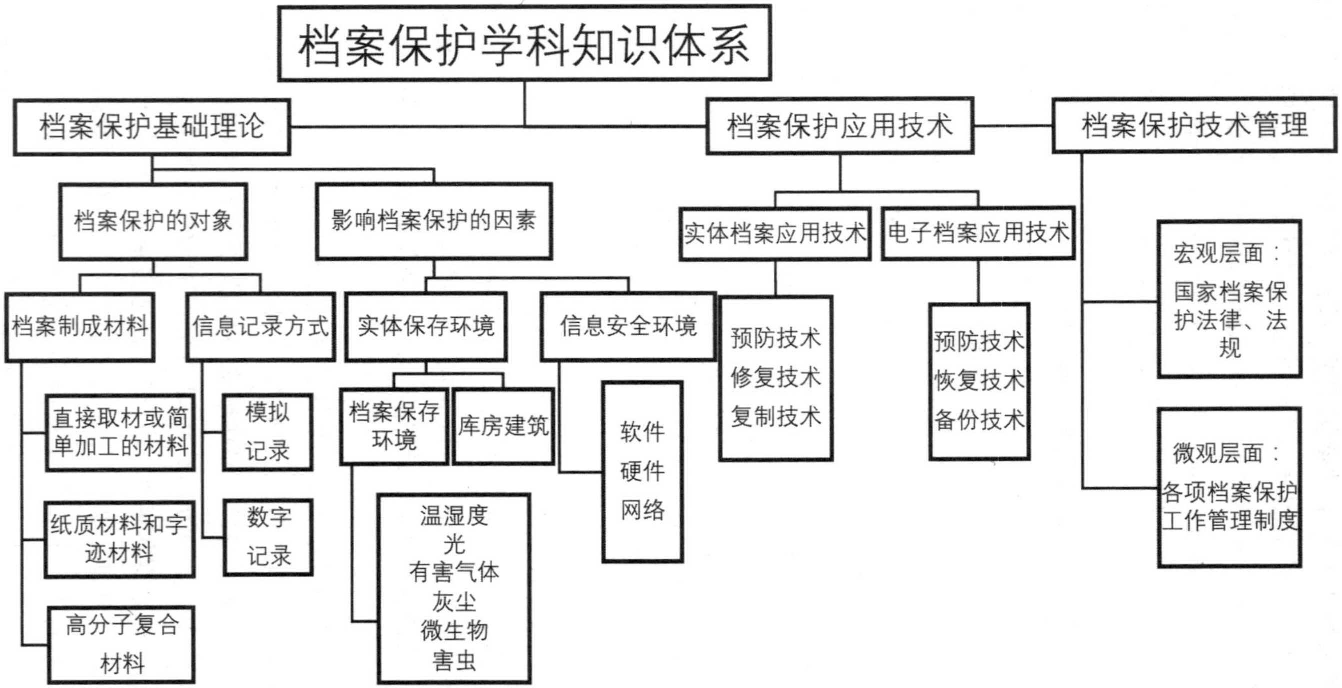

图6-5　新建档案保护学科知识体系框架①

① 苗守香.中国档案保护学科知识体系的建立与发展［D］.沈阳：辽宁大学，2019：38.

安全、电子档案长期保存策略等相关理论与技术的内容纳入其中，为档案保护领域增加新生力量，并在新的技术领域中确立档案保护职业发展定位。

此外，笔者最近看到一篇论文颇受启发，文章的题目是《实体档案与电子档案之差异的另一种探索——档案载体派生树的构建》①。该论文应用"知识考古学"的研究方法对传统档案和电子档案进行了系统比较和分析，研究视角独特，对档案保护知识体系的架构也有很好的启发意义，值得借鉴。作者应用福柯提出的"知识考古学"的"断裂"概念来考察信息载体形式的变化，指出电子档案与其他档案载体形式之间可能存在着断裂，为了揭示这种断裂，应用该理论提出的"陈述的派生树"比较剖析档案载体的变化，认为纸质档案之前的所有档案形态，诸如甲骨档案、缣帛档案等实体档案，变化的仅仅是载体的质地，载体的形式与信息的结合方式一直没有发生变化，但到了电子档案则出现了"断裂"。电子档案是以数字形式存在的虚拟形式，由此导致二者的管理方法和管理理念有很大的不同。为了分析这种不同，作者选择了几种场景进行比较和说明：邮驿与数字传输；实封与黑客；副本与复制件；票拟批红与OA 系统等，通过对传统文件与电子文件的不同进行比较和分析，最后认为一方面要对两者区别对待，建立各自独立却又相互关联的管理系统，另一方面也要对传统档案管理进行观念转换，对电子文件与档案管理进行新知识的建构。

6.4 档案保护服务体系的建立与发展

服务体系的建立与繁荣是推进一门学科或一个行业发展与创新的动力所在，也是一个学科或行业实现社会价值的根本体现。随着国家对文化遗产保护力度的加大，档案保护工作也日益受到

① 洪佳惠. 实体档案与电子档案之差异的另一种探索——档案载体派生树的构建[J]. 档案学研究，2018(5)：9-13.

重视，使档案保护专业服务种类和数量也不断提升。但传统的管理模式光靠机构自身无法满足，于是各种类型的服务方式和服务机构应运而生。有关这方面的最新研究进展中出现了“档案治理”的新理念，为我国档案保护服务体系的建立提供了更有力的理论依据。

6.4.1 档案服务体系建立的理论依据

2013 年 11 月，中共十八届三中全会通过的《中共中央关于全面深化改革若干重大问题的决定》指出：“全面深化改革的总目标是完善和发展中国特色社会主义制度，推进国家治理体系和治理能力现代化。”由此有关“治理”方面的理论与实践研究进入到我国的各个领域中。2017 年，国家档案局印发了《全国档案事业发展“十三五”规划纲要》，提出要“加快完善档案治理体系，提升档案治理能力，为夺取全面建设小康社会决胜阶段的伟大胜利做出积极贡献”。由此引起档案学者们的关注，提出了“从档案管理走向档案治理”①的观点，其依据是“公共治理理论”和 1995 年全球治理委员会在《我们的全球伙伴关系》研究报告中指出的“治理是各种公共的或私人的个人和机构管理共同事务的诸多方式的总和。它是使相互冲突的或不同的利益得以调和并且采取联合行动的持续的过程”等思想。将档案治理定义为：“档案部门、社会组织和公民个人等多个主体协同合作，基于一定的行动规则，共同对档案事务进行科学、规范管理，实现档案领域善治的活动和过程。”②

我国文献古籍数量庞大，保护与修复工作十分繁重，而图书、档案、文博等部门存在资金、人才、技术缺乏的问题，单凭部门本

① 金波，晏秦. 从档案管理走向档案治理[J]. 档案学研究，2019(1)：46-55.

② 晏秦. 论档案治理的内涵、特征和功能[J]. 档案管理，2017(4)：4-7.

身的力量难以完成文献保护工作，因此也在探索多种模式的“共治”，共同为保护我国“档案记忆”做贡献。

6.4.2 鼓励档案行业多种服务模式的并存和共促

我国档案管理体制下的档案行业由行政管理机构的档案局和业务管理机构的档案馆等共同构成。对于档案保护来说，档案业务机构是主力，其中以省市级综合馆为主。从目前看主要有以下几种模式，希望这几种模式在不断的发展中按照“公共治理”理论和国家有关治理方面的政策，能够为满足各类档案保护需求提供支持。

(1)独立档案机构保护模式。

这种模式主要面对传统档案数字化和修复工作的需求。具体有两种模式：一种是业务机构自身完成所需的保护任务，即由各个档案馆自建的保护科室来承担。这种模式目前基本处于难以为继的运行状态，由于专业人员缺乏，修复工作量繁重，只开展亟须的少量档案保护工作；二是传统档案保护与图书文博机构进行专业合作，如陕西师范大学历史文化遗产保护教育工程研究中心，该中心综合了档案文物等多种领域的保护，将科学研究和服务社会有机地结合在一起，形成教学、科研与服务一体化的专业团队，我国应该多多培育和推广这样的团队，该团队研究成效显著，可参见第5章相关的介绍。

(2)档案馆区域合作保护模式。

我国各级档案修复工作存在档案遗产分布分散、修复水平参差不齐、人才短缺、抢救修复条件差别大等问题。近年来，业界和学界或自主探索，或借鉴国外区域保护中心建设的经验，提出建设我国档案区域保护中心的建议。在学界和业界的共同推动下，2017年10月16日，国家档案局印发了《区域性国家重点档案保护中心建设与管理办法》之后，2017年和2019年分两批审核通过了辽宁、广东、云南、新疆、浙江和北京6个地区建设区域性保护中心。从目前了解的情况看，这些地区的建设处于基础硬件和场地等设施的购置和改造阶段，实际的保护服务还没有运行起来。各个区域中心结合地域等特点，进行着积极的谋划，如“区域性国家重点档案保护中心(云南省档案馆)旨在建设具备档案抢救保护、档案保护技术研究、优秀档案保护技术人才培养 3 项功能为一体，布局合理、功能齐备、技术先进、科研力量雄厚，辐射和服务周边省区市，面向南亚和东南亚的区域性国家重点档案抢救保护工作平台和人才基地”。① 浙江省保护中心也做了近期与中期任务的规划，提出保护中心建设“两高两强”目标，即把保护中心建成高水平档案抢救保护服务机构、高水平档案保护技术研究机构，将保护中心打造成为国家重点档案数据华东备份基地、纸质档案抢救与保护基地、多媒体档案抢救与保护基地、口述历史档案采集研究基地、国家重点档案研究开发基地、档案保护技术科研基地、档案保护技术与研究开发人才培训基地、数字档案资源保全基地、档案价值鉴定中心和档案保护技术咨询服务与档案宣教中心，并对近期的工作如场地、机构设置等做了具体的部署。② 广东省也在原有的市级区域性修裱中心的基础上，陆续扩展到阳江、肇庆、梅州、惠州、汕头、茂名、广州、江门、韶关、雷州、清远 11 个地级市，逐渐建立了区域性档案修复中心，每年省财政拨付补助资金，计划 2020 年完成全省所有国家重点保护档案的抢救和修复工作。获批的区域性国家重点档案保护中心正在筹建，其主要任务升级为：对所在区域内国家重点档案进行抢救和保护，包括修复、去酸、高仿真和灾害中档案的应急救援处理；针对档案保护技术工作中的重大问题进行理论和技术标准研究以及成果推广应用；培养保护技术人才等。目前开展了初步工作，已聘用 3 名合同制人员，正在进行相关设备调试，同时进行数转胶、酸度检测和仿真复制等工作。

总之，区域保护中心模式的发展方向是有前途的，希冀能真正

---

① 中华人民共和国国家档案局. 云南将建区域性国家重点档案保护中心[EB/OL]. [2019-04-08]. http://www.saac.gov.cn/daj/dfdt/201904/6aa5581bedec4d10a99a7c389fa9549d.shtml.

② 王肖波. 区域性国家重点档案保护中心建设研究[J]. 浙江档案, 2019(4): 19-21.

起到龙头作用，带动区域内的档案保护工作有效开展，解决档案保护在业务需求、人才培训、技术研发等方面的困境。

(3)档案商业服务机构的社会化服务模式。

引入外包服务是未来档案保护工作发展的重要方向。目前，档案部门利用档案中介机构的力量开展档案数字化工作已经成为常态，在文献保护工作中可以尝试采用类似的做法。国内部分图书档案部门采用服务外包的方式开展民国档案著录工作，或采用服务外包的方式开展“古籍数字化资源建设”“国家重点档案保护与开发”等项目管理工作，取得显著成效。通过这样的方式，也进一步提升了我国文献遗产保护服务业企业的发展水平与服务质量。① 国家档案局为此出台了《档案服务外包工作规范》(DA/T 68—2017)，2020年在此规范基础上进行了细化，出台了 DA/T 68. 1—2020《档案服务外包工作规范第 1 部分：总则》(原 DA/T 68—2017《档案服务外包工作规范》，现作为《档案服务外包工作规范》的第 1 部分)，DA/T 68. 2—2020《档案服务外包工作规范第 2 部分：档案数字化服务》和 DA/T 68. 3—2020《档案服务外包工作规范第 3 部分：档案管理咨询服务》为规范社会化服务机构和业务质量管理提供了依据和保障。世界范围内 PRISM 协会提供了优秀经验，该协会制定有成熟而完善的法规遵从和服务流程标准，诸如“商业文件中心运营标准、建筑标准、灾备标准、保险及风险转移标准、载体设施标准、排架标准、文件保管期限标准、行业术语手册等”。② 所以要加大社会化服务企业的培育，使之成为档案保护发展不可或缺的力量。

对于电子档案的保护在未来也越来越依赖社会化服务的支持，随着大数据级别档案的产生和积累，对具有高密度存储功能、长期保存与管理整体解决方案的技术的需求越来越旺盛，如云计算、人工智能等技术也将会进入档案保护服务的行列中来。我国目前也陆

① 赵淑梅，管清潆. 美国东北部文献保护中心网站服务研究及启示[J]. 浙江档案，2018(6)：29-31.

② 黄霄羽. 国外商业化文件信息服务业的监管体系[J]. 中国档案，2011(10)：58-60.

续出现了档案数据保全中心，如 2018 年 7 月成立的苏州大学苏航档案数据保全中心，该中心“正式推出了我国首个对外服务的档案数据保全平台。该平台能够解决现有电子档案数据在保管过程中出现的载体过时、数据丢失损毁、数据状态无法获知等问题，实现对档案数据的安全监管”。① 该公司应用的核心技术就是区块链技术，以此来对档案的内容安全和长期持续可读进行终身维护。

6.4.3　推进大文献遗产下资源共建共享平台的建设

随着图书、档案、文物乃至数字信息等文献长期保存、有效利用手段的不断融合发展，在人才、技术、政策等方面的协作、共享也是发展的重要策略。所以不少学者，如周耀林②、张美芳③、赵淑梅④、黄广琴⑤等持续倡议大文献遗产下的建设资源共建共享平台的发展思路，以此发挥聚合人才培养、理论交流、智慧共享、技术研发与应用推广等多方面的协作功能。

国外这方面也有成熟的案例借鉴。如美国东北部文献保护中心(Northeast Document Conservation，NEDCC)是一个专业协会性质的非营利组织，成立于 20 世纪 70 年代初，它是美国新英格兰地区的 6 个州际图书馆经过协商合作创建的文献保护机构，目前已成为面向美国东北部区域乃至为全美提供文献遗产修复服务、高效的灾难救援服务和高质量的文献保护专业人员培训服务等文献遗产保护公

---

① 中国档案资讯网. 苏州大学推出首个对外服务档案数据保全平台[EB/OL].[2018-12-07]. http://www.zgdazxw.com.cn/news/2018-12/07/content_257903.htm.

② 周耀林. 从档案保护技术到可动文化遗产的保护管理[J]. 北京档案，2004(67)：21-23.

③ 张美芳. 国际背景下的中国档案保护技术及其教育发展[J]. 档案管理，2008(4)：49-51.

④ 赵淑梅. 系统思维下档案保护理论与实践发展新视野[J]. 档案学研究，2015(1)：101-104.

⑤ 黄广琴，颜川梅. 重新审视档案保护研究[J]. 中国档案，2008(1)：26-27.

共服务的平台。我国也可以通过与文献或文献遗产相关的部际联席会议的有关组织，如“全国古籍保护部际联席会议”“全国文物保护工作部际联席会议”“非物质文化遗产保护工作部际联席会议”“电子文件管理部际联席会议”等，谋划统一资源平台的建设与功能的发挥。

此外，对民间力量的调动也是不可忽视的。随着社交媒体的发展，公众的参与度和大众智慧的挖掘潜力有了展示的平台，世界范围内出现了“众包”“众筹”等公益活动，志愿者成为各行各业发展中一支新生的力量和靓丽的风景线。档案行业中也有人提出“社会档案人”①的概念，即普通民众自愿参与档案事务的志愿者或志愿者团体。档案部门应该搭建平台，鼓励和引导这些群体，发挥他们在档案保护、档案价值的体现以及更大意义上构建社会记忆方面的广泛作用。

综上所述，任何一个行业或学科的发展都需要人才、资源、政策以及社会需求等方面的保障和推动。对于档案保护理论与技术创新来说，人才培养是根本，标准规范是衡量行业水平的重要标尺，与相关学科技术与理论的交流与互鉴是创新的源头。所以在改进传统保护范式中唯技术论、唯实体论、静态保护(保藏)缺乏利用理念等弊端的过程中，不断纳入文献遗产保护观，将传统档案和电子档案两种主流形态档案共融于统一的知识体系中，是未来档案保护理论与技术发展的必然趋势。

① 赵淑梅，杨婉悌，赵丹阳，王梓林.“社会档案人”的培育[J]. 中国档案，2014(11)：70-71.

第7章 电子档案保护理论与实践研究的典型样本剖析
——基于对InterPARES项目的观察与分析

数字时代最大的特点是知识更新与技术更新的速度让人应接不暇，总有不断被追赶的紧迫感，否则会处于“OUT”的尴尬和不知所措的境地，如档案保护中最为重要的载体材料光盘的更新换代就可以充分说明这一点。光盘曾是电子档案脱机保存的重要材料之一，自20世纪70年代光盘产生以来，其发展速度之快，如其名称、代号、记录性能、用途、标准、兼容性等种类繁多的知识让使用者和研究者有一种眼花缭乱的感觉，难以分辨。但更替如此之快的光盘目前也已经处于日渐没落的境地。因而追赶技术的发展，不断调整和更新管理理念、管理方法是数字时代最大的特点。在档案保护领域，InterPARES项目就是这样一个与时俱进、不断追赶时代潮流的典范。电子文件(档案)的真实性是电子档案长期保存的核心问题，也是维护档案本质特征的重要手段，但是电子系统中文件①真实性及其长久保存一直是一个悬而未决的问题，因为“数字

① 电子系统中文件从广义上说包括一切数字形态的文件，但项目研究的核心内容有两个：文件的真实性和长期保存。这里的文件包括了人类各种业务中形成的，并需要长期保存的文件。真实性又是电子系统形成的数字形态文件最具挑战性的问题，也是电子档案长期保存最为核心的问题。所以该项目研究的对象与本课题研究的对象具有较高的契合度。

资源的真实性一直受到关注，但大多数人只是凭直觉理解什么是真实性，很少有人能够准确地认识到什么是确认、评估和保障真实性所必不可少的”。① 本书拟通过对 InterPARES 项目的研究过程和取得的成果等方面进行分析，获取电子档案保护的理论与技术创新，以及可资借鉴的价值和启示。

7.1 InterPARES 项目概述

InterPARES 是保证电子系统中文件的永久真实性国际研究项目（International Research on Permanent Authentic Records in Electronic System）的简称。该项目是一个国际档案界关于电子文件管理合作的项目，研究的核心内容聚焦在电子文件真实性长期保存的相关问题。该项目从 1999 年开始至今已经进行了四个阶段的研究，即 InterPARES 1（1999—2001）、InterPARES 2（2002—2007）、InterPARES 3（2007—2012）、InterPARES trust（2013—2018）。每个阶段的研究都有不同的侧重点，项目研究过程中一直秉持着与时俱进的理论联系实际的原则，让项目的研究和成果具有良好的针对性和实用性。该项目建立了专门网站，网址是 http://www.interpares.org，通过该网站可以及时全面地了解项目的动态发展情况，诸如项目的团队、研究成果等相关内容，这不仅为研究者提供了一个交流互动平台，也是研究成果展示和宣传的平台。

7.1.1 InterPARES 项目的源起

InterPARES 项目是由加拿大社会科学和人文研究委员会、美

① 聂曼影. 云环境下的文件档案可信性保障[M]. 北京：社会文献科学出版社，2018：前言.

国国家历史出版和文件委员会、联合国教科文组织等联合资助的大型国际合作项目，旨在研究如何长久保障电子文件的真实性。项目的发起人及主要负责人是加拿大英属哥伦比亚大学(UBC)的教授Luciana Daranti(露西安娜·杜兰蒂)。她对项目的起源是这样表述的：“对这个领域进行研究的动因是一些政府部门、企业和个人现已采用了新的信息技术。诸如技术淘汰和系统的不兼容性、存储介质的脆化、维护文件保管混合系统的困难等各种新的危险，既威胁着文件的存在，也威胁着它们的真实性，而这些文件出于行政、法律和文化上的考虑必须永久保存。这种情况会威胁到政府和工商业的信誉和责任，降低企业的生产力和商业交易的可靠性，削弱学者对电子文件作为可靠真实的研究资源的信赖。这个问题跨越私人和公共部门，从范围上讲具有国际性，从性质上看是跨学科的，需要展开开创性的、合作式的以及多文化的研究。”①

杜兰蒂教授从1987年起担任UBC图书、档案与信息研究学院的教授，从事档案方面的研究工作。1994年，她与同事Terry East Wood一起合作研究了“保护电子文件的完整性”(The Preservation of Integrity of Electronic Records)(1994—1997)，简称“UBC项目”。该项目研究中一直与美国国防部文件管理特别工作组紧密联系和合作。项目由两个子课题构成：一个是现行电子文件的管理，其成果形成了一套标准和规则，用于制定和执行一个可信的电子文件保存系统，应用于美国国防部信息系统之中；另一个是非现行电子文件的管理。InterPARES项目是基于UBC项目的第一个子课题研究成果，并在持续研究第二个子课题时进一步深化与拓展形成的。

在NARA的资助下，UBC项目的研究持续推进。1998年6月，项目成员聚集在华盛顿研究项目的第二个子课题时，发现仅靠当时

① 露西安娜·杜兰蒂.永久保护真实的电子文件国际研究项目(InterPARES)[A]//国家档案局外事办公室.永久保护真实的电子文件国际学术报告会报告集.北京：中国档案出版社，2002：2.

具备的人员合作规模是不能满足课题要求的，合作的范围和规模还需要进一步扩大，不仅仅是局限在北美，还应吸引世界上更多的国家加入共同攻克难关，同时正式更改项目名为“InterPARES 项目”。1998 年 10 月在意大利卡利亚召开了项目的工作计划会议，并于 1999 年 1 月正式启动，拟在 2002 年完成第一期项目。难能可贵的是到目前项目一直持续了 19 年，其成果在世界范围内的档案界遍地开花，产生了很好的影响力。

7.1.2 InterPARES 项目的研究目标和研究领域

“InterPARES 项目的目标是建构关于永久保护电子生成文件的基本理论和方法论的知识体系，并在此基础上确立一套原则和准绳，为制定国际、国家以及机构的电子文件保护方针、策略及标准提供指南。”①进而为建立基于善治证据、强大的数字经济和持久数字记忆的公众信任提供决策依据。四个阶段的不同目标如表 7-1 所示。

对研究领域和研究小组的划分，从本质上讲是为了揭示电子文件的永久真实性的本质特征，并实现对其真实性保障提供依据和方法而进行的分工合作。这样既能保持研究团队的有效工作，也是团队根据地域和学科的不同特点灵活调整，更好地适应研究目标的针对性和实际应用价值的需求。

7.1.3 InterPARES 项目研究团队的构成及特点

InterPARES 项目拥有庞大的研究团队，在不同研究阶段团队成员的构成是动态组合的。由于项目研究的影响力和持续的研究，

① 露西安娜·杜兰蒂. 永久保护真实的电子文件国际研究项目(InterPARES)[A]//国家档案局外事办公室. 永久保护真实的电子文件国际学术报告会报告集. 北京：中国档案出版社，2002：1-2.

表 7-1 InterPARES 项目基本情况

项目 \ 阶段	InterPARES1	InterPARES2	InterPARES3	InterPARES Trust
研究时间	1999—2001	2002—2007	2007—2012	2013—2018
研究目标	对以电子方式形成的文件长期保存进行理论知识和方法的探讨，以此为国际组织、国家或部门制定长期保存真实性电子文件的战略、政策和标准提供指南	以电子艺术、电子科学和电子政府三个领域的活动中形成的交互的、动态的、体验的数字文件为研究对象，寻求构建一个对文件受保护的、持续的安全环境	将 InterPARES 和其他研究制定的数字保存理论和方法转化为具体的行动计划，用于指导档案馆以及机构内资源有限的档案或文件部门长期保存真实的文件	制定理论与方法论框架，应用于广泛的关于互联网环境数字文件的政策、程序、法律、法规和标准的制定，以确保数字记忆保存和公共信任
研究领域及其内容	4 个研究领域：真实性领域；鉴定领域；保存领域；战略领域，以及术语委员会和国际小组。探究真实性概念的本质需求，研究、制定鉴选长期保存电子文件的标准和工具	3 个研究领域：文件形成活动；艺术、科学、政务活动中的电子文件的真实性、准确性和可信性等问题；3 个领域的鉴定和保存方法的问题。每个领域分别设立三个特别工作组	在中小型档案机构保存长期的真实记录的实证研究，检验研究成果的适用性；制定各种指南、评估方法以及数字保存的研究和教育资源的提供	5 个研究领域（基础设施、安全、控制、访问、法律）和 5 个跨领域（术语、资源、政策、社会问题、教育）构成。研究云存储中文件的安全可信以及长期可用

研究团队也在不断壮大中，如表 7-2 和表 7-3 所示。项目团队主要由两部分构成——管理团队和研究团队，管理团队主要由项目指导、项目协调员、技术协调员以及项目助理、博士后研究员等人组成，研究团队则根据不同阶段研究的领域和参加的地区进行动态组合。由于四个阶段的管理团队构成变化不大，因而只在第一阶段展示，第二至四阶段略去，只展示研究团队的构成。

表 7-2 InterPARES 第一阶段团队的构成

<table>
<tr><td rowspan="5">管理团队</td><td>项目指导</td><td>Dr. Luciana Duranti</td></tr>
<tr><td>项目协调员</td><td>Peter van Garderen（1999—2000）、Tahra Fung（2000—2001）</td></tr>
<tr><td>技术协调员</td><td>Jean-Pascal Morghese（2000—2001）</td></tr>
<tr><td>项目助理</td><td>Sandy Orr（2001）</td></tr>
<tr><td>博士后研究员</td><td>Brent Lee（2000—2001）</td></tr>
<tr><td rowspan="4">研究团队及其成员</td><td>国际研究团队（7）</td><td>美国团队、亚洲团队、澳大利亚团队、加拿大团队、欧洲团队、意大利团队和全球行业团队</td></tr>
<tr><td>档案机构（10）</td><td>加拿大国家档案馆、中国国家档案馆、法国国家档案馆、爱尔兰国家档案馆、意大利国家档案馆、荷兰国家档案馆、瑞典国家档案馆、英国公共档案馆、香港公共档案馆、美国国家档案与文件署</td></tr>
<tr><td>大学（12）</td><td>英属哥伦比亚大学、多伦多大学、加州大学洛杉矶分校、乔治亚理工学院研究所、密苏里大学哥伦比亚分校、约翰霍普金斯大学、宾州州立大学、格拉斯哥大学、乌尔比诺大学、莫纳什大学、新南威尔士大学、珀斯大学</td></tr>
<tr><td>行业协会（1）</td><td>实验记录计算机系统联合会（包括制药、化学、生物技术、计算机、软件、高科技等行业）</td></tr>
</table>

表 7-3 InterPARES 第二至四阶段研究团队构成

阶段	国际团队	大学	档案机构	国际组织及行业协会
InterPARES 2	美国团队、亚洲团队、澳大利亚团队、加拿大团队、欧洲团队	各国开设相关专业的大学共21所	各国际团队所属国的国家和省级的档案馆和图书馆共13个	戴维斯国际协会、意大利国家档案协会(ANAI)
InterPARES 3	非洲团队、巴西团队、加拿大团队、中国团队、加泰罗尼亚团队、哥伦比亚团队、意大利团队、韩国团队、马来西亚团队、墨西哥团队、挪威团队和土耳其团队	各国开设相关专业的大学共26所	各国际团队所属国的国家和省级的档案馆和图书馆共7个	各国相关行业协会共12个
InterPARES Trust	北美团队、欧洲团队、拉丁美洲团队、亚洲团队、澳大利亚团队、非洲团队、跨国团队	各国开设相关专业的大学共35所	各国际团队所属国的国家和省级的档案馆和图书馆共11个	各国相关行业协会共9个

通过纵向对比可看出，InterPARES 项目的参与成员逐步增加，从第一阶段的只有欧美及中国参与发展到第四阶段的全球六大洲共同参与。同时，参与的档案机构、大学和行业协会的数量也在不断增加，而且在第四阶段已经不仅局限于行业协会，各大国际组织如联合国教科文组织、国际货币基金组织也都有参与项目的研究。

总之，InterPARES 项目研究领域的划分和研究团队的构建，为确保项目研究顺利进行配置了合理的人力资源。研究过程中为了确保信息及时传达和共享，不同的研究领域之间和工作小组之间定期召开研讨会，分享阶段性研究成果，讨论研究中新出现的问题，及时调整和制定更加科学的研究计划。在团队的组建中，还有两个贯通整个研究项目的术语委员会和国际小组。术语委员会是一个连接四个工作组的团队，其职能是为协调和整合项目进行过程中使用和创造的术语建立一套词汇表。国际组是由项目主任，国别小组、多国小组及工作组的组长，以及研究试点的代表组成，其职能是对各个工作组提交的成果进行讨论、修改和审批。每个阶段都要经过多种团队组织的互动式讨论，确保研究成果的科学性和实用性，直到达成一致后再进入下一个阶段。

7.2 InterPARES 项目的研究内容和研究工具的开发

InterPARES 项目很好地践行了理论联系实际的研究方法，从理论假设到实践验证，都有很好的样本成果。特别是因研究的内容具有很强的针对性和实证性，力求贴近实践，服务于实践，因而在研究中开发了一些研究工具，以保障不同研究团队和成员之间有共同的依据和研究结果，具有良好的共享和推广应用的价值。

7.2.1 有关电子文件“真实性”理论的探究①

在 InterPARES 项目研究开展的 19 年中，始终围绕着电子文件“真实性”(authenticity)的相关问题。如何确定档案的真实性，并对其进行保管，是项目研究的重点内容和主要导向。该项目不同研究

① 希瑟·麦克尼尔. InterPARES 真实性工作组的理论成果[A]//国家档案局外事办公室. 永久保护真实的电子文件国际学术报告会报告集. 北京：中国档案出版社，2002：3-6，16-23.

阶段的领域划分、研究内容关注点的变化都是围绕着“真实性”这一问题开展的。

(1)真实性相关术语的界定。

为了对“真实性”相关问题进行研究，基本术语的提炼和含义的界定是研究的起点和取得共识的基础依据。为此，项目第一阶段就建立了术语委员会，其任务是审定汇总项目形成的词汇表，正如杜兰蒂所言：“该词汇表一直是我们工作的支柱，因为 InterPARES 研究完全以项目之初所确定的和项目研究过程中所发展的理论、原则和概念为基础。”由于 InterPARES 项目的成员和研究团队的研究领域和专业背景差异很大，对同一研究对象的表述和研究侧重点也存在具体的认知差异。为了保证和协调不同领域背景、知识背景下的各专业研究人员对研究方向和研究对象认知的一致性，以及同一领域研究人员对前期研究成果的学习和考察，随着项目研究内容的拓展，术语专门工作组根据不同组别承担的职责，分别建立了活动相关记录(register)、词组专门术语库(glossary)、项目词典(dictionary)、同义词词表(thesaurus)等不同的词语类别表，最后将这些术语整合，建立了 InterPARES 项目的术语数据库。术语数据库自建立起，随着研究的发展内容不断丰富，一方面可以辅助研究工作的开展，另一方面也为研究成果在更大范围的传播和使用奠定了术语基础。

为了确保术语的权威性和科学性，术语委员会制定了术语入选的七项标准：“1. 在理解项目研究问题或者是项目研究领域的发现中，代表关键性的实体或者概念；2. 只被一部分具有特定领域专业知识背景的研究人员所熟知时；3. 在两个或两个以上部门、学科之间存在矛盾时；4. 在某一部门、学科中存在矛盾时；5. 拥有多重含义时；6. 拥有一个或多个同义词时；7. 不被大多数研究人员熟知作为生僻词或词组存在时。”①

① Glossary Committee Report [EB/OL]. [2019-05-09]. http://www.interpares.org/display_file.cfm? doc=ip1_gtf_report.pdf.

第一，文件与文件的真实性概念。

项目组研究中确立的文件和文件真实性这两个概念基于两个假设：第一个假设是，现实系统在进行空间(比如人与人之间的通信)和时间(比如由形成机构保存以备今后查考)传输时，特别是当此传输涉及从淘汰技术向新技术迁移时，系统中文件的真实性会受到威胁；第二个假设是，保存电子文件是不可能的，能做的只是对它进行复制。具体地说，就是以不改变任何一个构成元素的方式来传递任何被存的电子文件实际上是不可能的。那么，验证一份被存文件的真实性就是要证明该文件的基本元素没有改变。只有当保护功能在实施时能够识别和记录下出现的任何变动时，才符合这一要求。反过来说，只有当人们知道了文件在被挑选出来长久保存的构成元素时，才能实现这一点。最后，还必须标明没有任何变动影响到对文件特性和完整性的证明能力。由此对文件和文件真实性概念进行如下提炼：

①文件与电子文件的概念：文件是指在活动过程中作为手段或工具而生成或收到的，被留存起来以备执行和查考的任何记录；电子文件是以电子形式保存和利用的文件。为了把数字系统中可能存在的文件与其他各种信息区分开来，研究小组列出了几个标识特征：第一，一个数字实体若有固定的形式，它就是文件。当一个文件的二进制内容(包括其结构指示物)被完整地、无法更改地储存起来时，以及当该文件的信息能够以与其初次留存时相同的机构被提交时，这个文件即被认为具有固定的形式。第二，一个数字实体要成为文件，还必须具有不可改变的内容，可通过分类编码或其他专门的标识符与该数字系统内外的其他文件建立明确的关联，它还应有可辨认的行政背景，有责任者、收文者和作者。第三，一个数字实体要成为文件，必须在程序上或作为决策过程的一部分参与或支持一项行为。

②文件的真实性概念：指一个文件所具备的符合其主旨的原貌，未经篡改或没有讹误的特征。杜兰蒂指出：文件真实性的确定和长久必须完全纳入(整合到)鉴定和保护的过程之中，因而也必

须符合这些要求的概念功能。根据这一整合和一致性需求，工作组建立了一些新的概念，比如“数字组成”和“保护链”概念。数字组成(digital component)是指包含一个电子文件所有或部分内容以及(或)排列、组织或表示该内容之数据或元数据的数字对象，它需要具体的方法加以保护。这个概念是保护工作组建立的，与文件结构的外在和内在元素相对照，外在和内在元素是指那些分别构成和传达一个文件的外貌及其所参与的行为和形成背景的特征。保护链(chain of preservation，COP)①是指一个跨越文件整个生命周期的控制系统，它保证这些文件的身份特征和完整性在任何一个影响到文件储存或提供利用方式的行为中不受到伤害。②

③文件的真实性与信任(trust)和可信(trustworthy)的关系。

信任(trust)的基本含义为相信、信赖、认为可靠等，“InterPARES项目将其引入文件档案管理领域，该项目从维护电子文件长久真实性这一角度出发，在不同阶段中围绕真实性、完整性、可靠性、准确性等方面探索保障电子文件可以长久被信任且被利用的方案。”③项目第四阶段的研究名称直接命名为InterPARES Trust，虽然重点是研究依附于互联网的电子文件的可信问题。实际上，这正是延续了前三个阶段的成果，将其拓展到更宽广的互联网领域中，以建立文件信任、公众信任、社会信任的“可信”文件系统。由此，使得任何环境下的文件都具有真实的、完整的、可靠的、准确的，且可用可读的和被信任的资格，也为实现电子系统中的文件替代纸质文件的所有功能提供保障。项目第一期的成果中希瑟·麦克尼尔就指出：“强调真实性不同于真实性确认(authentication)非常重要。通常来说，真实性确认被理解为在某一具体时刻具备相应权限的法人对一份文件的真实性所做的声明。在数字文件中通过如数字签名或

① 保护链也被翻译为保存链、保管链。

② 希瑟·麦克尼尔. InterPARES真实性工作组的理论成果[A]//国家档案局外事办公室. 永久保护真实的电子文件国际学术报告会报告集. 北京：中国档案出版社，2002：17.

③ 王平，李沐妍，刘晓春. 区块链视角下文件档案管理可信生态的构建[J]. 档案学研究，2020(6)：115-121.

公共密钥等技术来确认。”①但这些技术手段只是解决对某份文件的单独鉴定，对系统的业务文件的信任，还需文件管理系统的可靠性的保障和确认等配套技术和管理措施的实施以及社会普遍的认可。所以，文件的真实性可以说是一个“自证明”的问题，而文件的可信任或被信任则需要“它证明”的保障和认可，也就是说文件的真实性除了本身构成要素的真实外，还需要配套的信任系统来保障，二者缺一不可，共同构建起电子文件的真实性管理系统。只有这样文件在整个生命周期中各个阶段的功能才能够被很好地认可和执行。正如杜兰蒂所言：“信任既是一种令人着迷的基本社会现象，也是一种难以捉摸且具有挑战性的研究。InterPARES Trust 各合作研究机构通过跨学科和多学科的焦点，将研究置于全球和区域(文化)环境中来应对这一挑战。”②

InterPARES 项目的前三个阶段都是以机构为核心研究其业务活动中产生的文件与档案的真实性长期保存问题。文件在机构的环境中有许多可控的因素，文件档案的真实性长期保存相较于开放的互联网环境有更强的控制力。因而只要清楚真实性构成要素，保障真实性的措施就可以比较顺利实施。但互联网中文件的真实性问题就更加复杂，不仅是文件本身的真实可信，还要有对文件真实性保障和认证的确认机制，所以“信任”一词更切中要害。这也让我们更加清醒地认识到，以前一直有关电子文件或电子档案长期保存面临观念和管理制度障碍的核心问题是对电子文件或电子档案的不信任。电子文件与电子档案要取得信任，不仅要“自证明”，还要“它证明”，二者缺一不可。对纸质文档系统的信任已经形成了“自证明”和“它证明”的成熟的文档管理模式，这种约定俗成的信任体系固化的观念和做法在电子文件系统中需要重新审视和革新。所以，

① 希瑟·麦克尼尔. InterPARES 真实性工作组的理论成果[A]//国家档案局外事办公室. 永久保护真实的电子文件国际学术报告会报告集. 北京：中国档案出版社，2002：17.

② 露西安娜·杜兰蒂. 序言[M]//聂曼影. 云环境下的文件档案可信性保障. 北京：社会文献科学出版社，2018：1.

要使电子文档系统取得广泛的信任，不仅仅是技术可以解决的，更重要的是观念和管理模式的变革和保障。

“在计算机世界，信任似乎被削弱，因而交流已经去身份化，所有行为人的真实身份都隐藏在网站或其他数字代理服务器的背后。正如信息学家克里福德·里奇观察所得：许多人认为一个处处充满欺诈的环境中……有必要……为其所指提供证据……而在实体世界中，通常通过外观价值或表面特征予以取证。”①因而第四阶段有关网上文件的可信性研究还引入了透明度要素。项目组认为来源信息与背景关系成为增强文件透明度、评估可信性的基础。为此，项目组研制了支持电子文件真实性假定的“基准要求”和假定归档文件即档案的保存者是可靠的看管人的“基线要求”两个工具，以此来验证电子文件的真实性和可信性的要求。项目前三个阶段的研究主要是在档案学范畴内来鉴定和保障电子文档本身的真实性。随着网络技术被广泛应用于各种行政管理和生产业务领域，网络文件的重要性使之长期保存变得越来越必需。因而项目在第四阶段将研究领域拓展到更广泛的数字环境中。研究者们认为应将真实性的概念由档案学界定的狭义“文件”扩大到所有类型的记录、数据和数字对象是必要的，也是维持社会信任伦理最基本的要求。

第二，完整性、文件身份鉴定概念。

完整性(integrity)：指文件的全体性和牢固性，若一个文件是完备的，其基本方面未经篡改，它便具有完整性。这里的完整性只是针对内容而言，至于形式上的载体脆化或因技术的淘汰而改变系统并不影响文件的完整性。②

文件身份(identity)鉴定：源自古文献学的文件身份鉴定方法。古文献学通过研究文件的形式来判断文件的真假，进而判断文件所

① 杰弗瑞·杨. 网际空间的信任问题及其背景关系[C]//王健，聂曼影. 云环境下的文件档案可信性保障. 北京：社会文献科学出版社，2018：24.

② 希瑟·麦克尼尔. InterPARES 真实性工作组的理论成果[A]//国家档案局外事办公室. 永久保护真实的电子文件国际学术报告会报告集. 北京：中国档案出版社，2002：17.

记载内容的真假。它的研究对象是记录的生成过程，记录的内部构成和传递，以及记录与所记载事实和生成者之间的关系。① 古文献学诞生于17世纪的意大利，是耶稣会博兰德学派与本笃会博兰德学派就一些文书的真假，继而文书所承载特权的真假之间进行争论的产物。在此论战过程中，圣莫尔修会的马比荣被征调研究本笃会圣徒的生活以应对耶稣会的污蔑。马比荣出版了论著《古文献学辨伪论》，标志着古文献学的诞生。古文献学认为在某一特定的历史时期，由于受到当时政治规范、社会文化等方面的影响，记录的成文过程和成文格式是固定的，因而是有一定规律的。在此基础上，一旦某份特定时期的文件与其相应时期的规范不相符，即可认定该文件是不真实的。这种类似文物鉴定的方法，为文件真实性构成要素的提炼奠定了基础。②

(2)文件真实性要素的构成。

InterPARES 项目在第一阶段对真实性的研究中，已经表明了真实性电子档案应包括固定的文档格式、稳定的内容、与系统内外其他档案之间的联系、可识别背景信息、相关活动、人员这六项可识别要素。研究发展到第三阶段，意大利研究团队将第一阶段研究中的真实性所需要素归纳总结为五项："1. 稳定的内容(stable content)和固定形式(fixed form)；2. 活动联系(a link to an action) 3. 档案联系(an archival bond)；4. 五种参与人员(five persons)；5. 五类背景信息(five types of context)。"③无论是6要素还是5要素，在本质上档案真实性相关要素没有发生变化，只是进行了整合和扩充。具体内容如表7-4所示。

① Duranti L. Diplomatics: new uses for an old science[J]. Archivaria, 1989: 7.

② 露西安娜·杜兰蒂. 永久保护真实的电子文件国际研究项目(InterPARES)[A]//国家档案局外事办公室. 永久保护真实的电子文件国际学术报告会报告集. 北京：中国档案出版社，2002：5.

③ General study 05b-guidelines and recommendations for e-mail records management and long-term preservation [EB/OL]. [2019-05-09]. http://interpares.org/ip3/display_file.cfm? doc=ip3_italy_gs05b_final_report.pdf.

表 7-4　电子文件真实性要素构成及其内容

要素	具体内容
稳定的内容、固定的形式（stable content and fixed form）	档案所记录的事实、内容的表现形式，形式包括内在形式和外在形式
活动联系（link to action）	与档案形成活动以及档案所反映内容相关的活动
档案联系（archival bond）	某一档案与其所在全宗内其他档案的关系以及与其他全宗内档案的关系
人员（person）	负责人（author）、受文者（addressee）、起草人（writer）、档案所有者（creator）、发起人（originator）
背景信息（context）	司法行政背景信息（juridical-administrative context）、来源背景信息（proveancial context）、过程背景信息（procedural context）、文件背景信息（documentary context）、技术背景信息（technological context）

(3)不同研究阶段以及不同场景中对真实性术语针对性的描述。

随着研究阶段的发展，对真实性概念及其内涵的认识也不断深入和细化。项目第一阶段术语库（The InterPARES Glossary）对"真实性"一词的表述是"真实的质量或人们对其真实性的认可。真实性的确定主要是由权威者认定或授予的"。① 项目第二阶段术语库（InterPARES 2 Glossary）将"真实性"表述为"真实性是指文件本身的可信度，即文件保持其应有的品质，并未被篡改或损坏"。② 项目第三阶段和第四阶段的术语库沿用了第二阶段的术语库内容。此外，针对具体案例学习和研究，需要对真实性有更加精确的定义及表述，因而在 InterPARES 项目术语词典中列举了在不同领域和相关研究中出现的对"真实性"概念进行扩充后形成的更加具体的表

① The InterPARES Glossary [EB/OL]. [2019-05-09]. http://interpares.org/display_file.cfm? doc=ip1_glossary.pdf.

② 科琳·罗杰斯，张淑霞，聂曼影. 数字文件的真实性——基于行业实践的调查[C]. 北京：社会文献科学出版社，2018：5.

述。例如，在档案(archives)工作领域的研究中，将“真实性”表述为“应具备文件原始状态所包含的特质和权威性”；在艺术研究领域中，将有特殊性的照片档案的“真实性”表述为“要求照片没有被修改”；在计算机和信息科学领域，将“真实性”表述为“在档案或特定集合中，通过对某事物所必要的鉴定过程来核实并评估某事物应当具备的特质(有效、真实等)”。①

所以从“真实性”概念的界定和发展可以窥见项目对术语研究本着与时俱进的理念，并随着研究的深入，一方面尽量减少真实性判定中的人为主观因素，更加关注文件或档案本身所具有的真实性特质，另一方面注重概念所应用领域不同对象的针对性。

7.2.2 电子文件真实性管理实证研究及其工具的研发

InterPARES 项目的研究方法主要有两种，一种是理论假设与归纳法，一种是案例调查与经验归纳法(实证研究)。在实施这两种方法的过程中研制了若干研究工具，这些工具具备管理模型推广应用价值。

(1)档案文献分析模板。②

第一阶段的真实性工作组制定了一个理论框架，确定那些需要被保存下来以确保文件永久真实性的元素，这个框架被称为“分析模板”。该模板的主要内容是把一份电子文件分解成各个组成元素，并对每个元素进行了定义，解释其目的，说明其在鉴定文件真实性的过程中是否及在多大程度上发挥作用。模板首先制作了一个理想文件的模型，它描述了一个文件可能包含的所有已知元素。真实性工作小组的研究假定是，文件诸元素可以通过不同方式表现它们自己，但无论是更传统形式的文件还是电子文件，不论是显性的

① The InterPARES 2 Project Dictionary[EB/OL]. [2019-05-09]. http://www.interpares.org/ip2/ip2_term_pdf.cfm? pdf=dictionary.

② 安妮·吉利兰·斯韦特兰. InterPARES 个案研究分析[A]//国家档案局外事办公室. 永久保护真实的电子文件国际学术报告会报告集. 北京：中国档案出版社，2002：7-16.

还是隐性的，它们都包含这些相同的或类似的元素。根据从多个学科角度研究所取得的成果和个案研究收集来的数据，分析模板中假定元素不断被修正，并且随着研究的进展，一些新的元素被添加到模板中，通过理论与实践的相互印证，使模板更加科学实用。

根据文献“分析模板”确定的真实性要素，最终制定出有关电子文件真实性要求的“基准要求”和“基线要求”两种假设模型，为评估和维护电子文件长期的真实性要求提供重要依据和管理工具。

(2)电子文件真实性的“基准要求”和“基线要求”。

文件真实性的“基准要求”是假定建立在可靠的文件保管系统中，这个系统具备控制文件形成者产生、维护和使用其文件的全部规则以及各类程序控制可以确保文件身份和完整性要求；而“基线要求”则是文件鉴定后被断定或证明是真实的，并从形成者移交给保管者，保管者必须根据相关程序保管和复制文件的真实性不受复制过程损害的相关措施和说明的要求。如表7-5所示。

表7-5　电子文件真实性的“基准要求”和“基线要求”①

项目	基准要求	基线要求(电子档案的要求)
目标要求	电子文件在形成和使用过程中对真实性保障的要求	移交给保管者保存的电子文件真实性的复制件的制作要求
要素构成内容摘要	假定在可靠的文件保管系统中为支持形成者形成和保存了真实的电子文件提供具体证据：包括文件形成在形成、保管利用等环节中有关的行为、背景等元数据的确定和维护措施，诸如文件形成的责任者、收发文时间、承办机构、批注、载体变质、技术更新、拷贝合法程序等	文件向档案机构移交的程序和系统以及保管和复制这些文件的程序和系统中设有保证文件身份和完整性的充分有效的控制措施；复制过程文件的记录；含有电子文件的档案全宗介绍，如来源、程序、文件记录背景以及形成者对电子文件自生成以来所经历变化的所有情况的说明

① 希瑟·麦克尼尔. InterPARES真实性工作组的理论成果[A]//国家档案局外事办公室. 永久保护真实的电子文件国际学术报告会报告集. 北京：中国档案出版社，2002：16-21.

续表

项目	基准要求	基线要求(电子档案的要求)
判定标准	依据满足的数量和程度来推断的，如果这些要求是递增的，满足要求的数量越多、程度越高，则对真实性的推断就越肯定	必须满足规定的所有要求才能证明所保存的电子文件是真实的

(3)保存链(COP)思想及其实现模型。

保存链是项目研究的重要理论成果。该成果源于对希拉里·詹金逊在《档案管理手册》中提出来的不间断保管思想中的“保管链”(chain of custody)概念的延伸。詹金逊在《档案管理手册》中提出：“档案的品质取决于能否证明具有一条无污点的责任保管链。”这句话传达了两层含义。首先，档案的保管历史应该是一条可以追溯的、连续的链条，不能缺失任何一环；其次，这一链条中的每个保管者都应该是具有档案保管资格的、中立的第三方。这两个条件是推断档案真实性的基础。① InterPARES 项目提出的“保存链”，包括电子文件的存储、维护、检索及展示的整个过程必须充分地保存所有必要的属性，以支持检索的电子文件都是真实的这一说法的可信性。

在保存链理念的指导下，项目建立了三个实现其功能的模型，即文件形成时真实性模型、归档时鉴选功能模型和保存功能模型。通过这些模型保障收集、存储和利用中生命周期各个过程的数据和信息的真实性。COP 的具体建模是基于 IDEFO 模型来构建的。

IDEFO(Integrate Definition Function Modeling，集成运作模型)“是一种基于组合图形和文本的建模技术，通过直接而系统的呈现方式，为使用者提供理解、支持分析、潜在变更的逻辑，同时能够

① 方昀，潘未梅. InterPARES 项目对电子文件可靠性真实性保障的哲学基础和理论基础[J]. 档案学研究，2013(3)：36-40.

指定需求或支持系统设计和集成的活动”。① “它可用来表达系统的活动和数据流及它们之间的联系。既能分析和描述系统的功能及需求，建立符合需求且完成制定功能的系统模型，也能分析已有系统的工作目的，完成功能及记录实现的机制。”②如图 7-1 所示。

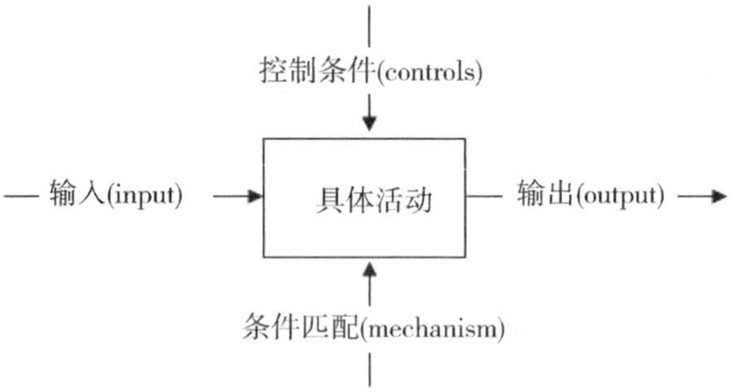

图 7-1　IDEFO 模型基础

基础模型中主要包括活动(activities)、功能模块(box)、顶层图(parent diagram)和细化图(child diagram)、输入(input)、输出(output)、控制条件(controls)、条件匹配(mechanism)，每一项功能模块都包含不同的输入、输出、控制条件和条件配备，箭头方向表示相关因素作用对象以及该功能模块产出的结果。

根据基础模型，项目第一阶段设计了电子文件归档活动 IDEFO 模型的具体要素，归档时的鉴选模型如图 7-2 所示。

(4)PaaST(作为信任工具的保存)。

该工具是第四阶段的研究工具，其功能主要是应用于文件在云存储中的安全可信与长期可用性的需求分析。该工具是建立在前三阶段的研究成果和 ISO 标准《开放档案信息系统》(OAIS)基础上。

① Integrate Definition Function Modeling (IDEFO): a primer. [EB/OL]. [2019-05-09]. http://www.interpares.org/display_file.cfm? doc = idef0_primer.pdf.

② 柴树峰，张学玲，李若蕾. 基于 IDEFO 方法的适应性供应链研究[J]. 军事交通学院学报，2014，16(3)：64-69.

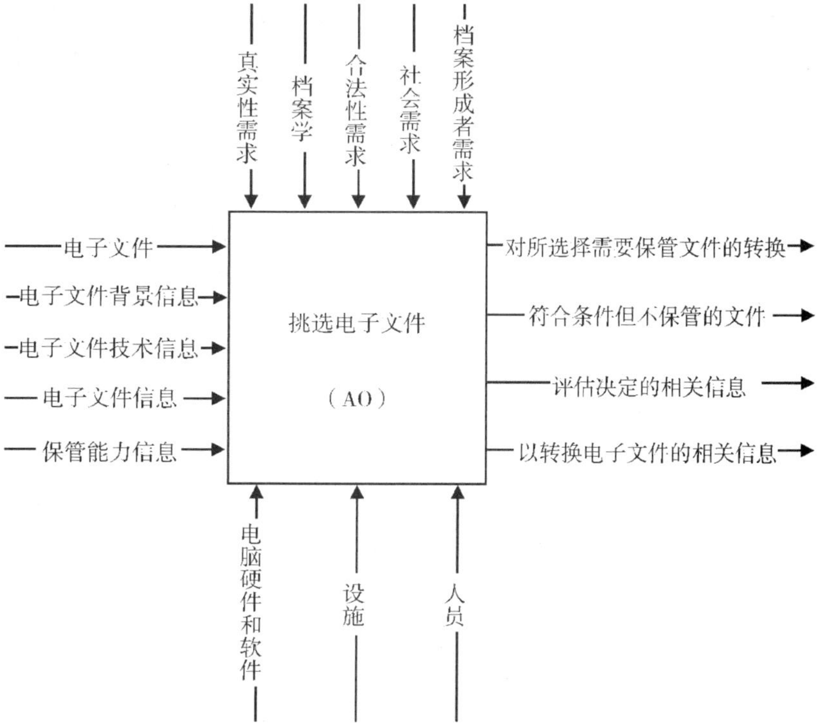

图 7-2　电子文件鉴选活动对 IDEFO 模型的应用

PaaST 工具是一个为需求长期保存的数据安全可信的委托给云服务商的管理功能提供应用软件开发的工具，以更好地适应大数据时代云存储技术在档案资源保存、利用上的升级需求。

(5)政策框架。

一方面，由于每个地区和国家的基本情况存在差异，档案学、文书学发展历程，文件的电子化发展进程各不相同，所以对于政策、策略和标准的研究应该充分考虑其差异性和针对性。另一方面，InterPARES 在第一、二阶段的案例研究中发现，网络环境下，新技术的应用及机构业务模式的变化造成单个业务活动往往由多个信息系统共同完成。然而，现有的信息系统往往未能充分考虑文件的多种角色(即作为记忆，或者参考、指导，或者未来活动的准则)，也未能有效解决文件的分散特性带来的管理问题。基于此，政策工作组采用跨越文件形成者与保存者的双重视角，在双方持续的、动态的合作框架下研究电子文件长期保存对文件生命周期各个阶段(如形成、维护、鉴定、利用等)的要求。① 第一阶段策略专门工作组(Strategy Task Force)为政策、策略和标准的发展构建了知识架构，形成了一份有助于保证电子文件真实性长期保存的十四条政策规则，② 为每一种类型的政策、战略及标准确立规范。经过第一、二阶段的理论与案例的研究，第三阶段总结提炼出涵盖了形成者和保存者在文件生命周期各个环节持续的、动态的合作关系和要求。如表 7-6 所示。

表 7-6　电子文档管理政策框架原则③

形成者原则	保存者原则
(C1④)具有稳定的内容和固定的成文制式的数字对象，才能被当作文件，才能被长期保存	(P5⑤)来自形成者的文件的真实复本才能用作保存的目的
(C2)文件形成程序要能够确保文件的数字组件可以单独被维护，并能根据需要随时组合起来	(P4)文件保存程序应当确保文件的数字组件可以单独被保存，并能根据需要随时组合起来

① 马林青. InterPARES 电子文件长期保存政策框架及其启示[J]. 档案学研究，2012(5)：59-62；宋凯. 电子文件真实性研究[D]. 南京：南京大学，2014.

② Strategy Task Force Report [EB/OL]. [2019-05-09]. http://www.interpares.org/display_file.cfm? doc=ip1_stfreport.pdf.

③ 马林青. InterPARES 电子文件长期保存政策框架及其启示[J]. 档案学研究，2012(5)：59-62；宋凯. 电子文件真实性研究[D]. 南京：南京大学，2014；InterPARES 项目报告。

④ C 代表 creator，指形成者原则。1 为该原则在政策框架中的序号。下同。

⑤ P 代表 preserver，指保存者原则。1 为该原则在政策框架中的序号。下同。

续表

形成者原则	保存者原则
(C3)应当根据文件要实现的目的而不是可用的文件形成或管理技术来制定文件形成和维护要求	(P6)应当根据保存的目的或期望结果而不是可用的具体技术来规定保存需求
(C4)文件形成和维护的政策、策略和标准应当明确地解决文件的可靠性、准确性和真实性问题	(P2)文件保存政策、策略和标准应当明确地、分别地应对文件的可靠性、准确性和真实性问题
(C5)只有可信的文件形成系统产生的文件才是可靠的	(P11)档案鉴定应当评估文件的真实性
(C6)只有可信的文件管理系统才能确保所维护的文件是准确、真实的	(P12)档案著录应当被用于在集合体层面上证明全宗中文件的真实性
(C7)如果形成者希望除了满足业务需求，还要维护和保存准确的、真实的文件，应当在文件形成和维护所涉及的所有活动中考虑保存问题	(P7)保存需求嵌入文件生命周期以保证文件持续的真实性
(C8)应该指定一个收信人的保管者来保存形成者的文件	(P1)指定的文件保存着履行可信的保管者的角色
(C9)应当明确地记录所有促进文件形成和使用的业务过程	(P10)档案鉴定应该确认和分析促进文件形成和利用的所有业务流程
(C10)在文件形成和文件保管系统中，应当明确规定和管理依附于形成者文件的第三方知识产权	(P8)在保存系统中，应该明确和管理依附于文件形成者的第三方知识产权
(C11)在文件形成和文件保管系统中，应该明确规定和管理形成者文件所附带的隐私权和义务	(P9)在保存系统中，应该明确和管理形成者文件所附带的隐私权和义务

续表

形成者原则	保存者原则
(C12)应当根据文件形成的法律要求确定跨不同司法管辖区实现文件共享的程序	(P13)将形成于一个管辖范围的文件提供给另一个管辖范围的用户利用，应该基于文件形成的法律环境
(C13)形成者在日常业务过程中因使用目的而复制的文件，作为文件保管活动的一部分，与文件的最初表现形式具有相同的作用，并且在任何时间都应被视为形成者文件	(P3)由可信的保管者，因保存的目的而复制形成者的文件，可以被认为是形成者文件真实的复制件

政策、战略和标准制定的理论框架是十分重要的。InterPARES项目是国际性的，为了验证理论框架在不同国家、机构和文化背景中的应用情况，各个国别工作组、国际小组研究人员将这一理论框架应用于他们各自的研究领域，来验证不同背景下是否对项目成果的应用产生积极的或消极的影响，最终达到确保长期发展战略目标的可操作性、一致性、满意度及成本效益最优化。

此外，还有BDR模型(业务驱动的文件保管模型)、MADRAS系统(档案著录元数据登记与分析系统)，以及《形成者指南——形成和维护数字资料/物品：个人指南》《保存者指南：保存数字文件组织指南》等工具，可作为广泛领域的数字文件的形成、管理和利用的重要参考。

7.3　InterPARES项目的贡献与启示

电子文件的产生给文件与档案(简称文档)管理带来最大的挑战就是真实性、可信性和长期可读性的保障问题，这种挑战的核心是电子文档作为证据的可靠性受到质疑。传统纸质文档管理形成的真实性、可信性等自证明和管理方式无法应用于电子文档中。因为传统管理原则中的“实体来源”被“虚拟来源”所代替，文件与档案管理的界限变得越来越模糊，加上信息技术的更新换代，使得电子文档的真实性和长期保存性更增添了几分扑朔迷离。如何拨开迷雾，揭露真相，探求加速迭代的电子文档真实长久保存的理论与实践真知，InterPARES 项目的探索与贡献有目共睹，值得推广、借鉴和发扬光大。

7.3.1 持续跟踪电子文件真实性长期保存理论与实践的进化过程

电子文件的产生与管理和以计算机为核心的信息技术发展的生命周期密切相关，而计算机信息技术具有迭代更新快速发展的特点，每一次的迭代都有很强的颠覆性，给人们及时把握和适应带来很大的困扰。InterPARES 项目针对这一特点，采取了分阶段、分任务稳扎稳打的模式，通过理论与实践的深入研究，保持着与信息技术的发展相向而行的步伐，因而也保持了项目不同阶段鲜明的研究目标和成果的取得。研究内容不断拓展和深入，大致包括：文档流程覆盖了文件的形成阶段、保存阶段全生命周期；文档产生领域覆盖了政府、企业、科学艺术以及私人等各种不同类型的机构和组织；文档流转空间覆盖了普通的业务流转渠道和广阔的网络空间。如目前火热的区块链技术，该项目也在跟进研究，据介绍，① 具体研究内容是 InterPARES Trust 欧洲团队进行的信息链模型研究。项目组正是如此坚持着依据源源不断产生的各类文档保持着“学习”的机制②和发展的眼光，为世界范围内电子文件管理理论的研究和应用提供实践指南和科学发展的方向。

① 刘越男，吴云鹏. 基于区块链的数字档案长期保存：既有探索及未来发展[J]. 档案学通讯，2018(6)：44-53.

② 冯惠玲，加小双. 档案后保管理论的演进与核心思想[J]. 档案学通讯，2019(4)：4-12.

7.3.2 促进了数字时代世界范围内档案学理论与实践的发展

理论上，梳理了文件与档案学理论的核心内容和本质。项目负责人露西安娜·杜兰蒂教授带领她的学生连续发表了六篇文章，从“文件历史观”出发，综合考查和梳理了古文书学与现代文件之间关联和继承的关系，为电子文件的保存提供了更深入的指导，这一系列文章形成的思想也被称为“新詹金逊主义”的复活，即项目提出的运用不间断保管思想保存链（COP）来保证电子文件的真实可靠性，保障文件从生成、处理，到归档进入档案室，直至进入永久保存阶段的档案馆，都处于中立公正的管理控制下，这一思想也成为整个团队的理论工具，理清了一些基本概念的认识，对电子文件管理理论进行了新探索：界定了真实性（authen-ticity）概念及其相关的术语，如文件的完整性（integrity）、文件的可靠性（reliability）（指文件作为对事实的声明的可信性。如果文件能够代表它所包括的事实，文件就具有了可靠性）、准确性（accuracy）（指数据、信息、记录或文件的精确程度、正确程度、可信程度、无差错或失真程度，或与事实的一致程度相关联）以及文件的可信性（trustworthiness）（涵盖文件的准确性、可靠性和真实性）。① 这些术语是电子文件（档案）长期保存的核心指标，也是电子文件（档案）管理的核心指标，为国家和地区制定有关电子文件（档案）管理的政策提供了理论依据。

对电子文件的“原件”概念和实质进行了深刻的剖析。项目提出：不可能像传统文件一样，保存一份原始的电子文件，而只能保存重新生成电子文件的能力。这是因为不可能以文件结构存储一份电子文件，使之能够充当文件。文件存储的数字表示和文件利用的数字表示存在很大的区别。通常情况下，需要使用某些软件将存储的数字比特流转译成文件结构。在这个过程中存在一种风险，不管

① 马林青. InterPARES 电子文件长期保存政策框架及其启示[J]. 档案学研究，2012(5)：59-62.

存储的数字数据保存得有多好，当存储的比特流被检索和被展示时，文件都有可能被更改。所以对电子文件“原件”的理解与传统纸质原件是不同的：传统原始文件的概念与某个特殊物质载体上的印记(inscription)是紧密联系的。传统的文件其原始形式与文件固化在载体上的形式是一样的，因为在文件固化过程中，作者以一种确定的形式固定了文件的信息内容。在电子环境下，展示的“外观和感觉”的电脑窗口是无法固定的，比如使用软件简单地改变查看文件窗口的大小都可以改变属性，如字符大小或是长度。但是这些变化并没有改变文件的本质，只是改变了其展示形式。所以电子文件被保存，最接近原始的方式是从原始文件形成的拷贝。

实践上，探究了电子文件真实性的管理理论与方法，提出了保存链(COP)理论和文件身份鉴定理论。并据此开发了研究工具和实践管理工具，进行广泛的案例研究，展示了多样化的电子文件与电子档案长期保存的实践样本，这些成果上传到项目官网上，面向全世界进行宣传和推广，为理论研究成果更快地落地应用创造了很多便利条件。

7.3.3 项目推进措施得力

任何一个项目的研究最核心的两个要素是人员和资金。InterPARES 项目在这两方面都具有卓越的表现，不仅聚集了世界范围内的各行各业的科学家、实践管理者，还得到了丰厚的资金资源，为项目的持续研究提供了良好的保障。

(1)项目资金来源广泛。

InterPARES 项目的主要资金由加拿大社区大学研究联盟(SSHRC-CURA)的社会科学和人文研究理事会提供。配套资金由英属哥伦比亚大学付晓阳研究发展基金、文学院院长和图书馆、档案和信息研究学院提供。随着项目的发展，不仅原有提供者在追加资金的提供，而且不断获得各国团队所在学校和国家档案馆、图书馆以及相关行业协会基金的支持。如 InterPARES 第一阶段，还得到了加拿大国家档案馆、英属哥伦比亚大学汉普顿研究基金、研究副总裁兼艺术个人基金主任以及多伦多大学的支持；参与其中的美国代表团得到了美国国家历史出版物和记录委员会以及国家档案与文件署的支持；所有参与研究的美国大学都为自己的代表提供了资金和实物支持；意大利研究小组得到了意大利国家研究委员会和中央国家档案馆的支持；所有其他联合调查者都得到了各自国家和地区的档案机构、大学或行业的支持。

从这些资金资助来源上看到，各种基金会是重要的支持者，之后的各个阶段也有各种基金会不断加入其中。在欧美等发达国家，基金会对社会的贡献力是非常大的，“基金会作为非政府、非营利组织，在支持和援助教育、社会、宗教和其他活动方面扮演着重要的角色。”①如美国自 1980 年以来，共建立了 17 个档案基金会，其中美国国家档案馆基金会(NAF)成为国家档案馆重要的合作伙伴，在提高公众档案意识、激发公民对国家遗产的认知和公众参与等方面起到积极的推动作用。NAF 的资金主要通过会员制缴纳会费获得，据介绍，美国国家档案馆基金会 2013 年的总资产达 4649121 美元，仅个人会员捐款达 206811 美元。② 之所以有如此雄厚的资金来源，主要是依靠系统而完善的捐助制度、高效多元的公共服务和良好的营销宣传以及积极的慈善与服务理念。InterPARES 项目资金运作更详细的资料难以获得，但各种基金会的支持起到了很大支持作用，反过来也可以说明项目研究的价值和研究成效受到重视和认可，形成良性互动，彼此受益。我国在这方面应该很好地借鉴。

(2)理论联系实践的研究方法和跨学科协作是项目成功的一大亮点。

理论联系实际是 InterPARES 项目贯彻始终的研究方法。因为整个项目执行的核心原则是：任何文件的保护政策、策略或标准必须针对具体的文件，而不是泛泛的数字对象，也就是说，必须解决

---

① 楚艳娜，谭必勇. 档案基金会资金筹集与运用策略探析——以美国国家档案馆基金会为例[J]. 档案学研究，2017(1)：111-117.

② 楚艳娜，谭必勇. 档案基金会资金筹集与运用策略探析——以美国国家档案馆基金会为例[J]. 档案学研究，2017(1)：111-117.

在实践活动中产生、接收或留存的文件。因而项目研究的内容具有很强的针对性和实用性。如在第二阶段划分了三个不同领域的工作组分别进行实证研究：艺术工作组共进行了 10 个案例研究(ease study)和 3 个综合研究(general study)；科学工作组进行了 5 个案例研究和 5 个综合研究；电子政府工作组进行了 8 个案例研究和 1 个综合研究。为了实施这些方法，研究团队设计了数据采集技术，如文档识别与收集、面谈与观察以及数据采集工具，包括研究问题的题库、结构化与半结构化的面试协议和问卷(问卷中的问题包含有特定答案的问题和可自由发挥的问题两种)。① 这些研究工具为学习了解或研究电子文件真实性问题的人员提供知识支撑和工具指南。

项目研究的另一个特点是跨学科性，为了使以档案学为核心的跨学科智库效益最大化，从第一阶段开始就广泛吸纳了计算机工程师、文书学家、档案专家及法律专家等多学科专家学者参与，在第四阶段更是在不断产生的新学科领域拓展着。如在 2017 年 4 月 23 日在中国人民大学召开的“ITrust 国际研讨会之网络环境中文件与档案信任”会议上，项目负责人杜兰蒂介绍，项目采用了资源理论、风险管理、设计理论、数字司法学和人机交互等多种新型学科项目倡导公开调查的原则，即不依据任何特定的认知来采集数据或解释数据，而是综合运用案例研究、文本分析、文献与档案分析、调查、建模和原型设计多种方法，以验证和矫正理论研究的不足，确保研究结论的科学性和实用性。

我国的项目研究往往偏重理论的研究，实际应用推广是短板。所以项目的研究过程和方法值得我们借鉴和应用，提高我国理论向实际应用转化的效率和效益。

7.3.4 中国的参与及其影响

中国团队的参与贯穿了 InterPARES 项目的始终，并且参与的

① 马林青. InterPARES 电子文件长期保存政策框架及其启示[J]. 档案学研究，2012(5)：59-62.

人员和所研究的内容不断深入，在研究中不断提升研究的影响力，加强了与世界范围内同行专家的交流与合作，对中国电子文件的管理理论与实践起到积极的推动作用。

(1)中国团队参与研究的历程及研究内容。

从 InterPARES 1 开始，中国国家档案馆和香港公共档案馆就作为亚洲团队的一分子参与了项目的研究，来自这两个机构的代表也成为国际小组的成员，负责审查和讨论各工作组的结果并分派任务，中国团队的研究人员参与了真实性小组、鉴定小组的研究。从 InterPARES 2 开始，亚洲团队的重心由香港转向内地，中国人民大学等高校开始参与项目的研究。从 InterPARES 3 开始，整个项目的研究进入了一个多国协作更紧密的阶段，多数参与国的研究团队能独立负责某一领域的研究，并形成该国的最终报告。中国人民大学在 InterPARES 3 和 InterPARES Turst 中成为亚洲团队的负责团队。中国人民大学冯惠玲教授被聘为 InterPARES 3 中国项目组特别顾问，王健教授为 InterPARES 3 中国项目组负责人。InterPARES Turst 阶段，中国人民大学王健教授和谢丽教授担任亚洲团队的负责人，同时中国团队得到了时任国家档案局局长杨冬权的大力支持。

从 InterPARES 3 开始，作为研究团队的负责团队，我国不仅更多地参与项目的具体研究，还在研究成果的传递和知识等方面做了各种宣传，如通过召开学术会议、会议报告的分发报道、学术论文的发表等多途径扩大研究的影响力。2007 年 6 月 29 日，随着 InterPARES 项目的全面开展，中国人民大学也开始了中国团队的预热工作，邀请加拿大团队的成员谢丽作了题为“InterPARES 的重要成果与启示”的讲座，与中国团队的成员就 InterPARES 的研究成果与方法、研究目标、研究构想以及成果应用案例进行了深入的探讨，为中国团队的未来工作目标、任务以及组织形式等方面的发展提供了经验指导，明确了未来的研究思路，也为中国团队后续的研究奠定了良好的基础。2007 年 10 月 14 日，随着“电子文件管理国际前沿研讨会暨 InterPARES 3 中国项目组启动会议”在中国人民大学召开，InterPARES 3 中国项目组的研究正式开始。与会成员围绕着电子文件元数据框架构建与实施策略展开了讨论，明确中国团队的目标是通过 InterPARES 这一国际合作交流平台，使国内的相关研究得到更进一步的开展，在为电子文件管理提供理论与技术支持的同时，也提升自身的国际影响力。在这一阶段，中国团队将 InterPARES 项目前两个阶段中各国的研究成果付诸实践，对其进行测试和完善。安小米①在广泛研究各国电子文件和数字档案管理有关的法律、法规、政策和核心标准后，得出了国外电子文件机制的控制力保障来源于政府公共管理法规体系，证据力保障来源于事物活动法规体系，服务力保障来源于信息利用法规体系的结论。王健②分析总结了美国、欧盟、澳大利亚、加拿大几个国家的电子文件长期保存模式，提出构建中国电子文件管理国家战略的设想。这些论文的主题多集中在电子文件管理和电子文件管理系统的建设上。关于中国电子文件管理方面，张宁、刘越男和钱毅都对我国电子文件管理的现状做出了思考。刘越男③偏重于正反两方面的分析，指出中国电子文件管理的体制机制方面有自己的优势，不仅有初步形成的文档集成多元化管理体系，并且行政管理体制改革也逐步深化，但是也指出了中国体制机制的劣势，包括衔接性差、主管部门协调难度大等。张宁④以数据为依据，对我国多家具有代表性的电子文件管理机构进行调研，分析了我国电子文件归档方法不恰当、管理理念不正确、管理方法不科学、管理制度不健全、管理系统功能不完善五大问题。钱毅⑤则针对我国电子文件管理的标准体

① 安小米，张宁，叶晗，杜雅楠. 国外电子文件管理机制及借鉴研究[J]. 档案学研究，2008(2)：58-62.

② 王健. 国际视野：电子文件管理国家战略与区域合作[J]. 中国档案，2009(8)：14-17.

③ 刘越男. 融合之路：中国电子文件管理的体制和机制[J]. 档案学通讯，2009(5)：13-16.

④ 张宁. 我国电子文件管理现状调查与思考[J]. 档案学通讯，2008(6)：15-19.

⑤ 钱毅. 中国电子文件管理标准体系现状与实施战略[J]. 档案学通讯，2009(6)：10-12.

系这一方面，在分析了标准体系建设现状的基础上，提出电子文件管理体系的构建原则和实施战略。

此外，中国团队也参与了术语资料库的补充工作，补充了 159 条中文术语和 162 条中文词典内容。

InterPARES Turst 为项目的第四阶段。中国团队的研究内容比较丰富，成果也很丰硕，有关成果集结以论文集的方式公开出版①。在该论文集中，研究者们对多个主题进行了研究，提出了很多建设性建议，成果中理论与实践比较突出，注重了成果应用性的研究。如在第一部分基础设施领域，张宁②结合中国云服务合同的实际状况，从文件档案管理视角，系统分析我国云服务提供商所提供的合同条款内容，为机构使用云服务开展文件档案管理活动提供可资参考的依据。在安全领域，作为北美队的平行研究，杜梅③等选择了“环境中电子文件管理中的安全与保密”这一主题，在介绍了云服务的特点后，综合梳理了中国云服务的实际应用情况，包括云服务提供商以及电子文件管理对云服务的应用等方面，通过发放问卷等方法，分析出中国电子文件管理在云环境中安全与保密方面存在的主要风险，并提出相应的解决策略。在控制领域，蔡盈芳和范冠艳④引进了 InterPARES 项目前三阶段的相关研究成果，通过问卷调查分析出企业在会计电子文件归档和档案管理中存在的实际问题，并提出一整套解决方案。周文泓⑤等人则关注线上公众参与为数字文件管理带来的挑战，为线上公众参与的数字文件管理初步

① 信任文件：InterPARES 信任项目亚洲团队阶段性成果[J]. 档案学研究，2017(S1)：8-13.

② 张宁. 基于文件档案管理视角的云服务合同研究[J]. 档案学研究，2017(S1)：21-27.

③ 杜梅，蔡盈芳，周文泓，Fu Hua. 基于云服务的电子文件安全与保密研究[J]. 档案学研究，2017(S1)：28-34.

④ 蔡盈芳，范冠艳. 业务类电子文件规范化管理研究——以企业电子会计文件归档和电子会计档案为例[J]. 档案学研究，2017(S1)：57-66.

⑤ 周文泓，李思艺，范冠艳. 问题与对策：基于线上公众参与的数字文件管理研究[J]. 档案学研究，2017(S1)：67-75.

提供了一个管理框架。在获取领域，李思艺和扆兆琳①关注开放政府下的信息公开，调研了 22 个国务院组成部委，对其情况进行了分析。在法律领域，刘越男和李静雅②分析了法学界对电子数据相关概念的界定，对电子数据和电子文件的完整性、真实性等概念进行了比较分析。蔡盈芳③借鉴了 InterPARES 第二、四阶段的研究理念，吸收了第四阶段对制定制度体系提出的理论和方法框架，对国家层面的电子文件和档案管理的政策和标准体系的完善提出建议，为企业层面的电子文件归档和电子档案管理实践提供指南，是我国文件档案领域与 InterPARES 这类大型国际项目交流的成果体现。中国团队在这一阶段也提出了诸多研究提案，如张宁的《电子文件真实性社会认知的理论基础及实践应用》、蔡盈芳的《云环境下电子文件归档和电子档案管理政策、法规、标准体系建设研究》、马林青的《网络环境下电子证照可信保障研究》以及李雯的《中国电子商务环境中数字文件的风险评估与控制研究》等。

(2)中国团队影响力还有待提升。

以中国人民大学档案学院为核心的中国团队，基本上全程参与了 InterPARES 项目的各个阶段的研究活动，也取得了不少成果，如建立了"电子文件管理部级联席会议"，每年一度的"电子文件管理论坛"(从 2010 年开始中国人民大学持续举办)等成果都与参与项目的经历和获得的成果有着密切的关系。中国人民大学主办的每年一度的"电子文件管理论坛"会议已成为档案界每年一度的盛会和学术品牌，受到学者和业界的热烈拥趸。每次会议都是全场爆满，会议成果被广泛传播，被称为电子文件与电子档案研究的风向

① 李思艺，扆兆琳. 开放政府下的信息公开：中国政府依申请公开信息的探索性研究[J]. 档案学研究，2017(S1)：84-91.

② 刘越男，李静雅. 电子数据、电子文件相关概念的比较与对接[J]. 档案学研究，2017(S1)：92-99.

③ 蔡盈芳. 电子商务环境下电子文件管理政策法规和标准规范体系建设研究[J]. 档案学研究，2017(S1)：108-115.

标，在中国档案界影响巨大，特别是在学术的繁荣上起到推波助澜的作用。如第八届“新技术环境下的电子文件管理创新”和第九届“从双轨到单轨——国家信息化战略背景下的电子文件管理”论坛会议后，围绕会议主题的相关论文，诸如单套制、区块链、云技术等成果如雨后春笋般发表出来，对推动我国档案理论和实践与世界先进水平相向而行起到积极的推动作用。

但在国际上，我们的影响力还比较有限。我国的作为在 InterPARES 项目网站这个平台上的展示不够，目前网站上载的内容与中国相关的信息很少。如网站上有成果(Products)和传播(Dissemination)两个主页栏目，但可以找到与中国相关的内容不多，只能在研究团队(Researchers’Are)和项目简介(About the Research)中找到一些基本信息。所以对于中国团队来说，研究内容和成果的展示与宣传还有很大的提升空间。

总之，InterPARES 项目是国际文件与档案界规模最大、历时最长、影响最深远的研究项目。汇集了世界范围的档案学者、计算机工程学者、国家档案馆及私人产业的代表长期合作，形成遍布五大洲的多个研究群体，到第四阶段已经有世界各地 70 多家机构合作伙伴、3000 多名研究人员和学生研究助理。① 而且获得了多种渠道的经费支助，这些经费的提供者也具有广泛的国际影响力，诸如加拿大社会科学与人文科学研究会、美国国家历史出版物与文件委员会、美国国家档案与文件管理署、意大利国家研究会以及许多国家档案馆等。如此宏大的研究，通过跨学科、跨地域、跨行业、跨时空的研究协作方式，共同为攻克电子文档真实长期保存的理论与实践难题进行着持续的探索和努力，充分体现了项目本身的世界意义和价值。其成果为国际上众多的电子文件、电子档案管理政策、标准、系统等的制定和研发提供了领先的知识支撑，为推进世界范围内有关电子文件真实性长期保存管理理念和最佳实践的进步

① 谢丽，王健，马林青. InterPARES 项目：成果回顾与未来方向[J]. 档案学研究，2017(S1)：14-20.

做出重要贡献。正如该项目主持人所言："InterPARES 如同人类基因工程、上层空间大气研究工程一样，是人类针对全球共同关注的重大问题的研究，其实际意义是巨大的。"①

① 金波，丁华东. 电子文件管理学[M]. 上海：上海大学出版社：2007：293.

第8章　数字时代档案保护实践工作的考察与思考

数字时代档案保护理论与技术发展日新月异，实践工作中对理论与技术发展是如何响应的呢？本书希望在实际考察中对理论与技术的发展成果在实践中的应用程度做一些验证。纸质档案的保护理论与实践是目前成熟的体系，本书在前面章节中的理论与技术层面进行了比较全面的阐释和分析，在实践考察中就不作为调研的对象。本书选择了电子文件与电子档案的备份、声像档案保护以及满文历史档案保护与开发三个领域。本书选择的三个考察对象既有其特殊性，也有其研究价值的典型意义。希望通过理论与实践相结合的方法，使本书研究内容的覆盖面和科学性有一个更好的把握。

8.1　考察对象与调研方法

档案保护是一个伴随社会实践和记录技术发展而不断发展的一项管理工作，因而这项管理工作所面对的对象是呈动态增量和发展的，保存的档案种类繁多，数量巨大，特别是各级各类的国家综合档案馆，更是除了对现实形成的档案依法收集管理之外，也要对历史上不断积累的各种类型的档案进行持续的保管和开发利用。迄今为止，历史上形成的档案类别多种多样，在材质、记录方式、信息内容的表达方式、长期可利用等方面存在很大差异，因而对档案保护也提出很多特殊的需求，档案保护工作的这些特点既对档案保护的理论与技术不断提出挑战，也是推动其发展演变的动力所在。

8.1.1 考察对象

本书选择了电子文件与电子档案的备份、声像档案保护以及满文历史档案保护与开发三种形态档案进行调研考察。选取的出发点是这三类档案在记录符号、记录手段、信息的长期可用等方面的特殊性和典型性的特点，为研究影响档案原始记录寿命的几个核心要素的变化与档案保护的关系提供了很好的样本。电子文件(档案)备份是一个新生长的领域；声像档案是一个以模拟信号为记录特点的档案形态，该形态已完全退出现实，增量停止；至于满文历史档案则是一种记录文字符号存在，但对应的语言已经消失的档案类型。从目前发展现状看，这三个档案类别的研究在近几年是热点问题，希望通过对这些热点的分析，为档案保护理论与技术在实践中的应用情况提供考察素材，进而为反思和总结档案保护规律，展望未来发展提供有益的参考。

(1)声像档案保护的特点。

根据《档案工作基本术语》(DA/T 1—2000)的界定，声像档案是记录声音和影像的档案，包括照片、影片、录音带、录像带等。所以从业界的理解和管理的对象来看，声像档案是模拟信号记录而形成的档案形态，数字音频和视频不包括在内。声像档案是指 19 世纪以来，广泛利用光、电、磁等技术在记录和保存信息过程中形成的档案。进入 21 世纪，随着数字时代的到来，这些模拟记录方式的声像档案陆续退出现实，被数字记录的影像、音频、视频方式所取代。

声像档案这一记录方式形成的档案形态在现实中不再有增量了。声像档案产生和使用的时间如果按照最早出现的照片档案算起，最早可推算到 1839 年摄影术的诞生，至今也不到 200 年的时间，比起纸张的发明和使用只能是小巫见大巫。但纸张何时退出历史舞台现在还看不出端倪，而后产生的声像档案却退出历史舞台了，这种反常的现象是值得深思的。

声像档案的形态退出历史舞台了，但所记录的信息是有价值的社会记忆，因而保存和利用仍是档案部门不能忽视的重要资源组成部分。从目前的学术研究和国家档案局优秀成果"获奖目录"中可以看到，近几年有关这个领域的研究成果呈上升趋势，所以值得关注。

声像档案保护的需求主要是解决由于技术的过时、播放设备的淘汰、载体的老化而无法读取的问题。

(2)满文历史档案保护的特点。

我国拥有 55 个少数民族，其创制使用过的文字多达 30 余种，由此记录的文献也是卷帙浩繁，这些留存的文献遗产不仅是少数民族自身历史的证明，也构筑了中华民族记忆的内容和框架。笔者依据所收集的资料进行了统计汇总，可知我国少数民族创制或使用过 35 种古文字。但在档案的遗存方面，因受地域和历史等原因的影响，数量和种类上具有很强的地域特色，保护状况复杂多样。抢救与保护档案文献遗产也是数字时代档案保护工作的一项重要任务。进入 21 世纪，文化遗产的保护是世界潮流，我国迈入建设文化强国的时代，其中历史档案是重要的文化资源，因而备受关注，2000 年，我国启动了"中国档案文献遗产工程"，目前进行了四批名录的入选和公布，共 142 项具有重大价值的档案文献遗产被收入《中国档案文献遗产名录》，其中满文档案在前三批名录中均有入选。在中国的少数民族所形成的档案中，满文档案数量庞大，内容丰富，涵盖了中央、地方、皇室、旗民以及中国北方诸多少数民族的历史，具有不可估量的价值。本书依据笔者所在地域优势，对满文档案保护与开发利用进行实地调研和考察。

满文档案分布于广袤的东北地区，甚至远至内蒙古、新疆地区，跨越了数个省市，这和满文在历史上的特殊地位密不可分。满文档案中有很珍贵的文献，在国家档案局启动的档案文献遗产名录中有多件入选。入选第一批名录的有：清代皇帝对鄂尔多斯蒙古王公的诰封(鄂尔多斯市档案馆)、清代玉牒(第一历史档案馆、辽宁省档案馆)、清代金榜(第一历史档案馆)、清代民国阿拉善霍硕特旗档案(阿拉善左旗档案馆)、康雍乾隆三朝皇帝给新疆蒙古土尔扈特部落的敕书(新疆维吾尔自治区档案馆)、清代秘密立储档案(第一历史档案馆)。入选第二批的有：清初世袭罔替诰命(第一历史档案馆)、清代内蒙古垦务档案(内蒙古自治区档案馆)。入选第三批的有：清初满文木牌(第一历史档案馆)、清代庄妃册文(第一历史档案馆)、雍正皇帝为指派康济乃办理藏务事给达赖喇嘛的敕谕(西藏自治区档案馆)、嘉庆皇帝为确立达赖灵童事给班禅活佛的敕谕(西藏自治区档案馆)、清代黑龙江通省满汉文舆图图说(同治年间)(黑龙江省档案馆)、清代黑龙江地方鄂伦春族满文户籍档案文献(同治、光绪年间)(黑龙江省档案馆)。

从上面入选名录的情况来看，满文档案分散保管是其很大的特点。在中华人民共和国成立之初，国家规定由所属地方单位保存，在当时，这种管理方法可以有效保护满文档案原件，以免其在运输过程中损毁、丢失，有其合理性。但随着时间的推移，满文档案原件的保存条件和开发利用情况由于地域的不同造成很大的差距，给满文档案的集中统一保管和开发利用带来一些不良的影响。

满文创制于 16 世纪末 17 世纪初，当时努尔哈赤统一了女真各部，建立“大金”政权后，命额尔德尼和噶盖创制满文。满文创制后被尊为“国语”，一直使用了 300 年左右，留存了大量的档案文献，为研究清政治、文化、军事提供了重要的依据。满文档案还有一个特点是满文汉文同时对照使用。随着清朝入关，满汉文化相互交融，语言文字的使用经历了满文单独行文，和以满文、汉文对照书写行文的变迁过程。

目前，满文档案最大的特点是所记录的文字已经不再使用，满语也几乎没人会说，所以与声像档案相类似，也是一种退出历史舞台的档案类别。满文档案在保护方面的需求有两个：一是记录符号的文字已经不再使用，识读的人也很少，所以必须进行文字翻译，以使内容可用；二是档案实体损毁的修复和抢救。

(3)电子文件与电子档案备份的保护特点。

相比较声像档案和满文档案，电子文件与电子档案是一种新生长的档案，无论是管理理论还是保护技术都在不断发展和探索中，特别是其生成和保管技术在不断升级换代的动态发展中，这是电子文件与电子档案保护面临的最大的挑战。

我国档案信息化经历了计算机辅助档案管理阶段(20 世纪 80—90 年代初)、双套制下的档案信息管理(20 世纪 90 年代以来)、电子文件管理系统阶段(20 世纪 90 年代后期至 21 世纪初)以及云计算平台下档案信息化系统的探索(2007 年云计算的概念被提出)，目前又向大数据、人工智能的方向发展着，在这种快速发展的浪潮推动下，电子文件与电子档案的产生和保存以及传统档案数字化成果的积累都需要安全措施来保障信息的安全。电子文件与电子档案面临的风险更加复杂多样。相比传统档案，电子文件与电子档案“对技术强烈的依赖性，存储材料的脆弱性，技术和材料更新的快速性，都使人们感到信息稳定固化和长久安全难以控制，加之自然灾害频发和人为破坏加剧，档案安全可谓危机四伏”。① 2008 年，国家档案局提出了建立安全保障体系的要求，与档案资源体系、档案利用体系合称为 21 世纪我国档案建设的三个体系。2009 年 10 月，全国档案工作会议提出国家综合档案馆要建设成“五位一体”公共档案馆，新增加的就是电子文件管理的功能，为此省市级的档案馆开始筹建电子文件与电子档案管理设施，由于还不具备系统完整的接收电子档案的条件，因而各个档案馆首先定位在备份的功能。

备份的目的主要是通过复制的方式来对档案信息进行安全保存。从我国对电子档案与电子文件备份的目的来看，主要有两方面的需求：一是容灾需求。预防人为和自然的各种突发性的灾难。这也是我国在最初建设电子文件中心的目的，其任务主要是收集整理

① 赵淑梅，侯希文. 档案物理管理与保护[M]. 沈阳：辽宁人民大学出版社，2012：247.

党政机关及其职能部门在电子政务平台上形成的各类电子文件。①二是信息内容的归档备份。我国的电子文件与电子档案管理体系还不成熟，通过留存备份，以便将来有更好的方法来持续地延长其寿命和可利用的价值。打个不恰当的比喻，类似于人类期望用一种冷冻技术对患者进行假死处理，来应对目前无法治愈的疾病，在未来一旦找到治愈的办法便恢复其生机。

为了多层面地了解电子文件与电子档案的备份工作，本书进行了比较广泛的调研。除了重点考察档案馆的备份工作之外，对学校、医院、企业等不同类型的单位也进行了调查问卷发放。期望收集更多数据来揭示出我国电子文件与电子档案的管理现状，并引发一些有价值的思考。

8.1.2 调研方法

理论来源于实践，但对实践情况的了解受多方面因素的影响，实证的数据和样本的典型性都会有这样那样的偏差，因而本书调研采取综合的方法进行相互印证：文献调研法、问卷调研法、实地考察、电话、微信等访谈等多种手段并用，最大限度地使调研的素材为分析提供比较可靠的实践依据，确保结论的科学性。

为了顺利开展调研，本书设计了三份调研问卷，见附录 2-1、2-2、2-3。

8.2 三种档案保护工作现状调查与统计

制定调查方案时，首先进行了有关三种档案学术研究的文献调查工作，为界定基本概念、调查内容、调查目的进行分析和提炼，使实际调研更加有的放矢，取得良好效果。

① 景亚君，张永生，项文新. 电子文件中心、电子文件备份中心和电子政务灾备中心辨析[J]. 办公自动化，2009(8)：26-28.

8.2.1　声像档案管理与保护工作的调研

(1)学术文献调研。

以 CNKI 为文献检索平台，对声像档案的管理、保护两个主题进行检索分析如下：

①声像档案管理的研究趋势。

以主题="声像档案"或"照片档案"或"录音录像档案"或"胶片档案"或"磁载体档案"检索，检索时间截至 2019 年 10 月 28 日，共检索到文章 4212 篇。根据知网对检索结果的可视化分析可以看出，关于声像档案管理的文章数量在 2004 年以后呈明显上升态势，在 2009 年达到一个高峰，在 2012—2014 年达到最高发文量，但是 2014 年以后开始呈逐年下降的趋势；研究机构多以高校为主，文献来源多集中于档案学类的期刊。如图 8-1 所示。

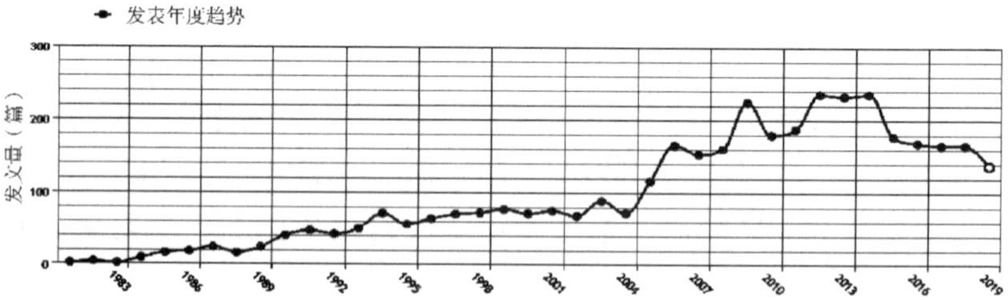

图 8-1　声像档案管理研究数量走势图

②声像档案保护的研究特点。

利用 CNKI，以"声像档案"为检索词共检索出 1934 条记录，以主题词="声像档案"+"保护"为检索词共检索出 39 条记录，以主题词="声像档案保护"+"技术"进行检索，检索出结果 8 条；以主题词="声像档案"+"数字化"进行检索，检索出 93 条记录。叠加分析后，结果如图 8-2 所示，从总体趋势看，近几年一直呈上升趋势。

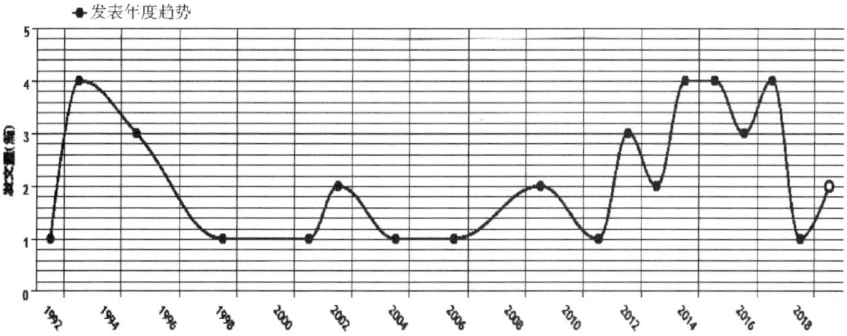

图 8-2 声像档案保护研究数量走势图

声像档案研究的主题主要集中在声像档案数字化、城市建设、城市记忆等几个领域，说明虽然声像档案没有新的增量，但历史档案还是需要不断保护和开发利用。数字化手段是首先选择的保护手段，也是让模拟记录的声像档案得以重新读取的信息迁移手段。随着数字化不断完成，下一步对其利用是要重点解决的问题，因而学者们也向这个方向探索着，其中对城建声像档案数字化及城市记忆背景下声像档案的研究成为近期档案学界的研究热点。如云南大学历史与档案学院王雪飞发表的文章数量最多，从她所研究的主题和分布的年度也可以看出有关声像档案研究的发展脉络。在 2009—2019 年，王雪飞共发表了 12 篇文章，主要的关注领域就是声像档案保护、声像遗产的开发利用、声像档案数字化等。2011—2013 年，王雪飞在声像档案研究领域共发表了 4 篇文章，主要关注点在声像档案数字化以及数字环境下声像档案的开发利用等方面。在 2016—2019 年，“记忆”“声像”“开发利用”出现的词频较高，如 2019 年她发表了《论声像遗产于社会记忆的解读》，2017 年发表了《平民记忆视域下声像档案资源的开发利用研究》等。著名档案保护学者张美芳也在这方面有比较系统的研究，她主持的国家社科项目“声像档案抢救‘复杂性障碍’及信息保护机制与对策研究”，其阶段性成果发表在 2019 年《档案学通讯》中，将数字人文与声像档案信息资源的开发利用联系起来，倡议拓宽数字声像档案在人文学科的大量应用。①

(2)实践调研。

本次声像档案保护工作主要选取了 7 家沈阳市内的声像档案管理单位进行调研，其单位性质构成是：2 个综合档案馆(以下用 A1、A2 表示)，5 个形成和保管声像类档案比较集中的电视台和艺术类单位(以下用 B1、B2、B3、B4、B5 表示)。对 7 家单位进行问卷发放和实地考察访谈，调查问卷见附录 2-1。问卷中主要设定了 5 个一级指标，由 31 个二级指标构成，每项指标都进行了权重赋分，从而设计了本次调查问卷。为保证本次调查结果可信，对 3 家单位进行了实地调研与访谈，对距离较远的 4 家单位进行了电话访谈。通过对调查指标的统计，在百分制的基准上，根据得分的整体分布，将声像档案保护工作现状分为五个等级：得分在[90，100]区间为优秀，得分在[70，90)区间为良好，得分在[50，70)区间为一般，得分在[40，50)区间为较为落后，得分在[0，40)区间为严重落后。结果如表 8-1 所示。

表 8-1　档案保管单位声像档案保护工作情况评估表

单位	A1	A2	B1	B2	B3	B4	B5
得分	82	78	70	56	54	47	52
等级	良好	良好	良好	一般	一般	一般	一般

由表 8-1 的统计可以看出，综合性档案部门声像档案保护工作情况评估得分在良好范围，保护工作状况良好。在其他五家中，除一家外，另外四家都不容乐观，与综合档案馆 A1、A2 的差距较大。调查到各单位的声像档案种类丰富，A1、A2 以及 B2 保存的种类最为丰富，照片档案、录音录像磁带、光盘、缩微胶片都有保存。形成年代普遍在中华人民共和国成立后。

① 张美芳. 面向数字人文的声像档案信息资源组织利用的研究[J]. 档案学研究，2019(4)：72-76.

此外，档案馆的照片中有很大一部分是征集而来，最早年份始于20世纪初。如A2的照片档案大部分是从国外拷贝回来的拷贝件，这与特殊的历史背景有关，当时的中国较为落后，照片多是外国人拍摄。由于东北是最早通火车的地区之一，所以有外国摄影师来，留下了珍贵的历史影像。现在照片原件都在国外，我们通过各种途径对复印件进行了收集。同时，A2的录像档案播放设备较为齐全，传统录像档案大部分可以播放，即使原始胶片和录像带不能播放，也已经进行了数字化转换，得到了妥善保管。B1的录像磁带最早为1960年录制的，2014年起开始使用数字声像档案，B2最早在2000年开始使用数字声像档案，B3的照片档案年代也较为久远，最早为中华人民共和国成立前。B5的录像档案最早始于20世纪80年代，但是由于播放设备的缺失，目前只是“藏”而无法“用”。7家单位保管条件差异也很大，档案馆的设备齐全，库房环境优越，但基层单位条件较差，照片影像发黄，录音、录像信号衰减以及光盘读不出信息现象都存在。对声像档案保护的措施主要是数字化，7家单位都开展了不同程度的数字化，都处于进行中。

本书还对数字声像档案管理情况进行了调研：7家单位都开始接收数字化以及电子声像档案。6家单位对所保管的档案进行了备份保管，综合档案馆A1、A2按照国家要求对所保管的档案进行了异地备份；其他5家单位没有异地备份，但有异质备份。存储介质与设备方面：综合档案馆A1、A2以磁盘阵列和光盘库为主，B1以磁盘阵列与计算机磁盘为主，其他4家单位以计算机磁盘为主，兼有光盘库、硬盘保管。7家单位只有A1和B1有数字档案信息长期保存的系统或者管理模块，A2正在建设相关系统模块，B2以及B5有建设计划，B3和B4没有此项计划。

制度建设方面：从调查统计可以看出各单位均建立有声像档案管理制度，所建立的声像档案制度都比较健全，但是随着社会的发展、技术的革新，相关的管理制度还需要不断地调整、完善。综合档案馆A1、A2以及声像档案集中部门B1对相关制度都严格执行，而其余4家单位只是基本执行，可见制度不能仅停留在纸面上，贯彻执行的检查和督导更为重要。

从调研情况来看，沈阳市 7 家声像档案保管单位在保管环境、档案受损情况、数字化情况、保管制度、保护人员五个方面都存在不同程度的问题。省市综合档案馆的管理工作比较规范，保管条件较好。抢救工作主要通过数字化技术实现，但数字化技术的应用水平和质量参差不齐。一些艺术团体等单位由于档案使用率不高、经费不足等原因，数字化工作的开展也不乐观。磁性材料保管期限一般在 20 年左右，倒带或数字化保存是必要的措施，但传统倒带由于设备淘汰等很难进行，而数字化则需要资金设备的投入，对于一般基层单位还是难以承受的。

8.2.2　满文档案保护与开发利用的调研

(1)学术文献调研。

对于满文档案学术研究主要统计两方面的研究现状，一是满文档案的开发和利用研究，二是满文档案保护与信息化的研究。

①满文档案开发利用研究现状。

以 CNKI 为文献检索平台，以主题="满文档案"检索，检索时间截至 2019 年 11 月 7 日，共检索到文章 863 篇，其中剔除报纸等非学术性文献和重复文献，得到 484 篇文献。根据知网对检索结果的可视化分析，我们可以看出，文献数量在 2000 年以后呈波动上升趋势，在 2018 年达到一个高峰，达到了最高发文量，如图 8-3 所示。研究机构为满文档案保管机构，第一历史档案馆、辽宁省档案局和高校是主力，这与满文档案资源的分布密切相关。

②满文档案保护与信息化的研究。

利用 CNKI，以"满文档案"为检索词共检索出 863 条记录，其中以"满文档案保护"为检索词检索结果为 15 条，外文占了 11 条(由于有一部分满文档案散失在国外一些地区的原因，不作为本研究的范畴)。以"满文档案信息化"为检索词检索出 2 条结果，以"满文档案数字化"为检索词共检索出 8 条结果。加上基于满文档案基础上的满文档案数字化技术研究 3 条，共得到与满文档案数字

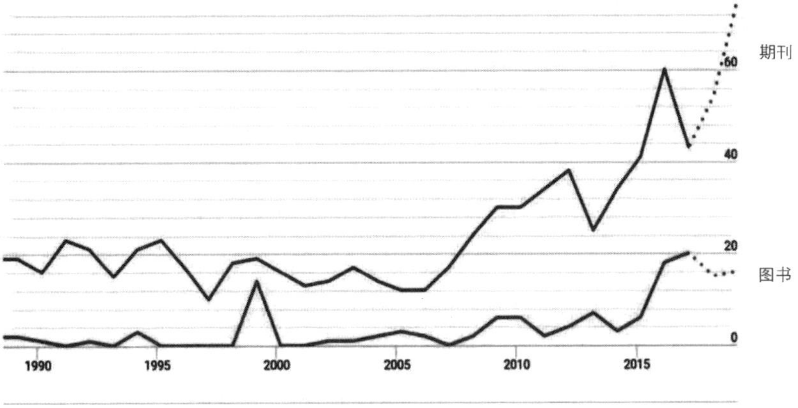

图 8-3 满文档案研究成果走势图

化相关文献 13 篇。可见，有关满文档案保护与信息化方面的研究成果还不够丰富。研究主题上看，最初主要集中历史研究和满文档案的编撰出版上，代表性成果有：屈六生的《清代军机处满文档案综述》；吴元丰的《近百年来满文档案编译出版综述——以中国大陆为中心》《清代新疆历史满文档案概述》；赵彦昌、苏亚云的《21 世纪以来满文档案整理与研究述评》等。

近年来，随着计算机网络技术的发展，满文档案数字化、满文档案数据库、满文档案集成化管理的实践发展成果不断增加，满文档案的翻译成果也多了起来，出现了关于满文识别技术的新研究热点。代表性成果有：吴元丰、李刚的《满文档案著录名词与术语汉译规则》的修订；赵彦昌、王红娟的《满文档案数字化的措施及其方法》；李健民的《满文档案信息化工作探索》；许爽、李敏、朱满琼、周兴华的《满文识别技术研究与分析》；以及中国第一历史档案馆和辽宁省档案馆有关满文档案图像识别系统的开发应用成果：《满文档案图像识别软件的开发与应用项目》《满文档案图像识别软件系统研发及应用》；张晶、许爽、贺建军、李敏、郑蕊蕊的《基于缝隙裁剪的满文单词分割和提取方法研究》；张俐、胡明函、李晶皎、何荣伟的《满汉计算机辅助翻译系统的满文字符编码》等。

(2)实际调研。

本书通过发放问卷以及电话访谈与实地考察结合进行。调研对象包括中国第一历史档案馆、辽宁省档案馆、黑龙江省档案馆、吉林省档案馆、内蒙古自治区档案馆、大连市图书馆。问卷共涵盖五个维度：满文档案资源保存情况、满文档案保存情况、满文档案数字化工作情况、满文档案编研成果、满文工作人员。具体内容见附录 2-2。为保证调查数据的可信度，对辽宁省档案馆进行了实地调研与访谈，对 5 家距离较远的满文档案保管单位进行了电子邮件调查和电话访谈。

调研过程不太顺利，数据获取也较少，除了辽宁省档案馆和第一历史档案馆外，其他几家都因保密等各种理由而提供的信息较少。课题组转而尝试去网上找各个单位的官网，相关信息也很少，所以本调研重点以辽宁省档案馆和中国第一历史档案馆为例，并辅之以其他单位的情况进行统计分析。按照问卷指标对两家进行整体评估，两家的保管条件、抢救措施以及数字化工作等方面都做得很有成效，按照百分制的基准，两家得分都在 85 分以上。

中国第一历史档案馆保存的满文档案数量为全国之最，达 200 余万件(册)。辽宁省档案馆藏有清代档案 6.5 万卷(册)，其中包括大量珍贵满文档案。两家对满文档案的保护措施主要是缩微、数字化和传统修裱相结合，因而档案保护状况良好，开发利用方面主要以传统编研方法进行，出版的满文档案编研成果数量和内容都比较丰富，如辽宁省档案馆于 2018 年编辑出版的《黑图档》①以康熙元年(1662)为开端，以咸丰十年(1861)为截止，跨度达 200 年。其内容主要包含盛京内务府同北京总管内务府、六部等衙门之间，与本地盛京将军衙门、奉天府、盛京五部等衙门之间往来的官方文书，共有 1149 册，达 12.7 万页。其他编研成果包括文件及目录、案卷级目录、史料汇编等，共计约 350 部。其中史料汇编有 728 种，主要是关于粮庄、皇庄。

满文档案数字化的情况：已经开展满文档案数字化工作的单位

① 赵焕林，辽宁省档案馆. 黑图档[M]. 北京：线装书局，2016.

包括中国第一历史档案馆、辽宁省档案馆、黑龙江省档案馆，其中第一历史档案馆的数字化进程较快，已完成多个满文档案数字化项目，并且研发了“明清历史档案图像数字化加工质量管理体系”，开发的“满文档案图像识别软件”已经投入使用，利用满文档案图像识别软件，将满文朱批奏折扫描图像加工转换成文本信息，共完成识别13.8万余件满文朱批奏折，70.3万余画幅，4694.7万余个满文单词。① 辽宁省档案馆通过满文档案图像的拍摄扫描等方式，将10万件左右的满文档案数字化，实现了满文档案目录的电子化、满文档案目录与数字图像的部分挂接。此外，辽宁省档案馆官网开设了馆藏特色满文档案网上展厅。而吉林省档案馆、内蒙古自治区档案馆、大连市图书馆等单位均未开展数字化工作。

通过调查，辽宁省档案馆和中国第一历史档案馆无论是在满文档案的开发利用，还是在信息化工作以及保管条件等方面都很有成效，其他几个单位差距很大，存在如下一些问题：

①经费短缺，数字化项目难以深入开展。目前收藏有满文档案的单位大多没有进行满文档案的数字化工作，仅中国第一历史档案馆开展了数字化专项工程，并且开发出了一系列满文档案数字化的软件工具，是全国唯一进行满文档案全文数字化的保管单位。辽宁省档案馆次之，数字化工作除全文数字化均有效开展。其余的满文档案保存单位数字化工作状况难以望其项背。究其原因，满文档案数字化尤其是全文数字化所需要的经费与科技力量支持是大多数满文档案保存单位难以承担的，这也制约了相关机构数字化工作的进展，许多机构的数字化项目进展缓慢，没有明确的工程分期，或者停滞不前。

②人员不足，缺乏专业人才。调研对象中部分单位设有满文部或者有满文档案专职编研人员，然而人数不多，现有的人员配置相比于巨量的满文馆藏显然远远不够。更不要说还有许多机构没有专职部门或者专职人员，仅由相关部门人员兼任。人才的匮乏也是导致满文档案保护、管理、编研工作进展缓慢的重要原因。

---

① 中国第一历史档案馆项目组. 满文档案图像识别软件系统研发及应用[J]. 历史档案，2019(2)：141-144.

③满文档案修复工作进展缓慢。由于历史悠久，许多满文档案存在着破损情况，而大多数机构的满文档案处于轻度和中度破损状态。一方面这些档案还存在修复的可能性，另一方面这些档案每翻开利用一次，就是在加重破损程度，使得其向更严重的破损产生不可逆的转化。然而对于这些亟须修复的档案，目前的保存单位或仅修复其中一小部分，或任其破损，不采取任何修复措施。在修复技术方面，也是采取较为传统的裱糊工艺进行修复，容易造成二次损坏，且修复后纸张的硬度和厚度也不利于保存。

④满文档案开发利用手段缺乏创新。目前满文档案的开发利用都是基于满文档案的编研成果。文件级和案卷级目录的编制对于进行学术研究的专家学者来说很有价值，而普通民众几乎无人问津。史料汇编成果也是学术性的，发行量极少，市面上很难购买，更不要说进入寻常百姓家庭。因此当前满文档案开发利用的客体也就限定在了极少数人，这给满文档案的价值认定和文化传承带来了一定的阻力，满文档案开发利用的手段仍需创新。

从总体调研看，满文档案数量巨大，编研成果丰富，但数字化成效不大，编研成果传播有限，中国第一历史档案馆与辽宁省档案馆研究的满文识别软件推广应用效益还需加强。满文档案资源的保护和开发利用如何在数字时代进行新的突破，值得我们探索。

8.2.3　电子文件(档案)备份工作现状的调研

随着信息化的不断推进，传统档案数字化与原生电子文件(档案)的数量不断增加，因而备份管理越来越重要了。国家也制定了各种相关标准，如最早的标准《CAD 电子文件光盘存储、归档与档案管理要求》(GB/T 17678—1999)中 6.6.3 条明确规定：“归档的电子文件至少一式两套，一套封管保存，一套供查阅利用。必要时，复制第三套，异地保存。”①此后陆续颁发的《电子文件归档与

① GB/T 17678—1999. CAD 电子文件光盘存储、归档与档案管理要求[S].

管理规范》(GB/T 18894—2002)(该标准已被 GB/T 18894—2016 替代)、《数字档案馆建设指南》(2010 年)等文件中都对备份做了明确的规定。2009 年，国家档案局提出了各级国家档案馆要通过建立异地备份库等形式对重要电子档案进行异地异质备份。那么实际情况如何呢?

(1)学术文献调研。

以 CNKI 为文献检索平台，以 TI=(电子文件+电子档案+数字档案)＊备份检索表达式进行专业检索，即题名="电子文件备份"或"电子档案备份"或"数字档案备份"检索，检索时间截至 2019 年 11 月 10 日，共检索到文章 182 篇。根据知网对检索结果的可视化分析，我们可以看出，关于电子文件(档案)备份的文章数量在 2008 年以后呈明显上升态势，在 2010 年达到一个高峰，在 2010—2013 年达到最高发文量，但是 2013 年以后开始下降，并呈上下波动的趋势，说明电子文件与电子档案备份的研究是从理论逐步到实践的探索。如图 8-4 所示。研究机构多以省级档案局和高校为主。

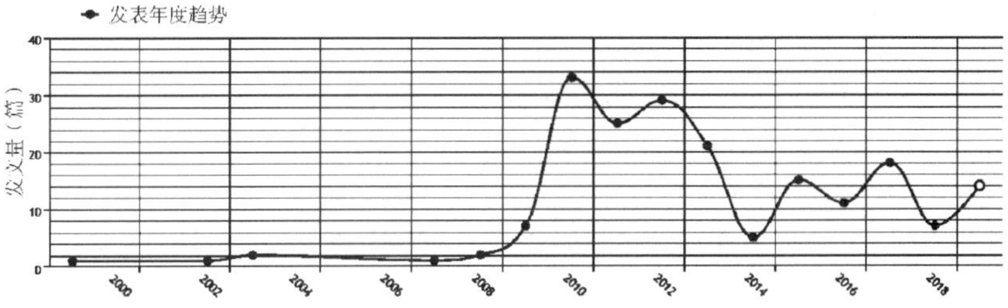

图 8-4　电子文件(档案)备份研究数量走势图

研究的主题主要集中在电子文件、电子档案、档案登记备份、备份中心、异地备份、异质备份等几个领域。最早发表的一篇文章是 1999 年刘家真发表在《湖南档案》杂志上的《电子文件的备份与备份方式》，其从办公自动化的角度提出了网络备份和归档备份的备份方式。2009 年，景亚君、张永生和项文新在《办公自动化》上发表的《电子文件中心、电子文件备份中心和电子政务灾备中心辨析》一文辨析了三者的概念，也是首次提出电子文件备份中心的概念。此后一些学者的文章对备份的方法与策略、登记备份制度的介绍和分析以及备份中心的建设等进行了不同程度的探讨。

(2)实际调研。

实际调研分两部分，一部分是对基层业务部门档案备份工作的摸底调查。这部分调查采用调查问卷的方式，一部分是对具有典型代表的档案馆备份工作的调查，在问卷的基础上，又通过电话、网络等方式进行深入了解，调研指标见附录 2-3。

第一，基层单位业务部门档案备份工作的摸底调查。

本书主要对党政机关、国企、医院、私企以及学校进行了调研，调研内容包括：备份的对象；备份的方法；备份内容的维护；备份恢复能力；风险管理能力。本次共发放调查问卷 126 份，回收 94 份，其中有效问卷 76 份。

本次调查的备份工作现状调查如表 8-2 所示，在百分制的基础上，根据得分的整体分布，将电子档案备份中心建设现状分为五个等级：得分在[90，100]区间为优秀，得分在[80，90)区间为良好，得分在[60，80)区间为一般，得分在[40，60)区间为较为落后，得分在[0，40)区间为严重落后。

表 8-2　我国电子档案备份工作现状评估表

等级	得分	党政机关	国企	私企	医院	学校	总数量	占比
优秀	[90，100]	0	1	1	1	1	4	5.3%
良好	[80，90)	2	6	7	4	0	19	25.0%
一般	[60，80)	8	9	5	8	4	34	44.7%
较为落后	[40，60)	4	2	5	1	2	14	18.4%
严重落后	[0，40)	1	0	3	0	1	5	6.6%

由表 8-2 可知，评估结果为“优秀”的单位有 4 家，包括私企、

国企、医院和学校各 1 家，占比 5.3%；评估结果为“良好”的单位有 19 家，包括党政机关 2 家，国企 6 家，私企 7 家，医院 4 家，占比 25.0%；评估结果为“一般”的单位有 34 家，包括党政机关 8 家，国企 9 家，私企 5 家，医院 8 家，学校 4 家，占比 44.7%；评估结果为“较为落后”的单位有 14 家，包括国企和学校各 2 家，党政机关 4 家，私企 5 家，医院 1 家，占比 18.4%；评估结果为“严重落后”的单位有 5 家，包括党政机关和学校各 1 家，私企 3 家，占比 6.6%。

76 家单位的评估结果呈现以下特征：一是评估结果等级呈“梭形”分布。近五成的单位评估等级为“一般”，近三成的单位等级为“良好”，评估等级为“优秀”和“严重落后”的单位分布较少，所以总体呈“梭形”分布；二是个体样本差异较大。参与评估的单位中，最高分为 93.5 分，最低分为 27.0 分，分差显著；三是医院和国企的评估等级整体优于其他。以 60 分为及格线，党政机关的达标率为 66.7%，国企的达标率为 88.9%，私企的达标率为 61.9%，医院的达标率为 92.9%，学校的达标率为 62.5%，其中医院的达标率超过了 90.0%，表明医院相对比较重视电子档案备份中心的建设，并取得了一定成效。

第二，典型性档案馆备份工作的调查。

主要对浙江省档案馆、辽宁省档案馆和山东省档案馆进行了更深入的电话和网络访谈。

①选择的依据。

根据项目组对国家档案局优秀科研获奖目录的统计，发现有关备份方法的获奖成果是近几年档案科技成果的热点之一，而且具有区域上比较集中的特点，基本集中在福建、武汉、辽宁、山东和浙江、北京、天津等几个地区，如表 8-3 所示。其中辽宁、浙江、山东地区获奖成果比较集中，而且从获奖年度看分布在不同的年度，说明这几个省的备份工作在持续发展中，所以本书在进行多种因素的综合考虑后，选择了这三个地区的档案馆进行深入调研和分析，希望从中获取高质量的调研结果。

表 8-3　有关电子文件(档案)备份的国家档案局优秀科技成果获奖项目汇总

获奖年度	序号	获奖项目	获奖单位
2006	1	国家综合档案馆电子文件和电子档案数据备份和灾难恢复中心可行性战略研究	福建省档案局
2009	2	档案信息数据应急响应与灾难备份系统研究	武汉市档案局
	3	数字档案远程异地容灾备份系统研究	山东省泰安市档案局
	4	城市建设突发公共事件应急响应信息支持系统	浙江省绍兴市城市建设档案馆
2010	5	辽宁省电子档案备份中心研究与实践	辽宁省档案局
2012	6	档案与电子文件登记备份研究	浙江省档案局
	7	档案安全保障体系中数字档案信息异质备份策略与技术应用研究	国家档案局科研所
	8	档案异地安全备份系统的研制	天津市档案局、北京八九数码科技有限公司
	9	电子档案异质异地备份管理模式研究	辽宁省档案局(馆)
	10	电子文件异质异地备份策略研究	湖北省武汉市城市建设档案馆、武汉大学信息管理学院
	11	档案信息资源安全备份策略研究	上海市浦东新区档案局
2013	12	区域档案与电子文件登记备份策略研究	浙江省丽水市档案局

续表

获奖年度	序号	获奖项目	获奖单位
2014	13	中央企业重要档案异质异地备份研究	中国华能集团公司办公室、国家档案局档案科学技术研究所、国务院国有资产监督管理委员会办公厅
	14	基于登记备份制度的档案数据安全监管平台的研究	浙江省档案局、湖州市档案局、德清县档案局、上海泰宇信息技术有限公司
2015	15	重大自然灾害中档案安全保护研究	华北理工大学、河北省唐山市档案局
2016	16	档案数据异质备份管理系统研究	国家档案局档案科学技术研究所、江苏省档案局、北京盛赞光盘备份技术有限公司
	17	以省级国家综合档案馆为中心的各级档案数据集中存储备份与灾难恢复管理机制建设研究	福建省档案局
	18	电子文件归档移交备份技术研究与设备研制	山东省档案局、齐鲁工业大学、济南迈越信息科技有限公司
2018	19	山东省电子档案容灾备份系统建设研究	山东省档案局

②实际调研情况。

通过问卷发放和回收的情况，课题组与三家档案馆通过电话、网络等方式对其中的一些问题进行了询问和求证，获得了更多的细节和对问卷中问题的查缺补漏。综合三家调研情况，进行梳理比较，结果如表 8-4 所示。

表 8-4　档案馆电子文件（档案）备份工作的典型案例

备份机构	建立时间	备份功能和职责	工作进展	备份特点
浙江省电子政务数据灾难备份中心	经过 2009 年的规划和筹建，协同浙江省委办公厅，浙江省政府办公厅印发了《关于开展电子文件和数字档案登记备份工作的通知》，2010 年 4 月，浙江省档案局向各市、县（市、区）档案局下发了《全省电子文件和数字档案登记备份工作实施方案》，档案登记备份工作正式在全省推广	由省档案局设管理端、县市档案局设中心端、机关单位用设用户端三个部分组成。各区县市中心端作为一个中间流程，起着重要的作用，一方面收到机关单位汇总而来的电子档案备份内容，每年定期发送本区县市中心的备份内容到省局管理端等级备份；另一方面在自身条件允许下，建立异地备份中心或与其他单位互为异地备份库，进行电子档案的异地备份，实现双重保险	截至 2016 年年底，全省已建成规范化登记备份中心 57 个，备份政务电子数据总量达到 1476TB；全省 85% 以上的市县完成了政府直属单位档案与电子文件的登记备份工作	该备份中心磁盘存储系统是基于 SAN 存储架构，采用了本地备份、异地备份和区域备份三者相结合的方式 ①优点：实行顶层设计的自上而下的制度建设和实施监控。具有全省统一协调管理的优点，备份工作效率高。SAN 存储架构的优点是存储容量大，服务器稳定不容易崩溃，自动化程度较高 ②缺点：前期人力物力投入大，建设成本高，需要政府方面大力支持；对于一些涉密文件传输安全性不足

续表

备份机构	建立时间	备份功能和职责	工作进展	备份特点
辽宁省电子档案备份中心	成立于2010年，为全国第一家真正意义上的电子档案异地容灾备份中心	辽宁电子档案备份中心是辽宁省档案局（馆）内设机构，主要为省直单位档案室以及省、市、县三级档案馆提供备份工作。该中心在数据恢复功能和容灾功能上具有优越的条件	截至2017年12月份，共备份电子档案数据约14TB	采用了自建异地备份的档案馆中心备份模式 ①优点：集全省电子档案备份于一地，方便统一备份管理。线上与线下传输相结合，极大地提升了传输效率 ②缺点：场馆前期建设及维护成本高，如果备份中心场馆遭遇灾难，将没有其他备份“双保险”保护备份内容
山东省电子文件（档案）容灾备份中心	2015年11月备份中心实体场馆建成并投入使用	为省、市、县（市、区）三级综合档案馆和省直单位电子文件（档案）集中备份提供管理的场所。在备份方式上有离线和在线两种备份方式，离线方式采用保管箱AB钥匙同时打开的方法，在线备份方式采用SHAER78第4级标准进行备份	截至2017年年底，备份中心已接收全省省、市、县（市、区）三级全部国家综合档案馆报送的电子文件（档案）备份数据。2019年年初，山东省数据大厅在山东省档案馆建成启用	采用了自建异地备份，在线备份和涉密档案离线备份相结合的方式 ①优点：向国际灾备标准SHARE78看齐，结合实际，探索出了一套适合实际的电子文件备份方法。该备份中心除了在集中备份管理基地上的作用日益彰显，还逐渐成为全省政务信息数据备份中心 ②缺点：建设和维护成本较高，管理制度和方法上探索不足

辽宁省档案馆和山东省档案馆都建立了实体建筑的备份中心，而且符合备份距离 300 千米的要求，将档案馆传统珍贵、保密档案的后库备份与电子档案备份结合在一起。山东省档案馆备份工作在建设备份基地的基础上，紧跟档案数据管理的前沿，向国际容灾备份标准看齐，备份方式上，不局限在静态备份中心的工作，还延伸到与政务动态产生的档案数据归档相结合，向档案大数据管理和有效利用有机结合的方向发展。浙江省档案馆备份工作最大的特点是管理制度上的建设和实施，是我国第一家实行登记备份的档案馆，主要通过技术架构指导和实施区域内各级档案馆层级备份端口的逐级汇总方式，来监控备份质量和档案数据的集中管理。

此外，档案馆除了自身建设备份中心，或开展备份工作之外，还按照国家档案局的要求，以馆际互备的方式增强备份的功能。由于馆际互备方式简便易行，自 2009 年以来，省级和副省级城市档案馆自愿结对备份方式在全国快速推行，目前基本实现全国覆盖。结对备份有两种方式，一种是省级档案馆相互结对，二是区域内的档案部门互相结对。

总体上看，所有类别的单位在备份质量上大多没有达到作为电子档案移交的要求，更多的是电子数据的备份或寄存。从调研问卷的回答质量和所涉及的内容可以看出，不少单位对备份专业知识的理解程度还较低。另外，从备份关键要素中的存储格式、存储方式看，也反映出备份工作的不规范，有相当一部分单位用 Word 格式保存，备份介质的选择上还有 U 盘，这些都是不符合电子文件和电子档案长期保存要求的。正如一些试点单位反映的情况，“在电子档案四性的检测，文件格式、元数据等方面存在很多问题。”①所以我国集中统一的保管电子档案还有相当长的一段路要走，可以说目前制度上有了准备，但具体的实施和实施的效果还远远不够。

① 任冬莉，华宏. 电子档案移交与接收工作之思考——以南京市审计局电子档案移交与接收为例[J]. 档案与建设，2019(7)：57-60.

8.3 调研分析与思考

通过对三种不同类型档案保护实践的调研，很深的一个体会是理论与实践不仅有距离，而且距离很大。调研前虽然有思想准备，但实际还是远远超出了我们想象的差距，但这也让我们收获了很多新的发现。

8.3.1 协调好声像档案和满文档案抢救保护与开发利用的关系

声像档案与满文档案共同的特点是都退出历史舞台了，但其信息内容的开发和实体的抢救还是要做的工作。这其中最重要的是采取数字化的迁移方法，使两种档案的信息得以延长寿命，同时也为利用提供更多便利。最佳的解决方案是将保护与开发利用紧密结合起来，提供整体解决方案，从有关的理论与技术来看完全可以实现，但实践中我们所调研的样本中还没有实现二者结合的案例，值得深入探究。

(1)声像档案原件的留存问题。

在声像档案调研中，很深的一个感受是声像档案中的照片档案的数字化抢救或实体的修复尚可，因为照片档案是直读信息，所以档案的可读性通过保护实体达到目的，而磁性载体的录音带、录像带是需要配套设备的，而且磁带的配套设备、磁带的规格也非常多，因而数字化后的磁带的留存问题值得思考。在这次调查中，一个省级电视台存有20世纪60年代以来的节目磁带，存量也很可观，库房有1000平方米，但自2014年后使用了信息化的媒介系统后，该库房的大门几乎没有打开过。所以声像档案数字化后还有保留的必要吗？我们调研的省级日报社的摄影部也在2018年被撤销了，因而声像档案所用的设备、人员、机构等都随之被淘汰掉了，完全实现了新事物代替旧事物的质变。声像档案的实体是按文物保护、留存，还是销毁，或者有别的处理方式，这种典型的迁移式的保护，为电子档案未来需要不断迁移的工作提供了一个现实的案例。

(2)激活声像档案和满文档案价值的途径。

充分利用信息化手段是激活满文档案和声像档案保护与开发利用的最佳途径。具体做法是：引入科技公司协助实现数字化的同时，进行开发利用方面的拓展，这也是档案行业借助社会力量提升自己行业社会贡献力的重要途径。

传统的满文档案开发利用方式主要局限于学术研究，尽管满文档案编研成果丰硕，但是学术类型的著作由于其内容本身对读者学术能力的高要求，加上市场需求小，出版发行量较低，定价高，购买渠道少，限制了其广泛的传播和对大众的关注，因此必须创新开发利用方法。如满文档案进行数字化之后，可以利用数据库技术，开发全宗目录数据库、全文数据库、专题数据库、原文数字图像数据库等各种类别的数据库，为不同需求服务，还可以应用人工智能翻译技术建设大型语料库，提升满语识读的效率，解决满语人才缺乏、翻译量巨大的需求。

此外，作为地方特色的档案，满文档案的研究还比较分散，在学术团体上的建设也比较缺乏。针对目前国内满文档案数量多、分布广，各档案机构满文档案识读能力、数字化技术水平差别较大的现状，可以尝试组建满文档案资源合作网络，综合各单位的满文档案资源进行协同开发、利用。如可由中国第一历史档案馆为牵头单位，联合东北等地方的满文收藏单位，通过人员、技术的协作，改善各档案机构在满文档案保护与开发方面的不平衡现象，推进各档案机构的满文档案数字化工作，进而建构国家级的满文档案数据库、语料库，为满文档案的保护与开发积累更丰富的资源、更便利的利用方式。这方面应该向以云南大学华林为首的研究团队学习。云南大学华林教授自 2002 年起一直奋斗在少数民族、濒危档案保护的研究第一线，对清水江文书、云南民间少数民族口述历史档案、水书档案文献、纳西档案文献等珍贵档案的抢救、修复提出了可行性的建议，为我国其他地区少数民族档案的保护提供了参考和借鉴。

对于声像档案的抢救与开发，同样可以引入商业化的技术服务，如人脸识别等图像著录、图像要素分析等技术。声像档案在记录内容上具有生动形象的优势，因而对其开发和利用更有表现力和竞争性，为影视作品、各种专题文献纪录作品等提供丰富的素材。如安徽大学档案馆在九十周年校庆时利用馆藏照片档案开发了“安徽大学九十周年数字记忆网”，将照片分成献礼、呈现、追忆、怀念、记录5类展示学校发展的历程，受到校友的热烈欢迎和广泛点赞。

8.3.2 加强电子文件(档案)备份的质量管理

从备份的整体调研可以看到，我国对电子文件与电子档案备份的知识都有了解，并且开展了不同程度的备份工作，但不同性质的单位在备份方式、备份内容和备份质量等方面存在很大的差异性。综合档案馆和大型企事业机构的档案部门以备份自己单位数字化档案和区域内党政机关的公务文件为主；省市级综合档案馆在备份上还有一种方式是与其他省市档案馆建立馆际互换备份业务关系；医院和规模较大的国企单位备份工作比较规范，有专门的备份设备和管理制度；基层单位和规模较小的私企以及学校等业务部门只是备份自己单位的数据，备份在电脑硬盘上，或刻在光盘上，备份的内容也不系统，大多是双套制打印纸质版之后的电子版文件的存档。整体上看备份工作质量管理是未来所有机构都应该加强的重点。

(1)基层业务部门备份工作差异性大，备份质量和备份方式上存在很多不足，需要进一步地规范。专业性强和规模较大的机构备份意识较强，这主要体现在医院和大型国企的备份工作上。此外在调研中发现在基层或企事业单位，如果填写问卷的人是档案部门的领导，问卷回答反而质量不高，因为基层单位档案部门领导大多是兼职，对于档案工作的具体情况，特别是技术上的工作了解不多。还有一个情况，有些人将备份工作误解为与保密相关，因而有些数据不愿透露或者有水分。当然从中还是可以反映出一些共性的问题，即普遍在管理制度和备份质量上有很大提升空间。

(2)档案馆备份中心称谓复杂多样，没有统一名称，反映了我国档案馆对备份工作的认识经历了一个发展过程。根据文献以及"中国档案资讯网"上的信息可知，目前全国建立备份中心的主要是省市级档案馆，最早的是2004年淄博市数字档案馆暨电子公文专网传输异地备份工作站，开创了我国档案馆作为党委和政府的电子公文专网传输的异地备份工作站先例。此后陆续建立的备份中心称谓上比较混乱，有电子文件备份中心、数字档案异地备份中心、电子档案备份中心、档案登记备份中心、档案数据异地备份容灾系统等不同的名称。从称谓上可以看出，所备份的内容和备份方式是有所差别的。但从其功能上看，基本是为当地政府机关电子公文进行备份。此外还有一些在建的电子文件(档案)备份中心，如宁夏青铜峡市档案馆新馆电子文件备份中心、四川省档案馆电子文件备份中心、内蒙古自治区赤峰市电子档案备份中心、贵州省电子文件备份中心和兰州市电子文件备份中心等，从这些名称上看到，称谓上在不断趋于统一，主要用"电子档案备份"和"电子文件备份"两个名称，特别是电子文件备份中心的称谓占比很高。这也进一步说明，目前档案馆在备份功能的发挥上主要是对当地区域内的政务电子文件进行容灾备。

(3)可资借鉴的备份管理样本。浙江省的档案备份工作做得比较实，有很好的借鉴价值。2009年，中共浙江省委办公厅、浙江省人民政府办公厅发布了《关于开展电子文件和数字档案登记备份工作的通知》(浙委办〔2009〕)文件，对电子文件与电子档案备份工作做了比较详细的规定和实施办法，具体包括对归档的范围、形式、程序、时间等都做了明确的规定。从这个办法中可以看到，我国电子文件备份的基本模式集中在政务文件和数字化成果。至于后来又陆续建立的备份中心，由于在调研中遇到档案部门以涉密为由不予提供，因而没有看到过调查样本中有关备份工作的具体管理办法等制度方面的建设。电话访谈中问了几个单位，也只是说为区域内的党政机关保存电子公文之类的数据。

(4)加强档案备份与数据管理协调发展。山东省档案备份工作的建设在理念和实践方面持续探索、不断升级，值得借鉴。从国家档案局优秀成果获奖目录中看到，山东省在2009年、2016年和2019年都在备份技术上获奖，体现了山东省跟踪新技术不断创新的锐意进取的精神。2019年年初，山东省政府办公厅、省档案馆和省大数据局在省档案馆政府公开信息查阅中心的基础上改造升级建成的山东省数据大厅在山东省档案馆建成启用，这种模式为档案馆探索档案大数据管理模式提供了样本。其将静态备份与动态业务相结合，实现在线的政务信息归档和数据备份无缝链接，不仅可以提高备份效率，也可以在前端监控备份质量，同时还为对全省政府和民生相关的核心数据进行统一管理和安全保存提供了可靠保障。

针对目前备份工作的情况，本书建议：第一，不断提高备份的意识；第二，加强备份质量管理；第三，备份工作与电子档案移交工作进行衔接，逐渐并轨，实现真正意义上的电子文件与电子档案的集中统一管理。

8.3.3 破解理论联系实际难点的思考

从学术层面上看，本书选择了三个各具特色的调研对象，希冀对档案保护工作有所参考和新发现。确实有很多收获，加深了对三类档案各自特点的了解，获得不少鲜活的现实素材，但同时也感到学者与实际工作间的距离和理论联系实际的难处。主要体会如下：

(1)充分了解和理解理论工作者和实际工作者的思维和工作场景的差异。作为理论工作者，从其长处上说可以起到“高大上”的思想指引作用，但从短板上说则是“纸上谈兵”、不接地气。如何将所谓的“高大上”与“接地气”有机结合，对于学者来说是需要改进的。经常听到有人说，理论太高端，实际工作中难有用武之地，特别是对于操作性强的工作更是如此，亲自做一遍比讲十遍更有效。

课题组在实际调研中就遇到了不少困惑，在三个领域的调研中，声像档案方面调研比较顺利，获取的数据也较为满意，但在满文档案和备份工作方面的调研中，遇到了不愿提供数据的情况，影响了调研的分析。对此我们当时有很多的不理解，认为我们的调研并不需要了解档案的内容，只是调查相关的数量和种类，并不会有涉密的内容。后来遇到一家被调研的部门说问卷中有涉密内容，难以提供，于是请示其领导，领导还算支持，但必须要走一个调研的程序，即由我们课题组出具一个盖有公章的正式调研函。理由是，一方面证明调研活动的真实性，另一方面也可以此为依据给我们提供官方的调研数据，而不是私下的非正式访谈。当时觉得麻烦，有点小题大做，如此公事公办的繁琐有些难以接受。但后来反思，这就是学者与行政人员思维的不同，学者更注重效率，而行政人员则注重工作流程的管理。难说好坏之分，只是思维方式和工作场景使然。

(2)畅通两者沟通的渠道。理论联系实际对于应用型学科来说至关重要，因而调研是非常重要的途径，但调研对于实际工作单位来说，会觉得学者给他们添麻烦，对刨根问底的调查有些顾虑，怕影响他们的工作。

之所以产生这样的问题，笔者认为主要的症结是两者缺乏交流和合作。虽然两者都是档案事业的从业者，但我国档案行业在理论与实践两个领域的交流协作较少，各自看守着自己的领地，所以一旦别人进入会产生一种习惯性的戒备，对于有着保密性质的档案实践领域尤其如此。要打破这种隔阂，加强交流合作是非常必要的。对于学者来说，应主动去接触实际工作者，为他们解决一些实际工作中的困惑和难题。对于实际部门来说，也应该多与学者交流，了解理论前沿，更新观念，获取更多的创新思路。目前档案局馆分离，档案馆变成事业编，客观上理论研究有需求，要发论文评职称，希望利用好这个机会，在疏通与实践部门交流与合作的渠道上有所突破。

总之，理论的科学性需要实践检验，技术的功能也需在实践中发挥作用，因而对于数字时代档案保护技术的变革与理论创新研究必须将三者紧密结合，协同发展，赢得一个更加美好的未来。

参 考 文 献

教材专著

[1] 郭莉珠.档案保护技术学教程(第二版)[M].北京:中国人民大学出版社,2008.

[2] 周耀林.档案文献遗产保护理论与实践[M].武汉:武汉大学出版社,2008.

[3] 金波,丁华东.电子文件管理学[M].上海:上海大学出版社,2007.

[4] 赵淑梅,侯希文.档案物理管理与保护[M].沈阳:辽宁大学出版社,2012.

[5] 张美芳,唐跃进.档案保护概论[M].北京:中国人民大学出版社,2013.

[6] 张照余.档案信息化理论与实践[M].北京:中国档案出版社,2007.

[7] 牛创平,等.世界档案大事记[M].北京:档案出版社,1993.

[8] 赵生辉.数字纽带[M].西安:陕西师范大学出版总社有限公司,2014.

[9] 刘家真.文献遗产保护[M].北京:高等教育出版社,2005.

[10] 郭莉珠.档案保护技术学教程[M].北京:中国人民大学出版社,2000.

[11] 周耀林,戴旸,林明,等.档案文献遗产保护[M].武汉:武汉大学出版社,2012.
[12] 冯惠玲,赵国俊.中国电子文件管理问题与对策[M].北京:中国人民大学出版社,2009.
[13] 金波.档案保护技术学[M].北京:高等教育出版社,2000.
[14] 陈祖芬.档案学范式的历史演进及未来发展[M].上海:世界图书出版公司,2011.
[15] 林明,周旖,张靖.文献保护与修复[M].广州:中山大学出版社,2012.
[16] 宗培岭,赵秉忠.档案文献保护技术学[M].北京:航空工业出版社,1989.
[17] 冯惠玲,等.电子文件风险管理[M].北京:中国人民大学出版社,2008.
[18] 冯惠玲,刘越男.电子文件管理教程[M].北京:中国人民大学出版社,2017.
[19] 周耀林,戴旸,程齐凯.非物质文化遗产档案管理理论与实践[M].武汉:武汉大学出版社,2013.
[20] 刘家真.拯救数字信息——数据安全存储与读取策略研究[M].北京:科学出版社,2004.
[21] 金波,等.数字档案馆生态系统研究[M].北京:学习出版社,2014.
[22] 靖继鹏,马费成,张向先.情报科学理论[M].北京:科学出版社,2009.
[23] 徐拥军.档案记忆观的理论与实践[M].北京:中国人民大学出版社,2017.
[24] 冯乐耘,胡让,刘凤志,李鸿健.档案保管技术学[M].北京:中国人民大学出版社,1961.
[25] 朱玉媛.档案学研究进展[M].武汉:武汉大学出版社,2007.
[26] 肖秋慧.电子文件长期保存:理论与实践[M].北京:社会科学文献出版社,2014.
[27] 吴晓红.档案灾害学研究探索[M].北京:首都经贸大学出版

社,2013.
[28] 娄策群.信息生态系统理论及其应用研究[M].北京:中国社会科学出版社,2014.
[29] 冯惠玲. 电子文件管理教程[M].北京:中国人民大学出版社,2001.
[30] 赵屹.数字时代的文件与档案管理[M].上海:世界图书出版公司,2015.
[31] 欧阳康,张明仓.社会科学研究方法[M].北京:高等教育出版社,2004.
[32] 聂云霞.国家层面数字资源长期保存策略研究[M].南昌:江西人民出版社,2016.
[33] 冯惠玲,张辑哲.档案学概论[M].北京:中国人民大学出版社,2006.
[34] 国家档案局档案科学研究所《档案保护技术使用手册》编委会.档案保护技术使用手册[M].北京:中国档案出版社,1994.
[35] 国家档案局档案科学研究所. 新档案保护技术[M].北京:中国文史出版社,2013.
[36] 赵焕林.辽宁省档案馆·黑图档[M].北京:线装书局,2016.
[37] 丘东江.国际图联(IFLA)与中国图书馆事业(上)[M].北京:华艺出版社,2002.
[38] [美] B L 布朗宁.纸的分析[M].雷金,选译.北京:轻工业出版社,1982.
[39] [苏联] Д. И. 弗里雅捷.纸的性能[M].陈有庆,等译.北京:轻工业出版社,1985.
[40] [加] 哈罗德·伊尼斯.帝国与传播[M].何道宽,译.北京:中国人民大学出版社,2003.
[41] [日] 斋藤省吾.信息的显示、记录与存储[M].韩凌,译.北京:电子工业出版社,1988.
[42] [美] 詹姆斯·格雷克.信息简史[M].高博,译.北京:人民邮电出版社,2013.
[43] [英] 维克托·迈尔-舍恩伯格,肯尼思·库克耶.大数据时代

生活、工作与思维的大变革[M].盛杨燕,周涛,译.杭州:浙江人民出版社,2013.

[44] [加拿大] T 库克.1898 年荷兰手册出版以来档案理论与实践的相互影响[M]//第十三届国家档案大会文件报告集.北京:中国档案出版社,1997.

[45] [美] D 比尔曼.虚拟档案[M]//第十三届国家档案大会文件报告集.北京:中国档案出版社,1997.

[46] Depew J N,Jones C L. A library,media and archival preservation glossary [M].Oxford:ABC-CLIO Inc,1992:49.

[47] Sengupta S. Experiencing history through archives:restoration of memory and repair of records [M].New Delhi:Munshiram Manoharlal Pub,2004.

[48] Conway P. Preservation in the digital world[M]. Washington,DC:Commission on Preservation and Access,1996.

[49] Clarke S,Frey F.Care of photographs[M].The Netherlands:ECPA,2003.

[50] Lavédrine B. Les collections photographiques:guide de conser-vation preventive[M].Paris:ARSAG,2000.

[51] Banks P N,Pilette Robeta.Preservation:issues and planning[M].Chicago:American Library Association,2000.

学位论文

[1] 颜晓栋.电子文件的长期保存研究[D].武汉:武汉大学,2004.

[2] 苗守香.中国档案保护学科知识体系的建立与发展[D].沈阳:辽宁大学,2019.

[3] 王小军.档案信息传播中的信息生态研究[D].南昌:南昌大学,2010.

[4] 孟瑞芳.信息生态视角下档案保护生态系统的变迁与维护研究[D].沈阳:辽宁大学,2019.

[5] 冯晓红.基于信息生态理论的公共档案馆服务系统研究[D].天

津:天津师范大学,2010.
[6] 周耀林.可移动文化遗产保护策略研究[D].武汉:武汉大学,2005.
[7] 刘敏.国家级档案文献遗产保护现状与对策研究 [D].沈阳:辽宁大学,2017:20.
[8] 王艳丽. 20 世纪 70 年代以来欧美档案保护学术研究统计分析[D].沈阳:辽宁大学,2019.
[9] 庞晓哲. 改革开放以来档案保护学科核心作者群的研究[D].沈阳:辽宁大学,2018.
[10] 周琳.建国以来档案保护学科发展研究[D].沈阳:辽宁大学,2016:8.
[11] 宋凯.电子文件真实性研究[D].南京:南京大学,2014.

期刊论文

[1] 赵淑梅.面临数字化挑战的档案学[J].档案学通讯,2008(3):1.
[2] 冯惠玲.走向单轨制电子文件管理[J].档案学研究,2019(1):88-94.
[3] 冯惠玲,加小双.档案后保管理论的演进与核心思想[J].档案学通讯,2019(4):4-12.
[4] 丁家友.大数据背景下的档案数据保全探析[J].档案学通讯,2019(1):34-39.
[5] 陈清文,朱世展.国际图联五大核心计划的回顾与展望[J].图书馆建设,2002(2):94-95.
[6] 冯惠玲.电子文件管理:信息化社会的基石[J].电子政务,2010(6):3-9.
[7] 冯惠玲.保证电子文件的长久性《拥有新记忆——电子文件管理研究》摘要之四[J].档案学通讯,1998(4):38-41.
[8] 冯惠玲.认识电子文件[J].档案学通讯,1998(1):44-48.
[9] 赵淑梅.数字时代我国档案保护技术学学科发展走向[J].档案学通讯,2016(3):72-76.

[10] 赵淑梅.系统思维下档案保护理论与实践发展新视野[J].档案学研究,2015(1):101-104.

[11] 赵淑梅.试论档案保护技术学体系的重新架构[J].档案学研究,2004(4):51-53.

[12] 赵淑梅.困惑与出路——对档案保护技术学理论与实践体系的重新认识[J].档案学通讯,2004(4):79-82.

[13] 赵淑梅.关于界定档案寿命的一些思考[J].档案学通讯,2003(6):78-81.

[14] 周耀林.对 1949—2000 年我国档案保护技术研究论文的统计分析[J].档案学研究,2002(4):33-37,43-44.

[15] 于丽娟.机读档案与电子文件辨析[J].档案与建设,1998(5):14-15.

[16] 李泽锋.文字型数据文件的电子格式研究[J].档案管理,2004(6):13-14.

[17] 徐萌.电子文件格式长期保存策略——电子文件格式登记系统[J].商,2015(24):205-206.

[18] 章燕华,徐海静.超越模式之争:国外电子文件管理模式反思及启示[J].北京档案,2007(4):26-28.

[19] 连成叶.现代档案保护技术学研究的基点究竟是什么——兼与周耀林同志商榷[J].档案学研究,2005(1):59-61,50.

[20] 汤强,王亚民.基于领域贡献值的核心著者评价[J].情报科学,2016,34(4):104-107,117.

[21] 钟文娟.基于普赖斯定律与综合指数法的核心作者测评——以《图书馆建设》为例[J].科技管理研究,2012,32(2):57-60.

[22] 林润辉,范建红.中国管理学者论文合作网络属性及其对合作绩效的影响研究[J].研究与发展管理,2012,24(4):81-92.

[23] 付华.科技驱动发展——档案科技助推档案管理现代化[J].档案学通讯,2018(6):9-14.

[24] 张美芳.我国档案保护技术学可持续发展的若干思考[J].档案学通讯,2008(1):68-71.

[25] 张美芳.数字时代档案保护指导思想的变化[J].档案与建设,

2002(2):14-16.
[26] 赵淑梅.档案部门在城市记忆工程中的作用[J].兰台世界,2012(S2):16-17.
[27] 赵淑梅.论档案保护技术与管理的关系[J].档案学通讯,2009(2):81-83.
[28] 赵淑梅.数字时代档案工作理论与实践的宏观认识[J].档案学研究,2010(6):9-13.
[29] 赵淑梅.电子档案保护技术学初探[J].档案学通讯,2001(4):69-71.
[30] 赵淑梅.试论档案保护技术学学科体系的完善[J]. 辽宁大学学报(哲学社会科学版),2000(3):72-74.
[31] 周耀林,孙晶琼,费丁俊.嵌入保护属性的少数民族档案文献遗产数据库概念模型研究[J].档案学通讯,2019(5):27-34.
[32] 周耀林.档案保护论纲[J].求索,2018(5):64-70.
[33] 周耀林,骆盈旭,赵跃.数字档案馆信息生态位的优化研究[J].中国档案,2016(4):70-71.
[34] 周耀林.档案保护技术学体系结构之我见[J]. 档案学通讯,2000(1):44-45.
[35] 周耀林.从档案保护技术到可动文化遗产的保护管理[J]. 北京档案,2004(7):21-23.
[36] 郭莉珠.中国档案文献遗产保护基本对策[J].档案学通讯,2006(3):57.
[37] 刘家真.我看档案保护的管理策略与技术方法[J].图书情报知识,2006(1):50-52,84.
[38] 刘家真.保护电子信息与网络安全[J].城建档案,1999(2):28-32.
[39] 王良城.自然灾害对档案的侵袭与应对策略[J].档案学通讯,2010(3):72-75.
[40] 王良诚,陈蕾.新的技术革命与档案保护[J].档案,1985(3):10-13.
[41] 向立文,欧阳华.论加强档案风险管理的必要性与可行性[J].档案学通讯,2015(4):68-71.

[42] 张艳欣,李治伟,王新颖.新媒体在档案馆应急信息沟通中的应用研究[J].山西档案,2018(1):51-55.

[43] 张艳欣.档案馆应急管理体系研究[J].档案学通讯,2015(4):71-74.

[44] 项文新.档案信息安全保障体系框架研究[J].档案学研究,2010(2):68-73.

[45] 王新才,聂云霞.中国文献遗产保护的现状、问题与展望[J].图书情报研究,2013(1):5-11.

[46] 华林.西部大开发与少数民族历史档案保护政策研究[J].档案学研究,2002(2):57-60.

[47] 黄广琴, 颜川梅.重新审视档案保护研究[J].中国档案,2008(1):26-27.

[48] 钱毅.从"数字化"到"数据化"——新技术环境下文件管理若干问题再认识[J].档案学通讯,2018(5):42-45.

[49] 罗彬彬.文化生态视野下档案文化建设策略分析[J].档案学研究,2017(S2):4-6.

[50] 王巧玲,孙爱萍,陈文杰.档案部门参与非遗保护工作的优势与劣势分析[J].北京档案,2013(6):11-13.

[51] 徐维,管志宇.电子文件"前端控制"的来源及其他[J].档案与建设,2001(3):12-14.

[52] 叶晓林.电子文件全程管理之思考[J].档案学研究,2005(1):46-50.

[53] 吕文婷.文件连续体理论的澳大利亚本土实践溯源[J].档案学通讯,2019(3):12-19.

[54] 特里·库克,刘越男.电子文件与纸质文件观念:后保管及后现代主义社会里信息与档案管理中面临的一场革命[J].山西档案,1997(2):7-13.

[55] 于英香.电子档案与纸质档案保护之比较[J].档案学通讯,2004(5):74-77.

[56] 李泽锋.电子文件可信管理关键问题分析[J].档案学研究,2012(6):52-55.

[57] 赵跃,乔健.改革开放40年来中国档案学研究的全景透视——基于研究主题的挖掘与演化分析[J].档案学研究,2019(3):44-54.

[58] 薛春刚.档案信息生态系统的平衡与档案事业的可持续发展[J].档案与建设,1998(4):12-14.

[59] 张东华,鲁志华.数字档案馆信息生态平衡及其策略研究[J].湖北档案,2010(8):12-14.

[60] 张美芳.面向数字人文的声像档案信息资源组织利用的研究[J].档案学研究,2019(4):72-76.

[61] 张美芳,朱强.破损双面字迹档案纸张去酸加固技术的集成研究[J].档案学通讯,2016(1):69-73.

[62] 赵淑梅,郭硕楠.中国纸质档案修复技术的回顾与展望——基于1965—2017年相关文献的统计分析[J].档案学通讯,2018(4):108-112.

[63] 赵淑梅,刘俊恒.商业性档案寄存托管企业SWOT分析及发展对策[J].档案与建设,2018(3):19,28-31.

[64] 赵淑梅,管清潆.美国东北部文献保护中心网站服务研究及启示[J].浙江档案,2018(6):29-31.

[65] 赵淑梅.数字时代我国档案保护技术发展趋势——基于1987—2015年国家档案局优秀科技成果奖的统计分析[J].档案学通讯,2017(2):72-76.

[66] 赵淑梅.试析中国电子文件安全管理指导思想的演变[J].档案学通讯,2015(2):56-59.

[67] 孙洪鲁.纸质档案保护修复技术研究[J].中国档案,2014(8):60-61.

[68] 张艳欣,仝姗姗.国外档案保护研究现状与发展探析[J].山西档案,2019(1):44-56.

[69] 姚向阳,林红,罗雁冰.现代科学分析技术在纸质档案保护中应用的研究现状浅析[J].档案学通讯,2018(3):89-94.

[70] 邢惠萍,李玉虎,马静,等.蓝黑墨水对档案纸张耐久性的影响[J].档案学研究,2013(5):51-53.

[71] 张译丹,李玉虎,李文福,等.黑色签字笔字迹的稳定性界定评价研究[J].档案学通讯,2015(6):68-74.
[72] 罗雨佳,李玉虎,赵光涛,等.圆珠笔象迹加固分析研究[J].档案学通讯,2016(5):88-91.
[73] 黄四平,李玉虎,欧绣花. 氧化去污技术对档案纸张性能影响的研究[J].档案学研究,2010(1):66-69.
[74] 胡可征.创新模式注重实效——广东省探索建设“区域性档案修裱中心”[J].广东档案,2010(4):21-24.
[75] 张美芳.图书保护、档案保护、文物保护学科整合研究[J].大学图书馆学报,2016,34(4):72-73.
[76] 张美芳.国际背景下的中国档案保护技术及其教育发展[J].档案管理,2008(4):49-51.
[77] 赵淑梅.数字时代我国档案保护技术学科发展走向[J].档案学通讯,2016(3):72-76.
[78] 赵淑梅,杨婉悌,赵丹阳,王梓林.“社会档案人”的培育[J].中国档案,2014(11):70-71.
[79] 周耀林.我国档案保护研究的回顾与展望[J].图书情报研究,2017(2):13,92-96.
[80] 周耀林,赵跃.档案安全体系理论框架的构建研究 [J].档案学研究,2016(4):107-112.
[81] 倪丽娟.改革开放四十年档案学研究路径拓展及其启示[J].档案学研究,2019(2):21-22.
[82] 肖秋会,伍黎丹,李珍.iSchool 联盟高校的档案学教育特色及对我国的启示[J].档案学通讯,2018(1):77-83.
[83] 金波,晏秦.从档案管理走向档案治理[J].档案学研究,2019(1):46-55.
[84] 袁正光.什么是数字化革命[J].中国科技信息,1997(11):24.
[85] 张建国.谈古籍修复与人才培养的新途径——以院校合作办学培养古籍修复人才为例[J].图书馆工作与研究,2015(7):91-94.
[86] 刘越男,吴云鹏.基于区块链的数字档案长期保存:既有探索及未来发展[J].档案学通讯,2018(6):44-53.

[87] 洪佳惠.实体档案与电子档案之差异的另一种探索——档案载体派生树的构建[J].档案学研究,2018(5):9-13.

[88] 晏秦.论档案治理的内涵、特征和功能[J].档案管理,2017(4):4-7.

[89] 王肖波.区域性国家重点档案保护中心建设研究[J].浙江档案,2019(4):19-21.

[90] 黄霄羽. 国外商业化文件信息服务业的监管体系[J].中国档案,2011(10):58-60.

[91] 王平,李沐妍,姬荣伟.基于区块链技术的电子文件可信保护框架研究[J].档案学研究,2019(1):101-107.

[92] 柴树峰,张学玲,李若蕾.基于 IDEFO 方法的适应性供应链研究[J].军事交通学院学报,2014,16(3):64-69.

[93] 马林青.InterPARES 电子文件长期保存政策框架及其启示[J].档案学研究,2012(5):59-62.

[94] 楚艳娜,谭必勇.档案基金会资金筹集与运用策略探析——以美国国家档案馆基金会为例[J].档案学研究,2017(1):111-117.

[95] 安小米,张宁,叶晗,杜雅楠.国外电子文件管理机制及借鉴研究[J].档案学研究,2008(2):58-62.

[96] 王健.国际视野:电子文件管理国家战略与区域合作[J].中国档案,2009(8):14-17.

[97] 刘越男.融合之路:中国电子文件管理的体制和机制[J].档案学通讯,2009(5):13-16.

[98] 张宁.我国电子文件管理现状调查与思考[J].档案学通讯,2008(6):15-19.

[99] 钱毅.中国电子文件管理标准体系现状与实施战略[J].档案学通讯,2009(6):10-12.

[100] 中国档案学会.信任文件:InterPARES 信任项目亚洲团队阶段性成果[J].档案学研究,2017(S1):8-13.

[101] 张宁.基于文件档案管理视角的云服务合同研究[J].档案学研究,2017(S1):21-27.

[102] 杜梅,蔡盈芳,周文泓,Fu Hua.基于云服务的电子文件安全与

保密研究[J].档案学研究,2017(S1):28-34.
[103] 蔡盈芳,范冠艳.业务类电子文件规范化管理研究——以企业电子会计文件归档和电子会计档案为例[J].档案学研究,2017(S1):57-66.
[104] 周文泓,李思艺,范冠艳.问题与对策:基于线上公众参与的数字文件管理研究[J].档案学研究,2017(S1):67-75.
[105] 李思艺,扆兆琳.开放政府下的信息公开:中国政府依申请公开信息的探索性研究[J].档案学研究,2017(S1):84-91.
[106] 刘越男,李静雅.电子数据、电子文件相关概念的比较与对接[J].档案学研究,2017(S1):92-99.
[107] 蔡盈芳.电子商务环境下电子文件管理政策法规和标准规范体系建设研究[J].档案学研究,2017(S1):108-115.
[108] 谢丽,王健,马林青.InterPARES 项目:成果回顾与未来方向[J].档案学研究,2017(S1):14-20.
[109] 方昀,潘未梅.InterPARES 项目对电子文件可靠性真实性保障的哲学基础和理论基础[J].档案学研究,2013(3):36-40.
[110] 任冬莉,华宏.电子档案移交与接收工作之思考——以南京市审计局电子档案移交与接收为例[J].档案与建设,2019(7):57-60.
[111] 谢永宪,王巧玲,房小可,薛怡.我国国家综合档案馆数字档案信息长期保存现状调查[J].档案学通讯,2019(4):58-62.
[112] 中国第一历史档案馆项目组.满文档案图像识别软件系统研发及应用[J].历史档案,2019(2):141-144.
[113] 景亚君,张永生,项文新.电子文件中心、电子文件备份中心和电子政务灾备中心辨析[J].办公自动化(综合版),2009(4)26-28.
[114] [印] 雅·帕·凯思帕利亚.档案材料的保护和修复[J].黄坤坊,译.档案学通讯,1981(增刊).
[115] Matthews G. Preservation and library management [J]. Library Management, 1990, 11(4):4-9.
[116] Banik G. Education strategies for science communication and

education in conservation science [J].Restaurator,2013,34(4):261-274.

[117] Huhsmann E,Hähner U. Work standard for the treatment of 18th and 19th-century iron gall documents with calcium phytate and calcium hydrogen carbonate [J].Restaurator,2008,29(4):274-319.

[118] Vila A,Ferrer N,Garcia J F.Characterizing contemporary artists's papers: a step towards their differentiation [J]. Restaurator, 2010,31(2):142-160.

[119] Amador V S,Pereira H V,Sena M M,et al. Paper spray mass spectrometry for the forensic analysis of black ballpoint pen inks [J]. Journal of the American Society for Mass Spectrometry, 2017,28 (9):1-12.

[120] Lemieux V L. Trusting records: is Blockchain technology the answer[J].Records Management Journal,2016,26(2).

[121] Hurley G.Community archives,community clouds:enabling digital preservation for small archives[J].Archivaria,2016,(81):129-150.

[122] Dupuis R N, Kusterer Jr J E, Sproull R C. Evaluation of Langwell's vapor phase deacidification precess[J]. Restaurator, 1970,1(3):149-164.

[123] Ballard M W,Baer N. Ethylene oxide fumigation:results and risk assessment[J]. Restaurator,1986,7(4):143-168.

[124] Maria G C T,Wiendl F M. The applicability of gamma radiation to the control of fungi in naturally contaminated paper [J]. Restaurator,1995,16(2):93-99.

[125] Gunselman C. Assessing preservation needs of manuscript collections with a comprehensive survey [J]. The American Archivist,2007,70(1):151-169.

[126] Verdegem R,Slats J. Practical experiences of the Dutch digital preservation test-bed [J]. The Journal of Information and

Knowledge Management Systems,2004,34(2):56-65.

[127] Mannheimer S, Cote C. Cultivate, assess, advocate, implement, and sustain: a five-point plan for successful digital preservation collaborations [J]. Digital Library Perspectives, 2017, 33 (2): 100-116.

[128] Evens T, Hauttekeete L. Challenges of digital preservation for cultural heritage institutions [J]. Journal of Librarianshipand Information Science,2011,43(3):157-166.

[129] Duranti L.Diplomatics: new uses for an old science[J].Archivaria,1989(28):7-27.

电子文献

[1] 卢正源.全球大数据储量规模不断扩大 生产力和物联网数据增长迅速[EB/OL].[2019-08-09].https://www.gkzhan.com/news/detail/118714.html.

[2] 档案那些事儿.美国宣布向电子文件转型[EB/OL].[2019-08-17].https://mp.weixin.qq.com/s/91P-wUvliz9Z-GRpD1yHLg.

[3] 档案那些事儿.电子文件格式知多少？你能列出多少种？[EB/OL]. [2019-04-24]. https://mp. weixin. qq. com/s/blSDqx02rn0uuE3CjmFC1g.

[4] 国务院.国务院关于印发“十三五”国家信息化规划的通知[EB/OL] . [2018-04-13]. http://www. gov. cn/zhengce/content/2016-12/27/content_5153411.htm.

[5] 国家档案局技术部 . 2017 年国家档案局科技项目立项选题指南[EB/OL] . [2018-04-13].http://www.saac.gov.cn/gzcy/2017-01/23/content_174308.htm.

[6] 中国档案报.把握科技脉动,探索管理创新[EB/OL] . [2018-04-13].http://www. saac. gov. cn/news/2017-12/15/content_216584.htm.

[7] 游民老赵.区块链技术进入档案馆,历史文献或将由区块链记

录[EB/OL].[2018-06-28].http://chanye.18183.com/201806/1113952.html.

[8] 链财经.美国华盛顿州签署了一项将区块链技术纳入法律的法案[EB/OL].[2019-04-29].http://liancaijing.com/alerts/450683.html.

[9] 中华人民共和国国家档案局.云南将建区域性国家重点档案保护中心[EB/OL].[2019-04-08].http://www.saac.gov.cn/daj/dfdt/201904/6aa5581bedec4d10a99a7c389fa9549d.shtml.

[10] 中国档案资讯网.苏州大学推出首个对外服务档案数据保全平台[EB/OL].[2018-12-07].http://www.zgdazxw.com.cn/news/2018-12/07/content_257903.htm.

[11] Glossary Committee Report[EB/OL].[2019-05-09].http://www.interpares.org/display_file.cfm? doc=ip1_gtf_report.pdf.

[12] General study 05b-guidelines and recommendations for e-mail records management and long-term preservation[EB/OL].[2019-05-09].http:// interpares.org/ip3/display_file.cfm? doc=ip3_italy_gs05b_final_ report.pdf.

[13] The InterPARES Glossary[EB/OL].[2019-05-09].http://interpares.org/display_file.cfm? doc=ip1_glossary.pdf.

[14] The InterPARES 2 Project Dictionary[EB/OL].[2019-05-09].http://www.interp-ares.org/ip2/ip2_term_pdf.cfm? pdf=dictionary.

[15] Integrate Definition Function Modeling(IDEFO):a primer[EB/OL].[2019-05-09].http://www.interpares.org/display_file.cfm?doc=idef0_primer.pdf.

[16] Strategy Task Force Report[EB/OL].[2019-05-09].http://www.interpares.org/display_file.cfm? doc=ip1_stf_report.pdf.

法规标准

[1] GB/T 17678—1999.CAD 电子文件光盘存储、归档与档案管理要求[S].

［2］DA/T 70—2018.文书类电子档案检测一般要求［S］.
［3］GB/T 18894—2016.电子文件归档与电子档案管理规范［S］.
［4］档发〔2012〕7号.电子档案移交与接收办法［S］.
［5］DA/T 58—2014.电子档案管理基本术语［S］.
［6］中华人民共和国电子签名法(2019年修正)［S］.
［7］DA/T 11—1994.文件用纸耐久性测试法［S］.
［8］DA/T 16—1995.档案字迹材料耐久性测试法［S］.
［9］DA/T 64.1—2017.纸质档案抢救与修复规范 第1部分:修复操作指南［S］.
［10］DA/T 64.2—2017.纸质档案抢救与修复规范 第2部分:修复操作指南［S］.
［11］DA/T 64.3—2017.纸质档案抢救与修复规范 第3部分:修复操作指南［S］.
［12］DA/Z 64.4—2018.纸质档案抢救与修复规范 第4部分:修复操作指南［S］.
［13］DA/T 56—2014.档案信息系统运行维护规范［S］.
［14］DA/T 74—2019.电子档案存储用可录类蓝光光盘(BD-R)技术要求和应用规范［S］.
［15］DA/T 47—2009.版式电子文件长期保存格式需求［S］.

论文集

［1］赵彦昌.中国档案研究第一辑［C］.沈阳:辽宁大学出版社,2015.
［2］聂曼影.云环境下的文件档案可信性保障［C］.北京:社会文献科学出版社,2018.
［3］国家档案局外事办公室.永久保护真实的电子文件国际学术报告会报告集［C］.北京:中国档案出版社,2002.

附录1　档案保护学科相关教材及专著统计①

序号	书名	作者	出版社	出版时间
1	档案保管技术学	冯乐耘，胡让，刘凤志，李鸿健	中国人民大学出版社	1961
2	档案保管技术学	冯乐耘，胡让，刘凤志，李鸿健	中国人民大学出版社	1980
3	档案保护技术学	李鸿健，刘凤志，胡让，冯乐耘	档案出版社	1984
4	档案保护技术学	冯素琴，梁立山，等	航空工业部教材编审室	1986
5	档案保护技术学概要	国家档案局教育处	档案出版社	1987
6	档案保护与复制技术学上	郭莉珠，等	档案出版社	1987
7	档案保护与复制技术学下	刘凤志，等	档案出版社	1987

① 数据主要依据“读秀”数据库(以“书名”=档案保护、档案保护技术、文献保护、电子档案保护进行检索)以及笔者所收藏的教材而统计。

续表

序号	书名	作者	出版社	出版时间
8	档案保护与复制技术学参考资料上	朱兰芳，金克学	档案出版社	1987
9	档案保护与复制技术学参考资料下	刘凤志，刘培平，等	档案出版社	1987
10	档案保护与复制技术学教学大纲	郭莉珠，冯东耘，等	档案出版社	1987
11	书籍档案科学保护常识	李龙如	湖南大学出版社	1989
12	档案保护技术学	周东涛	上海市行政管理学校	1989
13	档案保护学	李鸿健	南开大学出版社	1989
14	档案保护技术学	冯乐耘，李鸿健	中国人民大学出版社	1991
15	实用档案保护技术学	朱传镇	河海大学出版社	1992
16	档案保护学	杜庆坪	四川大学出版社	1992
17	档案保护技术学基础	湖南省档案局	中南工业大学出版社	1993
18	新编档案保护技术学	周耀林，等	档案出版社	1993
19	声像档案管理与保护	刘家真	武汉大学出版社	1993
20	档案保护技术学	山东省档案局	山东省档案局	1994
21	档案信息开发与档案保护概论	刘灵师，等	辽宁古籍出版社	1996
22	档案保护技术学	李鸿键	中国档案出版社	1997
23	档案保护技术学教程	郭莉珠	中国人民大学出版社	2000
24	档案保护技术学	金波	高等教育出版社	2000

续表

序号	书名	作者	出版社	出版时间
25	档案保护技术学	罗茂斌	云南科学技术出版社	2001
26	档案保护技术学简明教程	山东省档案局	山东省档案局	2003
27	档案保护技术学	河南省档案局	河南人民出版社	2006
28	中国档案保护史论	仇壮丽	湘潭大学出版社	2007
29	档案保护技术学教程第 2 版	郭莉珠	中国人民大学出版社	2008
30	档案保护	陈彦亚，等	中国档案出版社	2010
31	留住历史的足迹：军队档案保护案例精解	彭远明	蓝天出版社	2011
32	档案物理管理与保护	赵淑梅，侯希文	辽宁大学出版社	2012
33	档案保护概论	张美芳，唐跃进	中国人民大学出版社	2013
34	档案物理管理与保护教程	赵淑梅，侯希文	辽宁大学出版社	2014
35	纸质档案保护工作	梁惠卿	现代出版社	2014
36	档案保护与安全	上海市档案局	上海教育出版社	2016
37	档案保护	陈竞亚，张中华	中国文史出版社	2017
38	图书档案保护技术资料汇编	北京图书馆图书保护研究组	书目文献出版社	1987
39	档案保护技术基础知识	冯振荣	档案出版社	1987
40	档案保护技术	湖南省档案局	湖南科学技术出版社	1988

续表

序号	书名	作者	出版社	出版时间
41	档案保护技术研讨会论文选编	中国档案学会保护技术委员会	档案出版社	1988
42	档案保护技术	冯振荣	档案出版社	1991
43	档案保护技术工作实践	沈阳市档案局	沈阳市档案局	1992
44	图书档案保护技术手册	李景仁，冯惠芬	档案出版社	1992
45	中国古代档案保护方法与技术	王良成，杨继波	档案出版社	1993
46	档案保护技术	国家档案局	档案出版社	1993
47	档案保护实验技术	卢英	中国人民大学出版社	1994
48	档案保护技术实用手册	冯子直	中国档案出版社	1994
49	档案保护原理与技术	司伟	内蒙古大学出版社	1995
50	档案保护技术基本知识	黄清平	中国档案出版社	1998
51	档案保护技术原理与应用	翟兴运	黑龙江人民出版社	1999
52	档案保护技术	郭莉珠	中国人民大学出版社	2000
53	档案保护技术：附档案保护技术自学考试大纲	全国高等教育自学考试指导委员会	中国人民大学出版社	2000

续表

序号	书名	作者	出版社	出版时间
54	档案保护技术	黑龙江档案局	黑龙江人民出版社	2002
55	档案保护技术	刘新安	线装书局	2003
56	档案保护技术	陈天柱	学苑出版社	2004
57	档案法律知识档案保护技术	四川省档案局，李仕根，等	西南交通大学出版社	2004
58	档案保护技术	黑龙江档案局	黑龙江人民出版社	2007
59	档案保护技术实验教程	唐跃进，张美芳	中国人民大学出版社	2013
60	新档案保护技术实用手册	国家档案局档案科学技术研究所	中国文史出版社	2013
61	档案保护技术理论与实践	闫明文	黑龙江人民出版社	2014
62	档案修裱技术	国家档案局	中国文史出版社	2015
63	档案保护技术	国家档案局	中国文史出版社	2017
64	档案保管与保护技术	四川省档案局	四川人民出版社	2017
65	档案保护技术实验教程	唐跃进，张美芳	中国人民大学出版社	2018
66	档案文献保护技术学	宗培岭，赵秉中	航空工业出版社	1989
67	文献保护学	刘家真	武汉大学出版社	1990
68	档案与文献复制技术	王阜有	航空工业出版社	1993
69	档案文献遗产保护的理论与实践	周耀林	武汉大学出版社	2008
70	档案文献遗产保护	周耀林	武汉大学出版社	2012

续表

序号	书名	作者	出版社	出版时间
71	文献保护与修复	林明，周旖，张靖	中山大学出版社	2012
72	民族档案文献遗产保护研究——以云南为例	仝艳锋	山东大学出版社	2013
73	档案文献保护原理与方法	连成叶	天津科学技术出版社	2015
74	西部散存民族档案文献遗产集中保护问题研究	华林	中国社会科学出版社	2017
75	拯救数字信息数据安全存储与读取策略研究	刘家真	科学出版社	2004
76	信息记录与存储技术	张美芳	中国人民大学出版社	2007
77	电子文件管理——电子文件与证据保留	刘家真	科学出版社	2009
78	数字信息资源长期保存研究	张绍武	云南出版集团公司，云南科技出版社	2009
79	电子文件保护技术	李焕军，陆艳芬，张立红	云南人民出版社	2010
80	数字内容安全原理与应用	彭飞	清华大学出版社	2012
81	电子文件长期保存理论与实践	肖秋会	社会科学文献出版社	2014

续表

序号	书名	作者	出版社	出版时间
82	数字档案长期保存研究	赵豪迈	陕西师范大学出版总社有限公司	2015
83	数字信息保存	张美芳	中国人民大学出版社	2016
84	数字信息资源长期保存研究	何晓庆	四川大学出版社	2018
85	中国数字档案信息长期保存的策略体系研究	谢永宪	研究出版社	2019

附录2　调查问卷

附录2-1　声像档案保护工作现状调查问卷

您好！非常感谢您在百忙之中抽空填写这份调查问卷。本次调查旨在了解档案保护工作现状，存在的问题及需求，问卷不记名，您的回答仅供研究使用，请根据实际情况回答。本问卷共四个部分，除题目后单独标注可多选外，每题选择一个答案，答案没有对错之分，请根据实际情况，在选项前面的方框内打“√”。谢谢您的协助与支持！

国家社科项目“数字时代档案保护技术变革与理论创新研究”课题组

一、声像档案保管单位基本情况

1. 贵单位的性质。

□集团　　□团体

□企业　　□事业

2. 贵单位有无专门的声像档案保管室。

□有　　□无

3. 贵单位档案馆库建于________年，建筑面积为________平方米，经费投入________万元，其中关于档案保护(修复、备份)经费投入________万元。

4. 贵单位有无专门的档案保护人员。

□有 □无

5. 档案馆库是新建还是改建或扩建。

□新建 □改建

□扩建

6. 设计建造时有无环保节能的要求。

□有 □无

7. 贵单位档案馆库建筑情况。

□单独建筑 □图书馆中的一部分

□办公楼的一部分 □其他

8. 档案馆库房设备有哪些？(可多选)

□空调 □温度湿度表

□祛湿机 □空气净化装置

□防火防盗装置 □消毒设备

9. 档案修复技术的种类。(可多选)

□修裱 □消毒

□防虫、防霉 □缩微

□复制性技术 □数字化

二、有关声像档案的管理

1. 声像档案材料的种类。(可多选)

□照片档案(保存最早始于________年，共________卷)

□录音磁带(保存最早始于________年，共________卷)

□录像磁带(保存最早始于________年，共________卷)

□光盘(保存最早始于________年，共________卷)

□唱片(保存最早始于________年，共________卷)

□缩微胶片(保存最早始于________年，共________卷)

2. 声像档案的收集渠道。(可多选)

□购买　　□本单位形成

□其他单位移交

3. 声像档案的保管方法。(可多选)

□专门库房　　□与其他档案再统一库房，单独排架

□防磁柜　　□恒温柜

□其他

4. 声像档案损毁情况。

□照片影像变黄　　□录音、录像信号衰减

□光盘读不出信息　　□霉变

□其他　　□目前无破损

5. 声像档案损毁的原因。

□片基材料问题　　□保管环境问题

□过度使用问题　　□包装材料问题

□冲洗加工问题　　□其他

三、有关电子声像档案长期保存情况

1. 声像档案数字化进展。

□尚未开展　　□已经完成

□正在进行

2. 贵单位数字声像档案管理情况。(可多选)

□已经接收数字声像档案

□数字化声像档案

□双套制保管

□数字声像档案刻录在光盘上脱机保管

□建立了数字声像档案数据库

□异地备份保管

3. 声像档案管理软件的情况。

□自行设计　　□购买现成软件

□自行设计与购买相结合

□何时开始使用管理软件________

4. 贵单位数字声像档案信息长期保存遵循何种标准？

□国际或国外标准，请列举标准名称：________

□国家标准或中国行业标准，请列举标准名称：________

□其他，请列举标准名称：________

□没有遵循任何已有标准

□不清楚

5. 数字声像档案在线存储介质与设备有哪些？

□磁盘阵列	□计算机磁盘
□移动硬盘	□U 盘
□光盘库	□其他

6. 贵馆是否具有数字声像档案信息长期保存的系统或者模块？

□有

□计划建设或正在建设

□无建设计划

7. 请选择对数字声像档案长期保存影响较大的因素。(多选，限填三项)

□载体损坏

□技术过时

□标准落后

□领导不重视

□政策不稳定

□人为失误

□未做定期检查

□未做有效备份

□缺少必要法律

□缺乏严谨的应急响应预案

四、有关声像档案管理制度情况

1. 贵单位是否建立有关声像档案管理制度。

□是　　　　　　　　□否

2. 贵单位声像档案管理制度是否健全。

□健全　　　　　　　□比较健全

□不健全，仍应建立的制度________

3. 贵单位声像档案管理制度是否得到严格执行。

□严格执行　　　　　□基本执行

□较少执行

4. 贵单位是否有相对的声像档案防范措施。

□是　　　　　　　　□否

五、有关档案保护人员

1. 贵单位现从事档案保护技术的人员占档案部门人员的百分比是________。

2. 贵单位现从事档案保护技术的人员所学的专业是________，最高学历是________。

3. 贵单位档案保护技术的主要工作是什么？（可多选）

□修复　　　　　　　□温度湿度控制

□防虫、防霉　　　　□电子文件的保护

□理论研究

4. 贵单位是否急需档案保护技术人才？

□是　　　　　　　　□否

□不清楚

如需要，贵单位现急需：

□档案修复人员　　　□档案保护技术研究人员

□信息化人才　　　　□档案保护技术管理人才

□理论研究人才

5. 您认为档案保护技术的发展方向主要是什么？

□朝复合型方向发展

□只朝技术专长发展

□只注重管理能力的发展

□其他(如可能，请写出________)

结论：

1. 您对声像档案保护工作现状的评价是：

2. 您对未来声像档案保护工作发展的建议是：

再次感谢！

附录 2-2 满文档案保护与开发利用调查问卷

您好！非常感谢您在百忙之中抽空填写这份调查问卷。本次调查旨在了解满文档案保护与开发利用现状，存在的问题及需求，问卷不记名，您的回答仅供研究使用，请根据实际情况回答。本问卷共五个部分。请根据实际情况，在选项前面的方框内打“√”。谢谢您的协助与支持！

国家社科项目“数字时代档案保护技术变革与理论创新研究”课题组

一、满文档案数字化工作

1. 贵单位馆藏满文档案约________件(卷)，其中已进行数字化处理的满文档案约有________件(卷)，形成数字化文件总量约为________(GB/TB)。
2. 贵单位满文档案数字化采用的技术。(可多选)
   □缩微胶片拍摄　　□档案图像扫描、拍摄
   □档案目录电子化　□档案全文数字化

若选择了“档案全文数字化”，请作答：

2.1 贵单位档案全文信息化的实现方式。(可多选)

☐人工录入

☐语音识别技术

☐光学字符识别技术

若选择了“档案图像扫描拍摄”“档案目录电子化”，请作答：

2.2 贵单位满文档案目录与数字图像挂接的情况。

☐全部挂接

☐部分挂接

☐未实现挂接

二、满文档案编研成果

1. 贵单位是否有满文档案编研人员。

☐没有　　☐有　有________人

2. 贵单位是否有满文档案编研部门。

☐有　　☐没有

3. 贵单位的满文档案编研成果种类。

☐文件级目录　　☐案卷级目录

☐史料汇编　　☐其他

4. 贵单位满文档案编研成果共计________部或________册，其中公开出版发行的百分比约为________%。

三、满文档案数据库建设

1. 贵单位是否建立满文档案数据库。

☐是　　☐否

2. 贵单位现有的满文档案数据库。

☐全宗目录数据库

☐全文数据库

☐专题数据库

□其他

若选择了“全宗目录数据库”，请作答：

2.1 贵单位满文档案全宗目录数据库收录全宗________个，共计________条目录，其中约________条目录向社会开放利用。年均公开数字化档案目录________条。

若选择了“全文数据库”，请作答：

2.2 贵单位满文档案全文数据库建设情况为：

示例：启动了全文数字化项目××项，已完成××项，其中包括××字，××页。有××卷/册/件提供利用

若选择了“专题数据库”，请作答：

2.3 贵单位满文档案专题数据库建设情况：（请试填写专题数据库名称）

四、满文档案与档案馆网站建设

1. 贵单位的网站中是否有与满文档案有关的栏目或内容？

□是　　　　　　□否

若选择“是”，请作答：

2. 贵单位网站提供或展示满文档案的形式是：

□馆藏满文档案资源介绍

□满文档案虚拟展厅

□满文档案在线查阅服务

□其他

若选择了“满文档案在线查阅服务”项，请作答：

2.1 贵单位提供在线查阅的满文档案数字化信息为：

□目录信息

□著录信息

□扫描图像

□其他

2.2 贵单位满文档案在线查阅页面月平均访问量约为________人次。

2.3 贵单位馆内档案信息化平台开放数字化档案数量约为________件，官方网站可查阅档案目录总数量约为________条。

结论：

1. 您对满文档案保护工作现状的评价是：

2. 您对未来满文档案保护工作发展的建议是：

再次感谢！

附录 2-3 电子文件(档案)备份工作现状调查问卷

您好！非常感谢您在百忙之中抽空填写这份调查问卷。本次调查旨在了解电子文件(档案)备份中心建设现状，存在的问题及需求，问卷不记名，您的回答仅供研究使用，请根据实际情况回答。本问卷共 6 个部分，除题目后单独标注可多选外，每题选择一个答案，答案没有对错之分，请根据实际情况，在选项前面的方框内打“√”。谢谢您的协助与支持！

国家社科项目“数字时代档案保护技术变革与理论创新研究”课题组

一、有关备份对象及其来源

1. 电子档案总存储容量________□GB/□TB，2018 年产生电子档案的容量________□GB/□TB。预计 2019 年电子档案增长容量________□GB/□TB。
2. 贵单位有无异地备份“结对子”档案馆。
   □无　　　　□有________
3. 贵单位备份的内容来自哪里？(可多选)
   □本省档案馆
   □“结对子”档案馆
   □本省其他单位________
   □其他________
4. 存量档案数字化进展。
   □尚未开展　　　　□已经完成
   □正在进行
5. 备份的范围。
   □全备份　　　　□备份大部分文件
   □备份重要文件
6. 备份的电子档案类型(可多选)。
   □文书档案　　　　□照片档案
   □声像档案　　　　□专门档案
   □其他
7. 电子档案原文长期保存存储格式。(可多选)
   □JPG　　　　□TIFF
   □WAV　　　　□MPG
   □AVI　　　　□WORD
   □PDF　　　　□其他________

二、有关备份的方法

8. 备份套数。

□一套　　　　□两套

□三套

9. 电子档案的备份周期。

□一年一次　　　　□半年一次

□每月一次　　　　□时时备份

□不定期备份

10. 备份介质的保管地点。

□本单位内保管　　　　□同城其他地点保管

□市外异地保管

11. 电子档案在线存储介质与设备。(可多选)

□磁盘阵列　　　　□计算机磁盘

□移动硬盘　　　　□优盘

□光盘库　　　　□其他________

12. 接收备份内容的方式。

□线上　　　　□线下

13. 电子档案离线备份介质与设备。(可多选)

□光盘(□蓝光　□DVD　□档案级)

□磁盘阵列　　　　□移动硬盘

□计算机磁盘　　　　□优盘

□物理磁带　　　　□其他________

三、有关对备份内容的维护

14. 是否有办公自动化系统。

□是　　　　□否

如有该系统是否直接包含电子公文归档功能。

□是　　　　□否

如包含，归档格式为：

□WORD　　　　□PDF

□其他________

15. 是否有独立的电子档案管理系统。

□是　　　　□否

如有，系统类型为：

□网络版　　　　□单机版

系统品牌________，购置年代________

16. 是否建立有科学完善的电子档案备份机制与制度。

□是　　　　□否

如有，是遵循国家或行业规范，还是自我建设规范________

17. 是否有电子档案备份介质与设备的检测设备。

□无　　　　□有________

如无检测设备是否有采用其他技术检测手段。

□无　　　　□有________

18. 是否定期进行电子档案备份介质的数据迁移。

□是　　　　□否

四、有关备份恢复能力

19. 是否有灾难恢复方案。

□是　　　　□否

20. 灾难发生后，从系统停机导致业务停顿开始，到系统恢复，业务重新开始，中间所需要的时间。

□30~60 分钟

□2~4 小时

□4~12 小时

□12~24 小时

□24~72 小时

□72 小时以上

21. 当灾难或紧急事件发生时，数据可以恢复到的时间点。

□24 小时
□文件级
□日志级
□交易级

五、有关风险管理能力

22. 您认为贵单位备份制度是否健全。
□健全
□比较健全
□不健全，仍应建立的制度________
23. 贵单位备份制度是否得到严格的执行。
□严格执行　　　　□基本执行
□较少执行
24. 日常工作中，是否存在以下风险。(可多选)
□设备无人监管
□存在数据丢失
□设备损坏
□设备未按规定使用
□系统未及时升级
□维修设备、系统维护时间较长
□其他________
□无以上现象发生

结论：
1. 您对电子文件(档案)备份工作现状的评价是：

2. 您对未来电子文件(备份)工作发展的建议是：

再次感谢!

后　　记

数字时代最大的变化就是不断颠覆着人类文明积淀的生产方式和生活方式，所以审视和反思已有的生存方式，适应和把握迅急发展的新的生活方式成为很多人研究的内容，很高兴我也是其中的一员。本课题主要是对我从事了30多年的档案保护教学与科研所积累的认识，结合时代发展的特征进行一些探寻，以期为档案保护学科在数字时代的可持续发展尽一份绵薄之力。

对于本课题的准备可以说经历了很长时间，由于所从事的研究内容与技术密切相关，因而我一直保持着对新技术的发展动态跟踪关注的习惯，在这个过程中充满兴奋和鼓舞。但近两年明显感觉追赶不及，日新月异的新技术应接不暇，微信圈中各种APP层出不穷，上载的信息日益膨胀，所以即使经过筛选的与专业相关度较高的公众号也渐渐被我冷落了，实在感到眼花缭乱，索性就置之不理了。真实印证了当今最为经典的名句："唯一不变的就是变化"，让我深刻地感同身受。难以捉摸的变化不断冲击着人类的想象，也不断刷新着我们生存的样貌，总有不断地被新技术裹挟着、冲击着猝不及防的发懵感觉，但不等你清醒过来，下一波新技术又把你拍在沙滩上搁浅了。

我的课题原本预计2018年6月结项，由于种种原因推迟到2019年年底。就是这一年多的时间，课题的研究内容和有关结论发生了很大变化。最有冲击力的就是"数据"一词带来的震撼，对我原有的认识再次提出挑战，如对数字时代的认识，对档案保护研究对象本质的认识，对构成档案寿命要素和判定标准的认识，等等。不过，虽然似乎穿行在雾里看花的迷茫中，但前行过程中也不断收获着接近数字时代本质特征的新发现、新感悟。

本课题从 2019 年年初就开始拟定结项书稿的大纲，到暑假的后半段开始实施。实施过程喜忧参半，喜的是并没有想象的那么难，毕竟有了长期的积累，思路梳理还是顺畅的，忧的是我要讨论的问题从概念到具体的内容变化实在太大了，如对计算机工具的产生与发展的认识，既有的知识很难确切解释清楚，因为这种工具所关联的技术仍在不断地发展更新着，这给厘清其发展脉络和逻辑带来很大挑战，由于其中有很多不确定的因素，影响着我的判断和可靠结论的得出。这个过程中，我对自己购买的几本全球畅销的有关信息等相关领域的发展简史的著作进行了阅读，这些著作从宏观的时空上为我寻找源头、梳理过程，探索事物的发展规律和本质特征提供了方法论的指导。如《人类简史》《信息简史》《帝国与传播》等，从中获得很多启发。由此我也深刻地感受到数字时代人们的知识视野需要更加开阔，而且要习惯于终身学习的持续充电和探索。项目书稿素材的积累和收集提炼大部分得益于指导历届本科生与研究生毕业论文的过程，书稿写作过程还阅读了同行们大量的研究成果，更新了不少认识，也将最新研究成果充实到项目中，因而文稿中引用了很多同行学者的研究成果，在此一并表示感谢！并诚挚地欢迎大家批评指正！

本课题从申报到结项以及结项成果的出版，得到了武汉大学周耀林教授、中国人民大学张美芳教授等同仁的极大帮助，深表感谢！同时也感谢武汉大学出版社陈君良社长、詹蜜编辑热情的支持。并对 2018 级研究生张晔、张筠、张芳圆、王敬野等学生对文稿的校对和排版说声谢谢！本专著也是我即将结束的职业生涯的一个标志性成果。

赵淑梅

2020. 8 沈阳